基於生態文明視角的
人口城市化過程
研究

楊 帆 ○ 著

崧燁文化

前　言

　　人口城市化是人類社會的一項重要實踐，其發展過程本身及其所產生的效應都極為重複，需要利用系統思維予以觀察和解讀。目前西方發達國家的人口城市化過程幾乎都已近尾聲或已完成，而中國的人口城市化則正在加速推進。人口城市化總體上促進了人們生存福祉的增加，但也不可避免地帶來諸多問題，如生態環境惡化和社會結構失衡，且其中的一些更是世界性難題。對於不少發展中國家而言，人口城市化過程中的資源約束和環境惡化給可持續發展目標的實現帶來挑戰。

　　生態文明是人們在對可持續發展理論進行思考和探索實踐的基礎上提出的，是可持續發展理念的昇華。生態文明不同於以往的發展理念。它在指導發展的方面帶來革命性變化，否定簡單強調增長和速度的發展模式，要求增進人類社會內部、人與自然之間發展的協調，強調發展的可持續性。生態文明不僅向人類社會提出了更高的發展要求，也帶來了難得的發展機遇。考慮到以中國為代表的發展中國家人口城市化過程中所出現的種種問題，在生態文明視野之下思考人口城市化發展問題就顯得很有必要。

　　基於生態文明視角審視人口城市化過程，需深入把握其有機結構。人口城市化的重複性正是由其特有的有機結構決定的。橫向來看，人口城市化過程至少可分解為人口變遷過程、空間變動過程、經濟發展過程和自然變化過程。人口城市化總體過程的縱向推進則由這四個子過程交互影響的動態演化予以表徵。鑒於人口因素在社會、經濟發展中的核心地位，人口變遷過程在人口城市化總體過程中無疑起著最核心的作用。

　　對人口城市化有機結構和人口城市化過程階段特徵的研究，是構建基於生

態文明視角的人口城市化理論和以生態文明指導人口城市化實踐的基礎。生態文明為發展中國家的人口城市化發展指出一條不同於以往的道路。在生態文明的要求和指導下，人口城市化的四個子過程協同發展，人口城市化過程更可能實現社會結構的均衡以及人與自然的和諧。

楊帆

目　錄

1　導論 / 1
　1.1　研究的背景和意義 / 1
　　1.1.1　研究背景 / 1
　　1.1.2　研究意義 / 2
　1.2　研究內容與方法 / 2
　　1.2.1　主要研究內容 / 2
　　1.2.2　研究方法和研究框架 / 3
　1.3　研究創新與局限 / 4
　　1.3.1　研究的創新 / 4
　　1.3.2　研究的局限 / 6

2　研究基礎與文獻綜述 / 7
　2.1　相關概念的界定 / 7
　　2.1.1　生態文明 / 7
　　2.1.2　城市化和人口城市化 / 11
　　2.1.3　基於生態文明視角的人口城市化 / 15
　2.2　理論基礎 / 16

2.2.1　發展經濟學和人口城市化理論 / 16
　　2.2.2　可持續發展理論 / 17
　　2.2.3　經濟學的空間維度和新經濟地理學 / 18
　　2.2.4　系統科學與社會科學的系統觀 / 18

2.3　主要文獻述評 / 19
　　2.3.1　人口城市化的動力因素 / 19
　　2.3.2　關於發展中國家人口城市化過程的基本問題 / 20
　　2.3.3　關於人口城市化和勞動力轉移的研究 / 21
　　2.3.4　人口城市化與經濟發展的關係 / 23
　　2.3.5　人口城市化與資源、環境的關係 / 25
　　2.3.6　有關新型城市化發展模式的討論 / 27
　　2.3.7　中國人口城市化過程和道路的選擇 / 28
　　2.3.8　簡要評論 / 29

3　人口城市化：歷史經驗和過程分解 / 32

3.1　人口城市化過程：國際經驗 / 32
　　3.1.1　主要發達國家人口城市化過程概述 / 32
　　3.1.2　發展中國家人口城市化過程概述 / 36
　　3.1.3　世界人口城市化總體過程概述 / 39
　　3.1.4　人口城市化過程的一般性質：歷史經驗 / 41

3.2　中國的人口城市化過程 / 42
　　3.2.1　中國人口城市化總體過程概述 / 42
　　3.2.2　中國人口城市化過程的多維度考察 / 45
　　3.2.3　中國人口城市化的區域差異分析 / 50
　　3.2.4　對中國人口城市化過程的幾個基本判斷 / 53

3.3 理論框架：人口城市化過程分解／55

    3.3.1 人口城市化過程分解的原則／56

    3.3.2 縱向分解：人口城市化過程的階段性／57

    3.3.3 橫向分解：人口城市化過程的有機結構／60

3.4 本章小結／62

4 人口城市化的人口變遷過程／63

4.1 人口城市化的人口變遷過程概述／63

    4.1.1 人口城市化的人口變遷過程及其表現形式／63

    4.1.2 人口城市化的人口變遷過程對人口城市化其他過程的影響概述／65

    4.1.3 人口城市化的人口變遷過程與人口城市化水平變化的關係／66

4.2 人口城市化的人口變遷過程的發展層次／68

    4.2.1 人口城市化的人口變遷過程的兩個發展層次／68

    4.2.2 人口城市化的人口變遷過程與鄉城遷移人口的回遷／71

    4.2.3 人口城市化的人口變遷過程與「逆城市化」／74

4.3 人口城市化的人口變遷過程的影響因素／76

    4.3.1 經濟發展過程的影響／76

    4.3.2 空間變動過程的影響／77

    4.3.3 自然變化過程的影響／79

4.4 生態文明與中國人口城市化的人口變遷過程／80

    4.4.1 中國人口城市化的人口變遷過程發展現狀／80

    4.4.2 中國人口城市化的人口變遷過程存在的問題及成因／82

    4.4.3 生態文明與中國人口城市化的人口變遷過程／86

4.5 本章小結／88

5 人口城市化的空間變動過程 / 89

5.1 人口城市化的空間變動過程概述 / 89

5.1.1 人口城市化的空間變動過程及其表現形式 / 89
5.1.2 人口城市化的空間變動過程對人口城市化其他過程的影響概述 / 90
5.1.3 人口城市化的空間變動過程與人口城市化水平變化的關係 / 91

5.2 人口城市化的空間變動過程的發展階段 / 92

5.2.1 零散發展階段形成小城市 / 92
5.2.2 緩慢發展階段形成大城市 / 93
5.2.3 快速發展階段形成大都市 / 93
5.2.4 擴散蔓延階段形成都市區 / 94

5.3 人口城市化的空間變動過程的影響因素 / 94

5.3.1 人口變遷過程的影響 / 94
5.3.2 經濟發展過程的影響 / 95
5.3.3 自然變化過程的影響 / 96

5.4 生態文明與中國人口城市化的空間變動過程 / 97

5.4.1 中國人口城市化的空間變動過程發展現狀 / 97
5.4.2 中國人口城市化的空間變動過程存在的問題及成因 / 98
5.4.3 生態文明與中國人口城市化的空間變動過程 / 100

5.5 本章小結 / 100

6 人口城市化的經濟發展過程 / 102

6.1 人口城市化的經濟發展過程概述 / 102

6.1.1 人口城市化的經濟發展過程及其表現形式 / 102

6.1.2 人口城市化的經濟發展過程對人口城市化其他過程的影響
概述 / 104

6.1.3 人口城市化的空間變動過程與人口城市化水平變化的關係 / 105

6.2 人口城市化的經濟發展過程的發展模式 / 106

6.2.1 人口城市化的經濟發展過程的歷史考察 / 106

6.2.2 人口城市化的經濟發展過程中的工業化 / 108

6.2.3 人口城市化的經濟發展過程中的第三產業 / 111

6.3 人口城市化的經濟發展過程的影響因素 / 113

6.3.1 人口變遷過程的影響 / 113

6.3.2 空間變動過程的影響 / 115

6.3.3 自然變化過程的影響 / 116

6.4 生態文明與中國人口城市化的經濟發展過程 / 118

6.4.1 中國人口城市化的經濟發展過程發展現狀 / 118

6.4.2 中國人口城市化的經濟發展過程存在的問題及原因 / 121

6.4.3 生態文明與中國人口城市化的經濟發展過程 / 124

6.5 本章小結 / 125

7 人口城市化的自然變化過程 / 126

7.1 人口城市化的自然變化過程概述 / 126

7.1.1 人口城市化的自然變化過程及其表現形式 / 126

7.1.2 人口城市化的自然變化過程對人口城市化其他過程的影響
概述 / 128

7.1.3 人口城市化的自然變化過程與人口城市化水平變化的關係 / 129

7.2 人口城市化的自然變化過程的發展模式 / 130

7.2.1 人口城市化的自然變化過程的歷史考察 / 130

  7.2.2 人口城市化過程中的自然資源消耗 / 132

  7.2.3 人口城市化過程中的環境變化 / 133

7.3 人口城市化的自然變化過程的影響因素 / 136

  7.3.1 人口變遷過程的影響 / 136

  7.3.2 空間變動過程的影響 / 139

  7.3.3 經濟發展過程的影響 / 141

7.4 生態文明與中國人口城市化的自然變化過程 / 143

  7.4.1 中國人口城市化的自然變化過程發展現狀 / 143

  7.4.2 中國人口城市化的自然變化過程存在的問題及成因 / 145

  7.4.3 生態文明與中國人口城市化的自然變化過程 / 148

7.5 本章小結 / 149

8 基於生態文明視角的中國人口城市化：系統思維與實證 / 150

8.1 生態文明、人口城市化與系統思維 / 150

  8.1.1 生態文明視角下的人口城市化系統 / 150

  8.1.2 問題、系統的邊界和結構 / 151

8.2 子系統概述 / 152

  8.2.1 人口城市化子系統間的關係 / 152

  8.2.2 人口變遷子系統 / 154

  8.2.3 空間變動子系統 / 155

  8.2.4 經濟發展子系統 / 155

  8.2.5 自然變化子系統 / 157

8.3 場景分析 / 158

  8.3.1 場景一：當前發展模式 / 158

  8.3.2 場景二：集約發展模式 / 163

8.3.3　場景三：新型發展模式 / 166
　8.4　基於生態文明視角的中國人口城市化模式選擇 / 168
　8.5　本章小結 / 171

9　結論和討論 / 172
　9.1　基於生態文明視角的人口城市化過程 / 172
　9.2　中國當前模式下人口城市化發展的不可持續性 / 174
　9.3　基於生態文明視角推進人口城市化 / 175

附錄　人口城市化系統動力學模型文檔 / 179

1 導論

1.1 研究的背景和意義

1.1.1 研究背景

人口城市化是每個國家和地區在發展過程中都會經歷的階段。目前，許多發達國家的人口城市化已經基本完成，許多發展中國家正處在人口城市化快速推進的關鍵時期，還有許多不發達國家的人口城市化才剛剛起步。不同的國家或地區正處在人口城市化過程的不同階段，也可能走出不完全相同的人口城市化發展道路。在三十多年經濟持續高增長的環境中，中國的人口城市化從起步走向加速。近年來人口城市化率迅速提升，截至 2015 年年末已經有超過 55%的人口常住在城市。可以說，中國的人口城市化正以追趕歐美發達國家的姿態快速推進。

不可否認，中國的人口城市化總體上促進了居民生存福祉的增加，但在其推進過程中也存在諸多問題，如農業用地資源被城市粗放型擴張侵占、部分城市過度擁擠、自然資源快速消耗、生態環境惡化趨勢不減等。中國人口城市化過程中存在的這些問題將產生極為深遠的影響，但非常棘手，如資源約束和環境惡化等更是世界性難題。在一定程度上講，這些問題與中國當前的人口城市化發展模式有關係，甚至有些問題是在人口城市化的直接影響下而產生的。在這樣的背景下，中國未來人口城市化應該採取何種發展模式、中國未來人口城市化路徑應該如何選擇等問題進入人們的視野，並引起相關思考。總體而言，中國目前所走的人口城市化道路與歐美發達國家已經走過的人口城市化道路非常相似，農村人口不斷進入城市促進人口城市化率提升，這是以自然資源的加速消耗和生態環境的持續惡化為代價的，人類社會發展與自然發展在一定程度上出現了失調。也就是說，中國當前的人口城市化發展道路是無法實現可持續

發展目標的，因此需要在反思中國當前人口城市化道路的基礎上，探索能夠有效促進可持續發展的人口城市化發展道路。

生態文明是在人們探索可持續發展的基礎上被提出的，是可持續發展理念的昇華。生態文明不同於人類以往的發展理念。它在指導人類發展方面帶來革命性變化，否定依賴於粗放式資源消耗和嚴重破壞生態環境的發展模式，要求增進人與自然發展的協調。一方面，生態文明要求對當前中國人口城市化發展道路進行反思，並以生態文明理念推進未來人口城市化發展；另一方面，從發達國家的歷史經驗看中國當前人口城市化過程還相對滯後，可以預期在未來一段時間內中國人口城市化還將繼續推進。由此，探討生態文明視角下中國未來人口城市化發展或路徑選擇問題是有必要的。

1.1.2 研究意義

研究生態文明視角下的人口城市化過程的理論意義主要是進一步豐富人口城市化理論體系的內容。人口城市化是一個重複過程。要將人口城市化置於生態文明的視角之下觀察，不但要考慮人類社會內部如人口、經濟的發展，而且要兼顧自然系統中自然資源及生態環境的變化，將人口城市化涉及的多個方面同時納入統一框架進行研究，分析各方面之間的交互作用及其對人口城市化總體進程的影響，對人口城市化從多視角進行綜合解讀。本書對中國人口城市化發展進行分析的現實意義在於：一是為發展中國家或地區的人口城市化發展道路提供思路參考。中國是最大的發展中國家。中國的人口城市化具有典型性，其發展過程中所表現出的問題、特徵等可能具有一般性，可作為發展中國家人口城市化發展的參考。二是對中國當前人口城市化發展道路進行反思，同時為推進生態文明視角下中國未來人口城市化發展的路徑選擇提供參考依據。

1.2 研究內容與方法

1.2.1 主要研究內容

本書意在探討生態文明視角下的人口城市化過程和發展問題，因此首先需要對生態文明的含義及其與人口城市化的關係進行辨識，以其為出發點對人口城市化進行系統解讀，最後在此基礎上以中國人口城市化的路徑選擇為例討論生態文明視角下人口城市化發展問題。研究的主要內容包括以下幾個方面：

第一，對生態文明的含義及其與人口城市化的關係進行探討。討論生態文

明視角下的人口城市化過程，首先要對生態文明的含義進行解讀，並明確其與人口城市化發展之間的邏輯關係，這屬於研究的基礎內容。第二，從歷史視角入手對人口城市化進行解構。發達國家已經走過的人口城市化道路為研究人口城市化過程相關問題提供了有價值的素材。由於人類社會發展具有一些普遍規律，因此從歷史視角入手有助於對人口城市化過程從整體上進行把握，並且為解構人口城市化帶來啓發。第三，對人口城市化的有機結構和發展階段進行討論。人口城市化並不是一個孤立的人口發展的過程，而是幾乎涉及人類社會發展方方面面的重複過程，因此對其有機結構進行分析有助於進一步把握人口城市化的本質。同時，人口城市化終究是一個動態過程，隨時間推移表現出不同的發展特徵，因此有必要討論人口城市化的不同發展階段及其階段特徵。第四，以中國人口城市化為例進行實證分析，反思人口城市化發展過程並討論人口城市化的路徑選擇問題。

以上四個部分相互聯繫，層層遞進，需具有嚴密的邏輯關係。總之，本書力求回答以下幾個問題：第一，什麼是生態文明視角下的人口城市化？第二，人口城市化過程中人口、經濟、空間、資源環境之間的相互作用機制是什麼？第三，在不同發展階段人口城市化是否具有不同的特徵？第四，中國當前人口城市化發展道路是否需要改變？第五，在生態文明視角下中國未來人口城市化發展路徑可做出怎樣的戰略調整？

1.2.2 研究方法和研究框架

本書以可持續發展理論為基礎，對生態文明及其與人口城市化之間的邏輯關係進行識別，並將可持續發展理論思想貫穿於全書。同時，在研究中充分體現系統思想，對人口城市化進行系統解構，確定了人口城市化過程中人口、空間、經濟和自然系統之間的交互關係和影響途徑，以期更深入地把握人口城市化過程的發展機制。另外，本書借助系統動力學方法對中國當前模式下的人口城市化過程以及不同場景下的人口城市化發展進行仿真，對生態文明視角下的人口城市化發展進行實證研究。

本書按照研究基礎、現實考察、理論研究和實證研究的邏輯順序佈局。研究框架如圖1-1所示。首先，對人口城市化、生態文明和生態文明視角下的人口城市化等基本概念進行界定，並對相關文獻進行回顧，以此作為整個研究的邏輯起點。其次，對主要發達國家、發展中國家和世界總體人口城市化過程進行了現實考察，並對中國所經歷的人口城市化過程進行回顧，以此作為整個研究的現實基礎。再次，對人口城市化進行解構，將人口城市化過程分解為人口

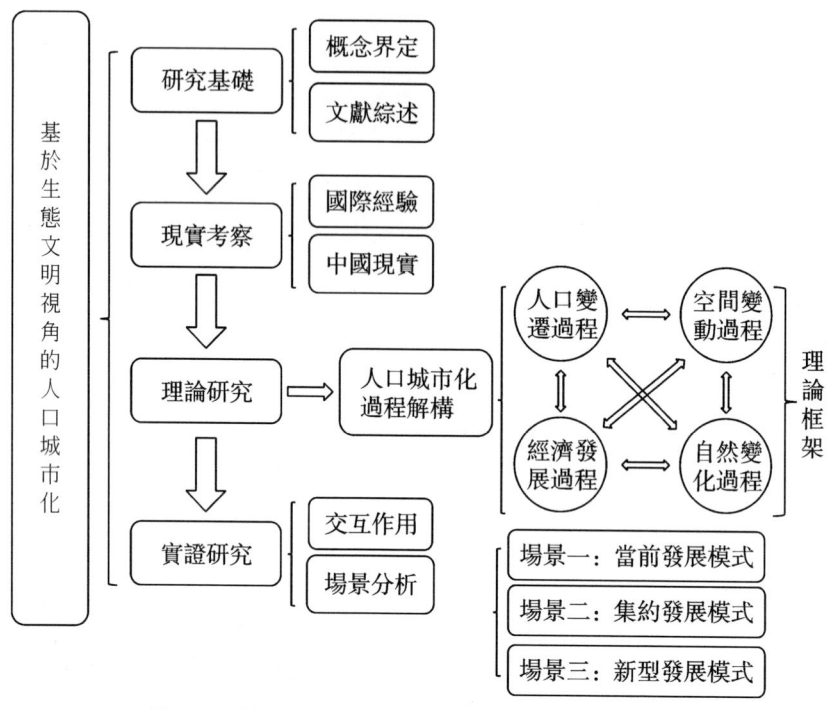

圖1-1　基於生態文明視角的人口城市化的研究框架

變遷過程、空間變動過程、經濟發展過程和自然變化過程四個相互聯繫又相互影響的過程，並討論其兩兩間的作用機制、各過程的發展模式。四個過程協同發展和演化，體現人口城市化總體進程向前發展，這是本書的理論研究部分。另外，以上文理論研究為依託建立仿真模型，對中國人口城市化過程進行實證和場景分析，這是本書的實證研究部分。最後，根據理論和實證研究結論提出中國推進生態文明視角下人口城市化發展的戰略思路。

1.3　研究創新與局限

1.3.1　研究的創新

本書的創新之處包括以下幾個方面：

第一，理論創新。本書的理論創新體現在兩個方面：其一，本書發展了生態文明的概念，並為生態文明指導人類具體實踐找到契合點。生態文明作為一種新的文明形態，其相關理論還不夠成熟，更多是處在被廣泛討論但未能實際

指導人類實踐的情形，而對人口城市化發展問題的反思為生態文明指導人類實踐提供了契機。其二，從全新的視角對人口城市化過程進行研究。儘管人口城市化是一個重複的過程，涉及眾多因素且被普遍認同，但以往人口城市化研究主要著眼於某一個方面，如人口遷移、城市規劃和建設等方面。事實上，人口城市化過程絕不可能是單一過程可以解釋的。本書以系統理論為指導，對人口城市化的有機結構進行討論，並將人口城市化過程從橫向上分解成為人口變遷、空間變動、經濟發展、自然變化四個相互影響且協同演化的動態過程。這四個過程有其各自的發展模式和規律，在交互影響的發展過程中對外共同體現為人口城市化總體進程的運動和發展，並且使人口城市化總體進程表現出一定的階段特徵。本書的理論創新在於以系統的思維對人口城市化過程進行全方位解讀。

　　第二，技術創新。為反應人口城市化重複的有機結構，本書借助系統動力學方法，在理論框架指導下將人口城市化過程看成人口城市化系統，並且將人口城市化的人口變遷過程、空間變動過程、經濟發展過程、自然變化過程四個過程視為人口城市化系統的四個子系統。由於人口城市化四個過程交互影響，人口城市化系統的四個子系統也相應存在交互影響，並通過作用的循環反饋機制對全局產生影響。本書基於理論框架確定人口城市化系統結構，並在每個子系統中選擇相應變量來表徵各子系統的行為，由人口城市化系統四個子系統的行為共同反應人口城市化系統的行為。本書以建立人口城市化系統的系統動力學模型為基礎進行仿真實驗，對中國未來人口城市化發展進行預期。系統動力學方法的使用，充分體現了人口城市化過程的重複性以及人口城市化過程中各要素的相互作用及循環反饋機制，並且能夠在場景分析下對不同發展戰略進行預期。

　　第三，結構創新。本書在佈局方面緊扣主題，以生態文明為全局性指導，將生態文明思想體現在研究的全過程。一是在建立人口城市化過程的理論框架時體現生態文明思想。生態文明強調協調和全面發展，一般對人口城市化單視角的研究很難體現人口城市化過程中多個方面發展的協調性。本書將人口城市化過程分解成為人口變遷、空間變動、經濟發展和自然變化四個相互影響、協同演化的動態過程。在觀察人口城市化總體進程的同時，對四個不同方面的發展及其協調性進行觀察，這恰好符合生態文明強調協調發展的理念。二是在考慮人口城市化發展目標時體現生態文明思想。以往研究多在人口發展或經濟演化視角下研究人口城市化，而本書在人口城市化過程分解時加入了對自然變化過程的重視。生態文明不但強調人類社會內部協調發展，而且要求人與自然協

調發展。本書加入對自然變化過程的考察正是為了反應自然的發展變化及其與人類社會內部發展變化的關係，這體現了生態文明強調人與自然協調發展的理念。三是實證研究體現生態文明思想。本書實證研究的目的是考察人口城市化的發展模式。生態文明重視量與質的協調，並且要求實現可持續發展。實證研究結果表明，中國當前的發展模式是不可持續的。只有在主動對非農生產增長進行合理控制的前提下，可持續發展才有可能實現，而主動控制非農生產增長恰好是對生態文明不再單純追求量的發展這一思想的體現。

1.3.2 研究的局限

本書有待進一步完善之處包括：

第一，人口城市化過程的分解未能體現社會演進。本書僅將人口城市化過程分解為人口變遷、空間變動、經濟發展和自然變化四個過程，並未反應人口城市化過程中的社會演進。這是生態文明視角這一研究前提以及實證分析所需要的。然而，社會演進是人類發展的一個重要方面。人口城市化過程中的社會變遷以及社會發展對人口城市化的影響都是研究人口城市化很難迴避的問題。因此，希望后續研究可以在這一方面予以改進。

第二，實證研究對自然系統的表達還有較大改進空間。本書以能源消費為自然資源消耗的反應，以廢水和工業廢氣排放作為環境所受消極影響的反應。然而，自然系統的變化遠比此豐富，對自然系統的表達也更複雜。而且，就資源而言，能源消費得到體現但能源生產以及能源的供需結構未得到體現；就環境而言，僅反應了環境所受消極影響而未對諸如環保產業發展等可能對環境帶來積極影響的因素予以研究。總之，本書實證分析模型是高度簡化的針對特定問題的模型，仍有進一步完善的空間。

第三，實證研究部分未能反應人口城市化發展的區域差異。生態文明視角下的人口城市化允許區域發展差異合理存在，但也強調區域之間的協調發展。中國人口城市化過程的不少問題與區域差異有關，如部分地區的城市過度擴張、跨區域鄉城遷移導致個人和社會成本過高等，這些都暫時未在實證模型中體現。

總之，本書對人口城市化過程的系統討論以及對中國未來人口城市化發展的場景預期，均是基於生態文明視角進行的。無論是理論還是實證部分都仍有很大改進空間。筆者也將在后續研究中對相關問題進行更深入的思考。

2 研究基礎與文獻綜述

2.1 相關概念的界定

2.1.1 生態文明

「生態」（Eco）一詞源於古希臘，是「家」或「環境」的意思。1869年德國生物學家海克爾（E. Haeckel）首次提出生態學概念，強調生態包括生物體與其周圍的非生物和生物環境。[①] 目前人們普遍將「生態」看成一切生物的生存和活動狀態，以及生物個體之間及個體與環境之間的關係。

「文明」一詞最早出自《易經》。在現代漢語中，它是指一種社會進步狀態。英文中的「文明」（Civilization）一詞起源於拉丁文，有「城市化」和「公民化」的含義，后來引申為一種先進社會文化發展狀態，以及達成這一狀態的過程。[②] Cynthia Stokes Brown 從歷史視角分析了「文明」一詞的含義，並對現有關於「文明」的定義進行了討論，提出了自己關於「文明」最基本特徵的理解。他還指出，許多歷史學家都使用「文明」一詞，但大家出於不同視角對其下定義都非常謹慎，認為那是一種有具體明確特徵的人類群體的獨特形態。[③] 可以看出，「文明」可以理解為人類社會所特有的社會發展階段所表示出的獨特狀態。

「生態文明」的概念最早由蘇聯在1984年創造，但積極倡導並實質推動

[①] 廖日文，章燕妮. 生態文明的內涵及其現實意義 [J]. 中國人口·資源與環境，2011 (03)：377-380.

[②] 廖日文，章燕妮. 生態文明的內涵及其現實意義 [J]. 中國人口·資源與環境，2011 (03)：377-380.

[③] BROWN C S. What is a civilization, anyway? [OB/OL]. https：//worldhistory connected. press. illinois. edu/6. 3/braon. html.

其發展的是中國。① 而且，關於「生態文明」的正式討論，則實際是由中國發起的，隨后西方才加入相關的研究和討論之中。② 可見，人類關於建設「生態文明」的實踐無疑起源於中國。中國首次正式對「生態文明」予以表述是在中國共產黨的「十七大」報告中。報告明確提出中國要「建設生態文明，基本形成節約能源資源和保護生態環境的產業結構、增長方式、消費模式，循環經濟形成較大規模，可再生能源比重顯著上升，主要污染物排放得到有效控制，生態環境質量明顯改善，生態文明觀念在全社會牢固樹立」。③ 之後，中國共產黨的十七屆四中全會進一步強調生態文明建設，將其地位提升至與經濟、政治、文化和社會建設並列的戰略高度。④ 2012 年中國共產黨的「十八大」報告中再次指出：「必須樹立尊重自然、順應自然、保護自然的生態文明理念，把生態文明建設放在突出地位，融入經濟建設、政治建設、文化建設、社會建設各方面和全過程」，要「著力推進綠色發展、循環發展、低碳發展，形成節約資源和保護環境的空間格局、產業結構、生產方式、生活方式」。⑤

在「生態文明」概念提出之后，關於「生態文明」的具體含義，中國有不少研究給出瞭解釋。如有研究認為生態文明是自然人化的歷史進程進入后工業時代所形成的以可持續發展為導向的一系列思維方式、價值觀念、行為方式、物化成果和制度形態的總和。⑥ 有研究認為生態文明是一種高級形態的文明，它不僅追求經濟和社會進步，而且追求生態進步，是一種人類與自然協同進化、經濟社會與生物圈協同進化的文明。⑦ 此外，西方學者也對「生態文明」進行瞭解讀。Richard 從協同進化理論視角進行分析，認為生態文明是一種在人類所知和自制的界限以及人與自然關係的範圍內，以可持續的方式與生

---

① GARE A. China and the struggle for ecological civilization [J]. Capitalism Nature Socialism, 2012, 23 (4): 10-26.
② NORGAARD R B. A coevolutionary interpretation of ecological civilization [J]. Ecological Economics, 2010, 69 (4): 690-699.
③ 新華社. 胡錦濤在中國共產黨第十七次全國代表大會上的報告 [EB/OL]. [2007-10-24]. http://news.xinhuanet.com/newscenter/2007-10/24/content_ 6938568.htm.
④ 新華社. 中共十七屆四中全會公報 [EB/OL]. [2009-09-18]. http://www.xinhuanet.com/politics/17j6zqh/index.htm.
⑤ 新華社. 胡錦濤在中國共產黨第十八次全國代表大會上的報告 [EB/OL]. [2012-11-17]. http://news.xinhuanet.com/18cpcnc/2012-11/17/c_ 113711665.htm.
⑥ 盛躍明. 生態文明之哲學要義 [J]. 求索, 2012 (1): 107-109.
⑦ 劉湘溶. 生態文明論 [M]. 長沙: 湖南教育出版社, 1999.

態系統交互影響和共同發展的社會文明形態。① Fred 則強調和諧文明形態與生態文明形態的一致性,認為生態文明是一種要與自然系統和諧相處而不是要壓垮或統治自然的文明形態。Fred 分析了生態文明的基本特徵並指出,由個體基於資本累積和個人消費越多越好進行決策所形成的經濟體系無法實現真正和諧的文明形態。生態文明要求在滿足人類的基本需求之後停止經濟增長,並且促進和鼓勵人們相互合作、分享、情感溝通以及互利,以及要在地區、區域及全球各個層面尊重和照顧自然環境。②③

可以看出,關於什麼是「生態文明」,不同視角的理解並不完全一致,但對一些基本問題卻有共識,主要包括:第一,生態文明是人類社會的一種發展狀態;第二,生態文明不僅強調人與人之間的社會關係,而且強調人與自然之間的自然關係;第三,生態文明包含了否定人類對自然不可持續式的索取及肯定人類與自然協調、共榮的價值判斷。

此外,目前還有一種相對而言普遍得到認可的解釋,即從廣義角度將生態文明理解為人類在經歷了原始文明、農業文明、工業文明三個階段之後,在對人類自身發展與自然的關係進行深刻反思的基礎上即將邁入的新的文明階段。④ 這是在考察人與自然之間相互關係的基礎上討論文明的演進,突出了生態文明關於人與自然關係的解讀以及文明的階段特徵。的確,從人與自然的關係來看,如果認為原始文明是人類對自然的畏懼,農業文明是人類對自然的依賴,工業文明是人類對自然的徵服的話,那麼生態文明應意味著人類與自然的共榮。

總之,本書認為,生態文明是人類社會在工業文明基礎上所形成的以人類社會內部及人類與自然之間的和諧共榮為前提,以質量、協調和可持續為發展基本價值取向的新型社會發展狀態。生態文明的基本特徵包括以下幾個方面:

第一,它是人類社會的新型發展狀態。目前人類社會正處在工業文明時期,由片面強調工業發展造成的對自然資源及環境毀滅式的掠奪及污染,已經對人類自身的生存和發展造成威脅。這注定了工業文明的不可持續性,並迫使

---

① RICHARD B NORGAARD. A coevolutionary interpretation of ecological civilization [J]. Ecological Economics, 2010, 69 (4): 690-699.

② MAGDOFF F. Ecological civilization [J]. Monthly Review, 2011, 62 (8): 1-25.

③ MAGDOFF F. Harmony and ecological civilization: beyond the capitalist alienation of nature. Monthly Review-an [EB/OL]. [2012-11-12]. http://www.ciis.org.cn/chinese/2012-11/12/content_ 5486830. htm. 2012, 64 (2): 1-9.

④ 陳德照,莊芳. 生態文明建設的偉大里程碑 [EB/OL]. [2012-11-12]. http://www.ciis.org.cn/chinese/2012-11/12/content_ 548630. htm.

人類開始反思自身的行為。正如有研究以湯因比《歷史研究》為出發點對文明演進進行分析並指出，工業文明的破壞和不可持續就是客觀事實的挑戰，而人類思想觀念的改變以及其后的行動則成為應戰。① 人類社會迫切需要一種超越工業文明的、能夠有效緩解自然惡化甚至優化自然的文明形態。建設生態文明是人類在這種壓力之下進行的實踐探索，具有緊迫和必然的性質。

第二，它是在工業文明基礎之上發展形成的。儘管工業文明對增長的片面強調帶來資源、環境、結構分化等諸多問題，但是客觀而言人類在工業文明時期的物質生活條件有了明顯改善，這是由工業文明的特徵決定的。生態文明並不是對工業發展的全盤否定，而是在工業文明基礎上對人類文明發展理念和發展模式的揚棄。它汲取工業文明財富創造和累積的經驗，但否定對自然持續的破壞。因此，工業文明正是生態文明的基礎。正如有研究指出，「工業文明使人類具有了認識自然深層次的能力，並為生態文明的到來提供了物質和精神基礎。」②

第三，它同時強調人類社會內部的關係以及人與自然之間的關係。生態文明的提出正是基於人類對人與自然關係的反思。工業文明時期人類徵服自然，而生態文明強調人類與自然和諧共榮。生態文明不僅是生態環境的優化，而且需要人類改變以自身為中心，建立人與自然互利互惠、共同發展的可持續的相互關係。此外，生態文明不僅強調人與自然的關係，還強調人類社會內部互惠和協同的關係。

第四，它有全新的發展價值取向和發展觀。首先，從發展的量上看，生態文明不再對「數」過分崇拜，而將「質」放在首位。儘管以往人類也認為質量和數量都屬於發展價值判斷的標準，但是明顯過分強調數量，而往往忽視質量。以經濟發展為例，如以經濟增速作為最主要發展目標的話，將為生態文明建設帶來阻礙。在中國「十二五」的相關規劃中，各地區規劃的經濟增速都超過了國家總體規劃增速③，這說明「越多越好」標準仍然居於首要位置。生態文明要求放棄數量首位的發展價值取向，以質量標準為首。其次，生態文明以協調作為價值判斷準則之一。目前人類發展客觀上造成了人類社會內部經濟與社會的關係不夠均衡且結構分化，人類對自然的片面索取以及人類與自然發

---

① 李愛琴. 文明演進的挑戰與應戰模式及其啟示——湯因比文明發展動力理論解讀 [J]. 學術交流, 2009 (8): 6-8.
② 單保慶, 等. 生態文明史觀的演進與可持續發展 [J]. 生態經濟, 2001 (1): 50-55.
③ 黃勤, 等.「十二五」時期生態文明建設的區域規劃及建議 [J]. 宏觀經濟理論, 2011 (11): 52-53.

展的失衡。而協調意味著關係的有序性、發展的均衡性等，強調協同發展和共同繁榮。生態文明則以人類社會內部、人與自然之間的協同發展和結構均衡化為價值取向。此外，生態文明強調發展的可持續性。一方面，在發展觀念上，生態文明肯定長期可持續而否定短期最大化，並將其作為價值取向進行決策。人類必須考慮后代的生存和發展，為后代負責，而短期最大化的判斷準繩不但無法實現這一初衷，而且與之背離。另一方面，人類對物質的消費可以是無止境的，這必然導致消費的不可持續。生態文明要求人類在符合一定生存標準的前提下停止對物質消費的無休止增加，以保證物質消費的可持續性。

總之，生態文明建設是人類對自身發展的有益探索和實踐，而生態文明這種人類社會全新的發展狀態則要求人類從本質上改變原有的生存、發展的觀念和方式。

2.1.2 城市化和人口城市化

西方發達國家的城市化在19世紀已經開始啟動，這是由以工業革命為開端的工業大發展推動的。關於「城市化」概念的起源說法不一，有研究指出這一概念最早在馬克思於1859年發表的《政治經濟學批判》中出現，該文章提出「現代的歷史是鄉村城市化」的論斷。[①]

在「二戰」以前，儘管有不少研究關注城市或社區生活，但是從城鄉二元結構入手的研究很少見。[②] 戰後關於城市化的研究逐漸增多。這一主題吸引了經濟學、地理學、社會學、政治學等各領域學者的關注。關於城市化含義的討論也從未停止。Tisdale 認為城市化是一個包括了人口集聚點總數量增加以及單個聚集點規模增大兩種路徑的人口集中的過程。[③] Schwirian 等在其《城市化的分類理論》一文中總結了當時關於城市化概念的三類主要觀點：第一，城市化是城市觀念和行為向周圍地區輻射的過程；第二，城市化是城市模式的社會性質和行為方式的增加；第三，城市化是城市人口比重增加的過程。[④] 同樣，Schnore 也將已有城市化的定義總結為三類：第一類認為城市化是一個個體的思維方式和價值觀向城市模式的轉變。它是基於個體行為轉變視角的。第

[①] 顧朝林. 城市化研究起源和中國城市化的總體特點 [EB/OL]. [2012-04-24]. http//www.chinacity.org.cn/cstj/zjwz/86523.html.

[②] ANDERSON N. Urbanism and urbanization [J]. American Journal of Sociology, 1959 (1): 68-73.

[③] TISDALE H. Process of urbanization [J]. Social Force, 1942, 20 (3): 311-316.

[④] SCHWIRIAN K P, Prehn J W. An axiomatic theory of urbanization [J]. American Sociological Review, 1962, 27 (6): 812-825.

二類認為城市化是人口由於社會和經濟結構的重組和轉變而置於全新的外界環境的關係中的過程。它增加了人口經濟生產由農業向非農轉變、向專業化發展等內容。第三類認為城市化是人口向城市的集中過程。它忽略人口的經濟生產和所處產業，也不強調個體，而只涉及人口和空間兩個變量。① Chace 指出人口城市化是人類在居住安排和產業環境方面的集聚以及由此帶來的一系列效應。② 由此可以看出，西方對城市化也尚無統一的定義，但基本都認同城市化至少包含了人口由農村向城鎮轉移和集聚這一過程。

　　中國關於城市化的研究起步較晚。有研究指出，中國的城市化研究始於南京大學吳友仁1979年發表的《關於中國社會主義城市化問題》，之后相關研究不斷豐富，關於城市化概念的不同理解也隨之出現。③ 由於城市化研究的多學科性質以及城市化過程本身的重複性，城市化概念始終沒有統一的界定，而不同學科研究者分別從各自學科的角度對城市化進行界定。就不同學科對城市化的定義，有研究④⑤已進行了總結，本研究在此不贅述而僅進行簡單描述。例如，人口學家強調城市化是城鎮人口比重上升的過程；經濟學者強調城市化是農村經濟向城市經濟轉變的過程；地理學家強調城市化是區域範圍城市數量增多和地域範圍擴大的過程；社會學家強調城市化是人與人之間的關係從鄉村模式向城市模式變化的過程；人類學家認為城市化是人類農村生活方式向城市生活方式發展變化的過程等。

　　此外，中國也有研究融合了不同學科的觀點，對城市化的含義進行了相對綜合的解讀。如蔡俊豪等認為城市化是「一定地域在載體上、人口上、文化上和人們的生產生活等各方面向具有城市特點的表現形態變遷的系統的、動態的過程」。⑥ 饒會林認為城市化是現代社會商品生產不斷發展、人口不斷集中、城市經濟與區域經濟聯繫越來越密切、城市的社會動力作用不斷得到加強的歷史發展過程。⑦ 周毅提出「城市化的實質是以人為中心、受眾多因素影響的、非常重複多變的系統轉化過程」，認為城市化包括了農業人口向非農業人口轉

---

① SCHNORE L F. Urbanization and economic development: the demographic contribution [J]. American Journal of Economics and Sociology, 1964, 23 (1): 37-48.
② FRIEDMANN J. Four theses in the study of China's urbanization [J]. International journal of urban and regional research, 1964, 30 (2): 440-451.
③ 顧朝林. 城市化研究起源和中國城市化的總體特點 [EB/OL]. [2012-04-24]. http//www.chinacity.org.cn/cstj/zjwz/86523.html.
④ 侯學英. 中國可持續城市化研究 [D]. 哈爾濱: 東北農業大學, 2005.
⑤ 劉維奇, 焦斌龍. 城市及城市化的重新解讀 [J]. 城市問題, 2006 (6): 7-10, 29.
⑥ 蔡俊豪, 陳興渝.「城市化」本質含義的再認識 [J]. 城市發展研究, 1999 (5): 22-25.
⑦ 饒會林. 城市經濟學 [M]. 大連: 東北財經大學出版社, 1997.

化、人口向城市集聚、城市在空間數量上增多和區域規模擴大、居民生活方式改變等方面。[1] 劉維奇等認為城市化是在工業化進程推動下發生的制度從農村向城市變遷的過程，強調工業的動因性質、城市化制度變遷的本質以及城市化的動態過程。[2]

無論是西方還是中國的相關研究，與從單一學科對城市化的理解相比，融合不同學科視角而對城市化所下的定義無疑更貼近現實。這是由城市化本身的重複性所決定的。儘管各研究的定義在文字上有一定差異，但對城市化特徵的理解存在一些共識，包括城市化本身的動態性、城市化的多維性、城市化的重複性等。本書認為不應該局限於從單一學科的視角理解城市化的含義，也不應該把城市化與城市發展混為一談，而應深刻把握城市化多維、重複和動態的特徵，充分重視人口發展這一核心變化並在城市化過程本身系統特性的基礎上對其進行解讀。

本書認為，城市化是在一個農村形態或農村和城市形態並存的區域空間中，人口在生存載體上由農村向城市轉變、在生活方式上由傳統農村模式向現代城市模式轉變、在生產方式上由農業向非農轉變，且三個轉變相互交織、相互作用，最終對區域城鄉人口分佈、區域城鄉空間格局、就業規模和結構、經濟產出及結構以及自然環境等產生一系列影響的系統動態過程。

基於上述定義，人口的「三個轉變」在城市化整體進程中處在最核心的位置。城市化進程中空間、經濟、自然等方面表現出來的特徵的根源都在於這種人口變遷，因此本研究使用「人口城市化」這一定義。總之，本研究認為「城市化」與「人口城市化」的本質區別僅在於后者體現了人口變遷在整體進程中的重要性，其他方面則沒有不同。

城市是在人類文明演進到一定階段自然出現的。無論是發達國家還是發展中國家，在很久以前都已有古老的城市存在，因此廣義的人口城市化應當包括最古老城市的形成過程。它的歷史與人類文明史一樣古老。然而，狹義上人口城市化過程則起步於產業革命。它與工業文明的發展密切相關，距今僅有不足三百年時間。本書在未作說明的情況下所提的人口城市化，均指狹義的人口城市化。人口城市化具有以下幾個特徵：

第一，人口城市化是一個系統動態過程。人口城市化不是一個時點概念，而是一個系統隨時間推移而不斷變化和發展的動態過程。沒有時間的推移，討

---

[1] 周毅. 城市化理論的發展與演變 [J]. 城市問題，2009 (11)：27-30，97.
[2] 劉維奇，焦斌龍. 城市及城市化的重新解讀 [J]. 城市問題，2006 (6)：7-10，29.

論人口城市化也就沒有意義。

第二，人口城市化並非只在有城市形態的區域空間內發生。只有一個封閉區域空間具有農村形態或存在城鄉二元結構特徵，人口城市化才可能發生。

第三，人口城市化的核心是人口的城鄉屬性由農村向城市轉化，但這一轉化包含三個不同維度。人口的城鄉屬性具有多個維度，包括生存空間、生產方式、生活方式。這些維度綜合確定了人口的城鄉屬性。一方面，對人口城鄉屬性及其幾個維度進行區分，有利於對人口城市化這一重複過程進行理解，減少混淆，並且「這是將雖與城市化有關係但類別不同的其他過程剝離開來而不是忽略」[①]。另一方面，人口城市化是人口的城鄉屬性由「農村」轉變為「城市」的過程，其中就包括了每個維度的轉變，並且每個維度的轉變相互聯繫、相互影響，共同作用於人口城鄉屬性的轉變。

第四，從形式上看，人口城市化會造成特定區域人口在城市集聚、城鄉空間格局變動、經濟產出及結構改變以及自然環境發生變化。這些變化過程始終伴隨著人口城市化的整體進程而存在。

此外，對人口城市化的理解還需對以下兩個方面進行說明：

第一，人口城市化和城鎮化的關係。有觀點認為「城市」和「城鎮」是完全不同的兩個概念，應嚴格區分。如有研究指出「城市」（Urban）與「鎮」（Town）的字源區別，因此「城市化」和「城鎮化」不同，且「城市化」道路可包括建設小城鎮，而「城鎮化」道路不能包括建設大、中、小各級城市。[②] 還有研究認為「農村城市化」表示農村人口向大、中城市轉移，而「農村城鎮化」是指農村人口向區域內小城鎮轉移和集聚。[③] 事實上，如果從空間或功能上對城市形態進行分類，那麼「城市」和「城鎮」的差異客觀存在。考慮到中國行政區劃所表示的「市」不同於「鎮」，因此從字面意義上認識二者的關係也不足為奇。本書認為，「人口城市化」和「城鎮化」的關係應該分別從廣義和狹義理解。從廣義上講，兩者均可表示人類社會的一個發展過程，如中國統計制度未區分「人口城市化」和「城鎮化」，而統一用「城鎮化率」反應這一發展的水平特徵。從狹義上講，兩者分別表示某種具體的發展策略，「人口城市化」表示建設各級城市為主的發展模式，「城鎮化」表示建設小城鎮為主的發展模式。本書認為「人口城市化」一詞更有利於直觀和全面地反

---

① SCHNORE L F. Urbanization and economic development: the demographic contribution [J]. American Journal of Economics and Sociology, 1964, 23 (1): 37-48.

② 馮蘭瑞. 城鎮化何如城市化 [J]. 經濟社會體制比較, 2001 (4): 6-10.

③ 周毅. 城市化理論的發展與演變 [J]. 城市問題, 2009 (11): 27-30, 97.

應人類社會這一發展變化過程，因此不對「人口城市化」和「城鎮化」做具體區分而統一使用「人口城市化」來進行分析和討論。

第二，關於人口城市化水平的測度指標。由於人口城市化是一個多維且重複的過程，因此還沒有一個指標可以對其發展狀態有完全精確的測度。當前中國統計制度中使用「城鎮人口占總人口比重」來反應某一時點的人口城市化水平，而不同媒體則分別使用「城鎮化率」和「城市化率」來進行表述。儘管稱謂不同，但是用常住人口中「城鎮人口占總人口比重」這一指標來測定人口城市化水平可以基本反應人口的城鄉屬性，並且也基本得到了共識，因此本書的「人口城市化率」或「城市化率」均以「城鎮人口占總人口比重」來表示。

2.1.3 基於生態文明視角的人口城市化

無論是西方發達國家的人口城市化過程，還是中國改革開放后的人口城市化過程，都是在工業發展的大力推動下發生的。同時，人口城市化又積極作用於工業發展。可以說，人類的工業文明與人口城市化過程在歷史演進中幾乎是同步的。然而，工業文明的固有特性給人類社會及自然環境帶來危機。當前許多國家的人口城市化過程正是伴隨著這些危機的出現和加重而推進的。隨著人們對自身的發展模式及其帶來的后果有了更加全面和理性的認識，可持續發展的理念被提出並付諸實踐。儘管這一過程困難重重，但是從人類文明的演進視角來看，「我們需要一種新的思維模式幫我們擺脫工業文明的危機」。[1]

生態文明在工業文明的基礎上產生，而又超越工業文明。它既不簡單否定工業文明給人類帶來的巨大福祉，也不局限於科技發展中節能、環保等技術層面的進步。它是人類自身發展觀念的革新，是人類文明的進步。正是基於當前發展模式的不可持續性，人類需要秉承全新的、可持續的發展觀念，將包括人口城市化在內的人類發展道路置於生態文明視角下，用生態文明的理念指導並助力人類發展。生態文明視角相當於一種觀念。這種觀念在指導人類發展時秉承生態文明的理念，即以發展量和質的協調、人與人的協調和人與自然之間的協調以及發展的可持續性為評價的準則。

本書探討基於生態文明視角的人口城市化問題，因此強調生態文明與人口城市化聯繫的理論邏輯。第一，人類文明的演進與人口城市化有歷史淵源。如上所

---

[1] RICHARD B NORGAARD. A coevolutionary interpretation of ecological civilization [J]. Ecological Economics, 2010, 69 (4): 690-699.

述,「文明」一詞源於拉丁文「城市化」的詞根①,而且,人類早期城市的產生和發展正是文明進步的表現。儘管歷史上文明可以在世界上不同的地方出現,但是幾乎都伴隨著城市的產生而出現和發展。第二,將人口城市化發展置於生態文明視角之下具有緊迫性和必然性。一方面,工業文明所帶來的危機迫使人口城市化以生態文明理念為進一步發展的指導;另一方面,生態文明作為人類新型發展形態必然登上歷史舞臺,而人類人口城市化過程還遠沒有結束,未來人口城市化發展必然是基於生態文明的視角來推進的。第三,人口城市化發展和生態文明建設相互影響。生態文明要求改變傳統人口城市化的發展思維和模式,會對人口城市化過程和人口城市化質量產生重要影響。人口城市化發展作為生態文明建設的積極實踐,將不斷促進生態文明理論的豐富和完善。

總之,由於當前伴隨人口城市化發展出現的各種危機,人類需要將人口城市化置於生態文明的視野之下,秉承生態文明的發展理念。具體來說:一是以生態文明的價值判斷標準衡量和評價人口城市化發展。以往在發展過程中認為人口城市化率越高則發展水平越高,而生態文明要求拋棄傳統價值判斷標準,以質量與數量同步提升、人口城市化過程中各種關係的協調以及區域整體可持續發展為人口城市化發展水平的判斷依據。二是人口城市化發展要因地制宜。生態文明視角下人口城市化的具體實踐要與特定的發展基礎相適應。不同國家或地區的經濟、社會背景不同,人口城市化發展進程各有差異,在用生態文明理念指導人口城市化發展時需考慮地區間人口發展狀況、社會經濟背景、資源稟賦和自然環境狀況的差異,如中國東、中、西地區各方面差異明顯,不能簡單地統一對待。三是生態文明理念要貫穿到人口城市化整個進程的各個方面。人口城市化過程極其重複,涉及因素眾多,且包括但不限於人口、經濟、空間、自然等不同方面的變化過程。生態文明視角下的人口城市化是生態文明理念在每個過程中實踐的綜合體現。

2.2 理論基礎

2.2.1 發展經濟學和人口城市化理論

發展經濟學主要關注落后或發展中國家的發展問題,而這離不開二元結構

---

① 廖日文,章燕妮. 生態文明的內涵及其現實意義 [J]. 中國人口·資源與環境, 2011 (3): 377-380.

環境，也離不開工業化、城市化等。人口城市化是發展的一個具體方面。它起源於既有的二元結構，是任何國家或地區或早或晚都無法迴避的。城市化因為其重複性而幾乎成了所有社會科學研究的對象[1]，與人口城市化相關的理論研究也因此缺乏系統性。綜合來看，人口城市化理論至少應回答的問題包括：人口城市化的含義、類型和度量，人口城市化的基礎和影響因素，人口城市化的發展階段，人口城市化的效應，特定國家或地區人口城市化政策等。關於人口城市化的主要理論包括區位理論、空間理論、發展理論、流動理論。區位理論分析了城市效益的根源，確定了城市的分佈狀態和形式；空間理論分析了城市及農村的相互關係及其轉變趨勢；發展理論主要研究人口城市化的發展動力和過程；流動理論則著眼於對人口流動這一城市化重要標誌的探討。[2] 若從二元經濟結構下的鄉城人口流動、遷移及其動因著眼，結構視角下的費景漢-拉尼斯模型、喬根森模型、托達羅模型等經濟發展理論也成為最典型的人口城市化理論。

2.2.2 可持續發展理論

伴隨著全球範圍內的經濟增長和人口城市化過程，生態環境問題逐漸步入人們視野。20世紀五六十年代，人們的經濟增長以及人口城市化發展等造成巨大的環境壓力，增長就意味著發展的觀念受到質疑。1962出版的《寂靜的春天》更是在世界範圍內引起了人類關於發展觀念的廣泛爭論。《只有一個地球》問世以後，可持續發展的理念開始出現，人類對生存與環境的認識有了新發展。接著，羅馬俱樂部發布了著名的報告《增長的極限》，明確提出「持續增長」和「合理持久的均衡發展」的概念。1987年，聯合國世界與環境發展委員會發表了報告——《我們共同的未來》。這意味著可持續發展概念正式提出，報告以可持續發展為主題對人類廣泛關注的環境與發展問題進行了非常全面的論述，在世界範圍內受到極大的重視。在1992年的聯合國環境與發展大會上，可持續發展得到與會者的共識和認可。可持續發展理念得到共識，標誌著人類的發展觀發生徹底變化。人類人口城市化的實踐在推動區域發展的同時，也從各個角落對自然和生態產生負面影響。各種生態問題以及粗放型發展模式引起越來越多人的注意和反思。因此，可持續發展成為當前討論人口城市化及其發展道路必不可少的理論基礎之一。

---

[1] 王維鋒. 國外人口城市化理論簡介 [J]. 城市問題，1989 (1)：21-24.
[2] 羅靜，等. 農村人口城市化理論淵源與發展綜述 [J]. 經濟科學，1995 (3)：75-79.

2.2.3 經濟學的空間維度和新經濟地理學

傳統的主流經濟學長期忽視了空間維度。當代著名的經濟思想史學家馬克·布勞格曾指出：「儘管空間經濟學特別是經濟活動的區位理論在 19 世紀興起並達到成熟，但是幾乎完全隔離於無論是古典還是新古典的主流經濟學之外，一直到 1950 年左右，整個主流經濟學對經濟世界的分析都沒有空間維度。」① 然而，經濟學的空間維度是客觀存在的。符合客觀實際的經濟分析實際上是無法脫離空間、地域、場所、地理、區位等有關因素的。鑒於此，區位理論、經濟地理學、城市經濟學、區域經濟學等經濟學分支學科都嘗試將空間維度納入經濟分析框架，也取得了豐富的成果，但空間維度始終沒有被主流經濟學徹底接受。自 20 世紀 90 年代以來，Fujita、Krugman、Venables 等構建新的經濟地理模型。新經濟地理學被提出，空間維度對經濟分析的意義再次被熱議。與傳統理論不同，新經濟地理學的特徵包括：第一，使用一般均衡建模使其區別於傳統的區位理論和經濟地理學；第二，使用規模收益遞增假設，並使市場結構擁有非完全競爭的特點；第三，增加交通成本，顯示區位的重要性；第四，生產要素和消費者在不同區位之間的可移動性是集聚產生的前提。② 新經濟地理學解決了傳統經濟地理學無法清楚解答的、現實世界存在的經濟活動集聚現象，而城市空間、經濟或人口在空間上的集聚也正是人口城市化過程中客觀存在的。

2.2.4 系統科學與社會科學的系統觀

系統理論作為一門科學，一般被認為是由 L. Von. Bertalanffy 創立的。他提出了系統論思想和一般系統論原理。系統論的核心思想是系統的整體觀，即任何系統都不是各個部分的機械組合或簡單加總。它是一個有機整體，系統中的各要素相互作用，都不是孤立的存在。系統科學於 20 世紀初萌芽，在隨後的興起過程中產生了信息論、控制論等一系列研究成果，並被運用到系統工程且取得了巨大的成功。③ 隨著人們對系統科學認識的深入，社會科學研究領域逐步引入系統論思想。除地球、機器、輪船等被看作系統以外，人類社會內的企

---

① 殷廣衛，李佶. 空間經濟學概念及其前沿——新經濟地理學發展脈絡綜述 [J]. 西南民族大學學報：人文社會科學版，2010（1）：75-82.
② 潘峰華，等. 新經濟地理學和經濟地理學的對話——回顧和展望 [J]. 地理科學進展，2010（12）：1518-1524.
③ 李向宇. 基於系統論的可持續發展研究 [D]. 貴陽：貴州大學，2008.

業、組織團體等也被作為系統看待。這一觀念的革新大大拓寬了社會科學研究視角，豐富了相關研究成果。特別地，美國麻省理工學院的 Jay W. Forrester 教授於 1956 年創立的系統動力學方法，更是為系統理論視角下的社會科學研究做出了重要貢獻。基於系統動力學方法且在社會科學研究領域至關重要的研究成果包括《工業動力學》《城市動力學》《增長的極限》等。人口城市化問題本身具有重複性，在系統理論的指導下和系統動力學方法的幫助下討論人口城市化問題則具有特定優勢。

2.3 主要文獻述評

從各國人口城市化發展歷史來看，人口城市化本身是一個非常重複的過程。它涉及的因素眾多，無法從單一的維度準確描述。無論是發達國家已經走過的人口城市化道路，還是發展中國家正在探索的人口城市化道路，都已經證明了這一點。本書擬從系統分析的視角對世界各國的人口城市化過程進行一般性歸納，嘗試總結人口城市化過程的一般規律，並在此基礎上以中國為例討論生態文明視角下人口城市化道路的戰略選擇問題，因此主要從人口城市化動力因素、發展中國家人口城市化過程的基本問題、人口城市化與勞動力轉移、人口城市化與經濟發展的關係、人口城市化與資源環境的關係以及中國人口城市化過程和道路選擇這幾個方面進行文獻述評。如上文所述，由於本書認為「城市化」與「人口城市化」並無太多差異，唯一不同的是后者體現了人口變遷在城市化進程中的核心作用，因此本書使用「人口城市化」這一定義，文獻中有關「城市化」的討論都是本書討論「人口城市化」的有益參考。

2.3.1 人口城市化的動力因素

人口城市化的動力因素往往不僅有一個或幾個方面，而且是錯綜重複的。關於人口城市化的動力，有研究表明，主要有以下幾個方面：一是工業集聚，二是市場建設和第三產業發展，三是農村人口的遷移和外來務工，四是科教文衛事業，五是基礎設施建設，六是政治中心和行政區劃的變更。[①]

對於中國人口城市化動力機制的研究，有研究進行了總結：國外學者主要認為中國城市化由國家的工業發展戰略、勞動力轉移的條件、城市土地和房產

---

① 仇保興. 關於城市化的若干問題 [J]. 宏觀經濟研究, 1999 (4)：12-17.

領域等的市場化等方面原因引起；國內學者則把中國城市化的動力機制劃分為幾種不同的類型，包括由政府主導的「自上而下」類型，由改革開放后農民進城意願強烈而引起的「自下而上」類型，政府、企業、農民以及城市居民等各種經濟主體「多元推動」類型，「推力和拉力」作用類型，產業結構演進類型，區域要素推動類型等。①

2.3.2 關於發展中國家人口城市化過程的基本問題

西方發達國家人口城市化過程啓動較早，當前已經步入發展後期。而從世界範圍看，發展中國家的人口城市化還有很長的路要走。同時，發展中國家的人口城市化過程表現出與西方發達國家不一樣的特徵，引起廣泛的關注。

Hackenberg 指出當代發展中國家城市化發展模式與西方工業化帶動城市化的模式不同。這主要基於兩點：第一，非正式部門成為發展中國家大城市的主要特徵，其在經濟發展中起到積極作用。第二，發展中國家農村地區分佈著諸如生產設施、基礎設施等城市形態的內容。這種分散的城市化為經濟增長及空間和社會變遷帶來新的可能性。②

黃榮清在 20 世紀 80 年代就對發展中國家城市化過程進行過討論，認為二戰後發展中國家人口迅速膨脹，不僅會帶來發達國家工業化過程中曾遇到過的問題，還將帶來「人類歷史上從未遇到過的困難」，如過分重視工業而忽視農業發展所帶來的「過度城市化」問題等。③

宋利芳通過對發達國家和發展中國家城市化過程進行比較，認為發展中國家城市化過程有共同特點，包括起步晚、水平低、發展不平衡、過度城市化、城市首位度畸高。④

Henderson 指出，在成熟的城市體系中製造業往往會被分解到相對小的城市中，大型和特大型城市則主要承載服務業和技術創新等行業，而他的研究發現許多發展中國家在城市化過程中過分重視城市的集聚和大型城市的發展。這會帶來附加成本。解決思路是建設和發展區域內和區域間的交通和通信

---

① 許超軍，等. 中國城市化動力機制研究進展 [J]. 城市問題，2007 (8)：20-25.
② HACKENBERG R A. New patterns of urbanization in southeast Asia: an assessment [J]. Population and Development Review, 1980, 6 (3): 391-419.
③ 黃榮清. 發展中國家的城市化問題 [J]. 中國人口科學，1988 (1)：37-42.
④ 宋利芳. 發展中國家城市化過程的特點、問題及其治理 [J]. 中國人民大學學報，2000 (5)：33-38.

設施。①

2.3.3　關於人口城市化和勞動力轉移的研究

（1）西方城市化與勞動力轉移經典理論。

西方勞動力鄉城遷移理論的產生和發展都未脫離二元經濟結構背景下的經濟發展而獨立存在，這些理論都為后來分析人口城市化特別是發展中國家人口城市化過程奠定了基礎。

Lewis 把發展中國家的經濟劃分為差異巨大的兩個部門。其中，一個以傳統農業為主的部門，相對於資源而言人口過剩，在很低的勞動力工資水平下，存在著勞動力的無限供給，而且勞動力的邊際生產率可能為零甚至為負；另一個以現代工業為主的部門的勞動力邊際生產率和勞動力工資水平顯著高於傳統農業部門。在農業部門勞動力無限供給的背景下，勞動力會不斷從傳統農業部門流入工業部門，直到兩部門勞動力工資水平相當時這樣一個過程才會停止。Lewis 的兩部門勞動力轉移理論認為勞動力的鄉城遷移和經濟結構的變化同步。②

Fei&Ranis 在劉易斯兩部門勞動力遷移理論的基礎上，將整個遷移過程劃分為三個階段，即勞動力無限供給的第一階段，勞動力供給和農業產出下降、農業部門勞動生產率和工資水平提高的第二階段，以及農業和工業部門工資水平和邊際生產率無差異的第三階段。這一理論認為只要工業部門工資水平高於農業部門，勞動力仍然會處於無限供給狀態。③

Jorgenson 認為農村勞動力向工業部門轉移是因為其消費需求和結構發生變化，因為出現了農業剩余，農產品生產不再能滿足農村勞動力的需求，因而他們放棄在農業部門就業轉而流向工業部門。④

Todaro 在分析人口從傳統農業部門向工業部門轉移時，引入了預期收入的概念，認為個人遷移決策與其對未來工業部門就業以及取得較高收入的預期有關。遷移的動力是個人的預期收入而不是工業部門的絕對收入，個體在做遷移

---

① HENDERSON V. Urbanization in developing countries [J]. The World Bank Research Observer, 2002, 17 (1): 89-112.

② LEWIS W A. Economic development with unlimited supplies of labour [J]. The manchester school, 1954, 22 (2): 139-191.

③ RANIS G, FEI J C. A theory of economic development [J]. The American Economic Review, 1961, 51 (4): 533-565.

④ JORGENSON D W. The development of a dual economy [J]. The Economic Journal, 1961, 71 (282): 309-334.

決策時對長期預期收入和遷移成本進行衡量並最終決定是否遷移。從農業部門向工業部門轉移的勞動力數量，由兩部門間工資的差異決定。①②

Stark 則認為，鄉城人口的遷移決策主要基於提高個人或家庭的比較收入的預期而做出，而非絕對收入。他使用「相對剝奪」（relative deprivation，有研究稱為「相對貧困」）一詞來進行描述，指出即使個人或家庭絕對收入增加，但如果相對於參照人群而言依然存在「相對剝奪」的壓力，那麼仍會產生遷移的傾向。③

（2）中國勞動力轉移的效應。

自中國改革開放開始的大規模勞動力的鄉城遷移，為城市非農部門提供了近似無限供給的勞動力，這極大地推動了中國非農經濟發展。勞動力轉移初期最直接的效應就主要體現在非農經濟方面，且這方面的研究頗豐。近年來，勞動力鄉城遷移對農村經濟的影響逐步引起關注，如有研究從遷移勞動力匯款情況、遷移者收入與提高其家庭成員福利水平的關係、遷移者收入與農村家庭投資的關係、遷移者回流、遷移者對農業生產及農村居民觀念和生活方式的影響等方面綜述了勞動力鄉城遷移對中國農村經濟的影響，指出勞動力遷移對農村經濟的影響將持續而且會更加深遠。④ 也有研究論證了農業不再是剩余勞動力的「蓄水池」，因而農民進城打工已具有不可逆轉性，同時還認為，剩余勞動力的減少意味著傳統意義上的人口紅利將逐漸消失，迫切需要發動經濟增長的新引擎，即以農民工市民化為內涵的深度城市化。⑤

（3）中國勞動力轉移的影響因素。

Kevin 等的研究發現，中國的經濟增長促進人口遷移，而不是相反。⑥ 在關於中國勞動力轉移的研究中，認為勞動力轉移的影響因素分為三類：第一，制度因素。辜勝阻按戶籍變更狀況將當時中國鄉城遷移人口分為永久和臨時兩

---

① TODARO M P. A model of labor migration and urban unemployment in less developed countries [J]. The American Economic Review, 1969, 59 (1): 138-148.

② HARRIS J R, TODARO M P. Migration, unemployment and development: a two-sector analysis [J]. The American Economic Review, 1970, 60 (1): 126-142.

③ STARK O. Rural-to-urban migration in LDCs: a relative deprivation approach [J]. Economic Development and Cultural Change, 1984, 32 (3): 475-486.

④ 王美豔. 勞動力遷移對中國農村經濟影響的研究綜述 [J]. 中國農村觀察, 2006 (3): 70-79.

⑤ 蔡昉. 城市化與農民工的貢獻——后危機時期中國經濟增長潛力的思考 [J]. 中國人口科學, 2010 (1): 2-10.

⑥ ZHANG K H, SONG S. Rural-urban migration and urbanization in China: evidence from time-series and cross-section analyses [J]. China Economic Review, 2003, 14 (4): 386-400.

類，認為永久性人口遷移的決策主要來自於政府，且是無彈性的，即不受社會經濟影響；關於暫時性人口遷移，遷移者及其家庭根據遷移的經濟成本、社會心理成本和效益做出遷移決策，這類遷移富有彈性。① 第二，經濟因素。尹文耀論述了人口城市化與經濟發展的關係，認為現代以來經濟發展必然帶動人口城市化水平的提高。人口城市化水平的提高進一步為經濟發展創造條件。並且，人口城市化水平應與經濟發展水平相適應，水平過高或過低都會產生不利影響。② 朱農提出了一個中國四元經濟下人口遷移理論，假設勞動力轉移是在傳統農業、農村非農行業、城市正規行業和城市非正規行業四部門下進行的，並利用實證分析對此進行了檢驗，討論了除傳統農業部門外三部門對中國農村剩餘勞動力轉移的貢獻等問題，並分析了中國未來人口遷移面臨的問題及前景。③ 蔡昉等利用調查數據對勞動力遷移的相對貧困假說進行檢驗，結果證實了絕對收入差距與相對貧困同時構成農村勞動力遷移的動因。④ 第三，個人因素。朱農利用問卷調查數據對中國鄉城勞動力遷移進行分析。結果表明，城鄉收入差距在遷移決策中起著顯著作用，並且性別等個人因素也會產生影響。⑤

此外，相關研究對中國勞動力轉移影響因素進行的總結也表明：在經濟方面城鄉和地區收入差距推動勞動力轉移；在非經濟方面轉移個體的受教育情況和年齡、性別、婚姻以及家庭資源稟賦等人力資源因素影響勞動力轉移；戶籍管理制度、社會保障制度、土地制度等制度方面的因素也影響勞動力轉移。⑥

2.3.4 人口城市化與經濟發展的關係

許多問題既屬於人口城市化研究領域，又屬於經濟發展研究領域，因此人口城市化與經濟發展無法完全割裂開來進行觀察。首先，人口城市化過程是與經濟發展同時推進的。有研究對城市化和經濟增長的關係進行了總結，認為：第一，城市化演進與經濟增長呈現「動態」的相關關係；第二，城市化演進與經濟增長關係的具體表現存在著各自的前提條件、量化的評判和有效的邊界，因此即便在經濟發展初期，兩者之間也可能呈現負相關關係；第三，技術

---

① 辜勝阻. 中國兩類人口遷移比較研究 [J]. 中國人口科學，1991 (4)：16-21.
② 尹文耀. 試論人口城市化的幾個規律性問題 [J]. 人口學刊，1997 (6)：3-8.
③ 朱農. 中國四元經濟下的人口遷移——理論、現狀和實證分析 [J]. 人口與經濟，2001 (1)：44-52.
④ 蔡昉. 遷移的雙重動因及其政策含義——檢驗相對貧困假說 [J]. 中國人口科學，2002 (4)：1-7.
⑤ 朱農. 論收入差距對中國鄉城遷移決策的影響 [J]. 人口與經濟，2003 (1)：10-17.
⑥ 黃敏. 農村勞動力轉移影響因素的研究綜述 [J]. 生產力研究，2009 (23)：248-250.

和技能的集聚，為城市化與經濟的持續增長之間建立起穩定的正相關性提供了可能；第四，以經濟增長為目的的政府行為可能具有「過度城市化」的傾向。①

關於中國人口城市化與經濟發展關係的研究，主要有：鐘水映認為城市化是經濟發展水平及其結構等內在因素的外在表現，孤立地從某個或某些側面來評價和判斷中國城市化發展滯后是沒有多大實質意義的，同時提出推進中國城市化的發展需要從經濟結構和城市結構等方面入手。② 陳昌兵認為從城市化與投資和消費的關係入手，將城市化分為城市規模化階段和市民化階段。他認為在城市規模化階段投資率隨著城市化率的提高而增大，消費率隨著城市化率的提高而減小；市民化階段投資率隨著城市化率的提高而減小，消費率隨著城市化率的提高而增大，因此提出投資率與城市化率間存在「倒 U」形的關係，消費率與城市化率間存在著「U」形的關係。③ Shen 認為人均 GDP 與城市化水平之間有顯著關係，通過中國 1982—2000 年的數據研究發現，在決定城市化水平方面人均 GDP 表現的作用越來越明顯。④

就人口城市化與產業發展關係而言，有研究從理論上分析了城市化的積聚效應和成本上升對產業競爭力的影響，在對中國城市化與產業競爭力的關係進行了實證研究后指出，為了保持中國經濟的可持續增長，應減少城市化成本的過快上升，轉變城市化模式，以促進工業化和城市化的協調發展。⑤ 有研究通過分析工業化和城市化及二者關係的現行衡量指標和判斷標準，認為評價中國城市化與工業化協調發展的狀況應以城鎮人口比重、工業就業比重為衡量指標，以 IU 比為評價標準，並據此對中國工業化與城市化的關係及現實進程做了實際測量和理論分析。⑥ 此外，有研究分析城市化水平與非農化產值兩者的關係，認為非農化對城市化短期影響較小，長期影響效果卻非常顯著；城市化水平的提升對非農化的回應較慢，存在滯后性。⑦

---

① 郭曄，等. 城市化演進與經濟增長關係研究評述 [J]. 經濟學動態，2009 (1)：109-114.
② 鐘水映，等. 經濟結構、城市結構與中國城市化發展 [J]. 人口研究，2002 (5)：63-70.
③ 陳昌兵. 城市化與投資率和消費率間的關係研究 [J]. 經濟學動態，2010 (9)：42-48.
④ SHEN J. Estimating urbanization levels in chinese provinces in 1982—2000 [J]. International statistical review, 2006, 74 (1)：89-107.
⑤ 中國經濟增長與宏觀穩定課題組. 城市化、產業效率與經濟增長 [J]. 經濟研究，2009 (10)：4-21.
⑥ 李林杰，等. 對工業化和城市化關係量化測度的思考——兼評中國的工業化與城市化過程 [J]. 人口學刊，2007 (4)：31-35.
⑦ 任媛，等. 勞動力遷移、城市化發展與民工荒 [J]. 經濟學動態，2011 (5)：64-68.

2.3.5 人口城市化與資源、環境的關係

人口城市化是一個重複過程。人口城市化過程的每個環節都存在對自然資源和生態環境的影響；相反，自然資源和生態環境又對人口城市化存在制約作用，這些都體現在人口城市化與資源、環境關係的研究當中。西方關於人口城市化與自然資源和生態環境關係的研究，主要包括城市化與自然生態系統關係綜合研究[1][2]、城市化對河溪生態系統[3][4]的影響、城市化對大氣環境的影響[5]以及城市化對生物物種生存環境的影響[6][7][8]等。

中國關於人口城市化與自然資源關係的研究，將視角置於土地資源下的文獻比較豐富，這也與中國人均土地資源緊缺有關。有研究通過中國東、中、西部1,500多個失地農戶的問卷調查，揭示了當前中國土地徵用中存在的問題，從土地制度、土地管理、徵地補償三個層面反思了中國土地制度與管理制度存在的問題，提出了改革中國土地產權制度與管理制度的思路。[9] 有研究指出中國城市化過程的土地問題非常突出，一方面土地生產要素緊缺嚴重影響東部沿海地區發展，耕地保護面臨巨大壓力；另一方面，「以地生財」的土地財政成為社會關注焦點，因此認為土地制度改革仍是中國經濟體制改革的重點。[10] 此

---

[1] MCDONALD R I. Global urbanization: can ecologists identify a sustainable way forward? [J]. Frontiers in Ecology and the Environment, 2008, 6 (2): 99-104.

[2] GRIMM N B, et al. The changing landscape: ecosystem responses to urbanization and pollution across climatic and societal gradients [J]. Frontiers in ecology and the environment, 2008, 6 (5): 264-272.

[3] MEYER J L, PAUL M J, TAULBEE W K. Stream ecosystem function in urbanizing landscapes [J]. Journal Information, 2005, 24 (3).

[4] NILSSON C. Ecological forecasting and the urbanization of stream ecosystems: challenges for economists, hydrologists, geomorphologists, and ecologists [J]. Ecosystems, 2003, 6 (7): 659-674.

[5] SHEN W, WU J, GRIMM N B, et al. Effects of urbanization-induced environmental changes on ecosystem functioning in the Phoenix metropolitan region, USA [J]. Ecosystems, 2008, 11 (1): 138-155.

[6] WALKER J S, GRIMM N B, BRIGGS J M, et al. Effects of urbanization on plant species diversity in central Arizona [J]. Frontiers in Ecology and the Environment, 2009, 7 (9): 465-470.

[7] PRICE S J, CECALA K K, BROWNE, R A, et al. Effects of urbanization on occupancy of stream salamanders [J]. Conservation Biology, 2011, 25 (3): 547-555.

[8] PETERSON M N, LOPEZ R R, FRANK P A, et al. Key deer fawn response to urbanization: is sustainable development possible? [J]. Wildlife Society Bulletin, 2004, 32 (2): 493-499.

[9] 李燕瓊, 等. 城市化過程中土地徵用與管理問題的理性反思——對中國東、中、西部1,538個失地農戶的調查分析 [J]. 經濟學家, 2006 (5): 84-90.

[10] 謝滌湘, 等. 快速城市化背景下的土地問題述評 [J]. 城市問題, 2012 (4): 89-94.

外，有學者通過實證研究，提出中國城市建設用地、經濟增長和城市化水平三者間存在長期均衡關係且城市建設用地面積增加主要源於中國城市化的加速發展，並認為中國的城市建設用地與城市化發展在一定時期內存在「集約效應」和「滯后效應」，經濟增長與城市化發展之間並非總呈現正相關關係，一定時期內會存在著「U」形的負相關關係。①

人口城市化與能源資源的關係也受到重視。有研究對 1990—2009 年中國城市化水平與能源消費量之間的動態關係進行檢驗，認為中國城市化過程與能源消費之間存在長期穩定的均衡關係，城市化過程對能源消費量具有擴張效應，而現階段控制能源消費增長不會抑制城市化過程，因此提出在中國城市化過程中期，需要採取相應的政策和措施，實現能源的可持續發展。②

中國關於人口城市化和生態環境關係的研究主要從環境質量變化、碳排放等角度展開。

第一，人口城市化過程會對環境質量產生影響。有研究指出，城市化過程中生態環境的負效應是不可避免的客觀存在。③ 關於中國人口城市化和生態環境變化的關係，學者基本都認為存在「倒 U」形曲線，如有研究以環境庫茲涅茨曲線為基礎，利用 2004—2008 年中國 28 個省市的面板數據實證研究了城市化與環境污染的關係，認為城市化與環境污染之間存在「倒 U」形曲線關係；④ 也有研究利用 1995—2005 年中國省級的工業污染數據對城市化和環境質量關係進行了研究，指出隨著中國城市化水平的不斷提高，工業污染會經歷一個先上升後下降的「倒 U」形路徑，認為城市化最終有利於城市環境質量提高，且集中治理污染是提高城市環境質量的一個有效途徑。⑤

第二，碳排放是人口城市化的環境效應中比較重要的一個方面。有研究對中國城市化過程中的碳排放進行研究，指出中國在城市化過程中應控制碳排放增量，應當在保證 GDP 增長的前提下，通過控制城市化速度和將城市化過程作為低碳發展的機會，以及通過降低能源強度和改善能源結構來實現低碳轉

---

① 蔣南平，等. 土地資源與城市化發展：理論分析與中國實證研究 [J]. 經濟學家，2012 (4)：52-62.
② 張歡，等. 中國城市化與能源需求關係檢驗 [J]. 城市問題，2011 (8)：18-22.
③ 信欣. 城市生態補償與循環經濟體系的建構 [J]. 經濟學動態，2009 (6)：34-37.
④ 王家庭，等. 中國城市化與環境污染的關係研究——基於 28 個省市面板數據的實證分析 [J]. 城市問題，2010 (11)：9-15.
⑤ 馬磊. 中國城市化與環境質量研究 [J]. 中國人口科學，2010 (2)：73-81.

型。低碳轉型戰略的選擇應該是節能為主，發展清潔能源為輔。[①] 此外，還有研究對城市化過程中的低碳經濟發展路徑進行了研究，認為改善城市化過程中的能源消費結構、進行技術創新和政策創新、促進低碳行業的不斷發展將是中國低碳城市化發展的必由之路。[②]

2.3.6 有關新型城市化發展模式的討論

目前發達國家的人口城市化過程已近末期，一些發達國家如美國的人口城市化過程中也出現過發展模式轉型和新型城市化發展問題。如美國的芝加哥在20世紀六七十年代的發展便是傳統城市化向新型城市化轉變的典型。芝加哥新型城市化與傳統城市化最大的區別在於城市空間結構以及城鄉關係的變化。它以分散化、多中心格局以及統籌城鄉發展為典型特徵，即人口和經濟活動不再單純集中而在城市範圍內相對分散、城市中心不再唯一而呈分化態勢、中心城市和郊區經濟的一體化程度提高等。[③]

由於資源供給和環境承載力對中國快速推進的人口城市化產生的考驗越發明顯，因此關於中國如何推進新型城市化發展模式的研究和討論逐漸增多。比較有代表性的包括基於構建生態城市的城市化發展模式[④]、可持續城市化模式[⑤]以及基於統籌城鄉和田園城市建設的城市化發展模式[⑥]等。這些新型城市化發展模式一個最主要的共同點是提高了對人口城市化過程中自然資源和生態環境的重視程度，對人口城市化這一傳統上被認為是人類社會內部活動過程的範圍進行了擴展，將自然元素納入人口城市化的理論分析和實踐之中。與此相符，生態文明視角的一個重要特徵是重視自然，並且生態文明還包含了人類社會內部各維度協調、人類社會內部可持續發展以及人與自然協調發展等內涵。從這個意義上看，生態文明視角下的人口城市化也是對傳統城市化的反思，同時也是上述各新型城市化模式的進一步發展。

[①] 林伯強，等. 中國城市化階段的碳排放：影響因素和減排策略 [J]. 經濟研究，2010 (8)：66-78.

[②] 佟新華，等. 中國城市化過程中的低碳經濟發展路徑選擇 [J]. 人口學刊，2010 (6)：60-63.

[③] 王旭. 芝加哥：從傳統城市化典型到新型城市化典型 [J]. 史學集刊，2009 (6)：84-90.

[④] 馬交國，等. 生態城市理論研究綜述 [J]. 蘭州大學學報：社會科學版，2004 (5)：108-116.

[⑤] 蔡競. 可持續城市化發展研究 [D]. 成都：西南財經大學，2002.

[⑥] 張曉雯，等. 田園城市：城鄉一體的城市理想形態 [J]. 成都大學學報：社科版，2010 (3)：1-4.

2.3.7 中國人口城市化過程和道路的選擇

伴隨著改革開放、經濟體制改革等，中國的人口城市化過程不斷向前推進。而中國的人口城市化道路選擇問題，是中國當前以及未來一段時間需要面對的重大課題。

(1) 中國人口城市化過程判斷和評價。

對中國城市化總體進程進行判斷和評價的文獻比較豐富。學者普遍認為，中國人口城市化過程總體滯后，而對於滯后的原因則有不同的理解，包括以前計劃經濟的影響、體制因素的影響、金融體制的僵化、城市化政策的偏差以及弱質工業化等。[1] 在中國人口城市化過程中存在一些問題，如有研究認為，需糾正中國城市化過程中的三個偏差：一是「人口城市化」的速度大大慢於「土地城市化」速度。二是把推進城市化等同於加強城市市政建設。三是以行政區為界推進城市化。基於此提出推進城市化要以人口的城市化為核心、推進城市化要走多樣化的道路、推進城市化要確立空間均衡的原則、推進城市化要處理好市場與政府的關係等思路，並提出了相應制度安排。[2] 此外，也有研究認為目前中國人口城市化也已開始由以發展小城鎮為主過渡到以發展大城市和超大城市為主導的發展階段，並且警示要吸取城市化「拉美陷阱」的教訓。[3]

也有學者對中國人口城市化過程進行了反思。有研究認為，改革開放前二十年，中國實際走了一條「以小城鎮為主的城市化道路」。這一道路在為中國城市化、現代化建設做出了歷史性貢獻的同時，也為進一步推動城市化過程留下了隱患。著眼於中國社會經濟發展的新背景，遵循城市化一般規律的客觀要求，在已經到來的城市化建設的新階段，中國應該走「市場主導的多元化城市化道路」。[4] 還有研究回顧了中國過去城市化的一些重要經驗教訓，認為中國目前一百萬人口以上的大城市不是太多，而是仍然太少。研究還預測中國一百萬以上的大城市人口占總人口的比重在 2020 年可能達到 30%左右，在 2030 年可能達到 39%，這需要未來至少增加上百座百萬人級別的大城市。[5]

---

[1] 衛瓏. 關於中國城市化問題的討論綜述 [J]. 經濟學動態，2002 (6)：54-57.
[2] 楊偉民. 對城市化的再認識及推進城市化的若干設想 [J]. 宏觀經濟研究，2005 (4)：9-14.
[3] 田雪原. 警惕人口城市化中的「拉美陷阱」[J]. 宏觀經濟研究，2006 (2)：12-17.
[4] 汪冬梅，等. 中國城市化道路的反思與探索 [J]. 改革，2003 (5)：18-23.
[5] 王小魯. 中國城市化路徑與城市規模的經濟學分析 [J]. 經濟研究，2010 (10)：20-32.

(2) 中國人口城市化發展戰略和模式選擇。

有研究從生態環境與城市化發展的關係方面探討人口城市化發展戰略問題。在 20 世紀 80 年代末，有學者總結了中國生態環境惡化的幾大類影響因素，並分析了城市化道路與應對生態環境惡化之間的關係。① 有研究從戰略角度探討了城市化對資源和環境可能產生的不利影響，認為城市化一方面孕育了城市現代文明，促進了經濟、文化和科技的發展，並改變了人們的傳統生活觀念；另一方面也產生了大量的城市垃圾，造成空氣污染、噪音污染、交通擁擠、用地用水短缺等一系列城市環境問題，並基於此提出了相應的城市化道路選擇的戰略思路。②

此外，20 世紀末即有不少研究重點關注中國長期人口城市化發展的戰略問題。如有研究認為中國的城市化戰略選擇必然是一種多樣性的模式、分散性的道路選擇、梯度性的區域選擇、綜合性的效益選擇和階段性的進程選擇。這是由中國國情所決定的。③ 還有研究對中國人口城市化的基本動力、約束機制及適度進程等進行了研究，認為必須用可持續發展思想指導未來中國人口城市化的發展。中國人口城市化的區域選擇必須做到均衡與非均衡的統一，並堅持適度增長。④

綜合來看，關於中國人口城市化發展模式的討論主要有三種觀點。一種觀點認為中國應選擇城鎮化模式，第二種觀點認為中國人口城市化應選擇發展大城市的路徑，第三種觀點認為中國應選擇城市和城鎮發展相結合的人口城市化發展模式。此外，也有觀點認為關於如何進一步推進中國人口城市化發展還存在諸多爭議，人口城市化發展戰略還需進一步研究，如有研究認為在中國城市化問題研究中長期存在一些論爭，這主要是因為研究者的立場不同和研究視角不同。這些論爭之所以存在在於其未充分考慮中國城市化過程的階段性和歷史性，因此應針對不同地區、不同類型城市、不同類型鄉鎮和農村制定基於不同發展階段的城市化發展戰略。⑤

2.3.8 簡要評論

現有關於人口城市化的相關文獻，都從各自角度對人口城市化的某一問題

---

① 張健雄. 論中國的生態環境戰略和城市化道路 [J]. 管理世界, 1989 (2)：177-185.
② 魏后凱. 面向 21 世紀的中國城市化戰略 [J]. 管理世界, 1998 (1)：191-196.
③ 劉家強. 論中國城市化戰略選擇 [J]. 經濟學家, 1995 (5)：85-93.
④ 劉家強. 中國人口城市化：動力約束與適度進程 [J]. 經濟學家, 1998 (4)：97-103.
⑤ 李翠玲, 等. 關於中國城市化戰略的思考 [J]. 城市問題, 2011 (2)：17-20.

進行了研究，也得出了一些有意義的結論，本書的研究正是在已有文獻的基礎之上展開的。其一，有關人口城市化動力因素的文獻為本書對人口城市化有機結構以及各系統之間關係的分析奠定了基礎；其二，本書對人口城市化有機結構的分解基於有關人口城市化過程中勞動力轉移、經濟發展、自然變化等的研究而展開；其三，本書關於生態文明視角下人口城市化的研究是對已有新型城市化相關研究的進一步發展。綜合而言，關於人口城市化這一主題，還有以下方面有待進一步研究：

第一，在已有從社會和經濟視角分析人口城市化諸多研究的基礎上加入自然視角，即不但研究人口城市化與人口變遷、經濟發展之間的關係，而且也研究人口城市化與自然資源和生態環境之間的關係。儘管已有研究從經濟增長、經濟結構、工業發展、投資和消費等方面對人口城市化和經濟發展關係進行了研究，但是這些主要是針對人口城市化經濟效應的研究，從目前文獻來看，還缺乏經濟發展等因素對人口城市化的積極和消極作用的研究，以及人口城市化的經濟效應如何進一步向資源和環境部門傳導和作用的研究。

第二，在已有比較豐富的實證研究的基礎上，增加更多動態的分析和歷史的分析。現有文獻對人口城市化的動因有比較充分的討論，但多數研究都秉持靜態的觀點，即分析了人口城市化的多方面動因，卻不曾分析人口城市化對這些動因的反作用，而且也沒有討論隨著時間以及經濟等方面變化這些動因自身可能出現的新的特徵，以及它們對人口城市化過程影響的變化。

第三，在討論人口城市化時加入對可持續發展和生態文明的考慮。從戰略角度，對關於中國人口城市化的一些基本問題進行討論。就人口城市化與環境的關係而言，現有文獻主要從空間變化視角討論人口城市化過程中的土地資源及相關制度問題，或通過實證分析驗證一些假設，或就人口城市化對資源和環境的影響進行分析，或對人口城市化與某一種資源的關係進行實證分析，而缺乏對諸如資源和環境在人口城市化過程中起到什麼樣的作用、如何在節約資源和環境友好的前提下推進人口城市化、在可持續發展的要求下如何處理好人口城市化與資源及環境之間的關係等基礎性問題的回答，缺乏在同一框架下對人口城市化和多種資源關係的分析，也缺乏對包括發達國家在內的世界其他國家或地區人口城市化和資源、環境關係的經驗考察。

第四，利用系統思維，更加全面地研究人口城市化這一涉及因素眾多的重複進程。對任何國家和地區而言，人口城市化都是一項系統工程，只不過它所涉及的因素和變量多為社會變量，而不是自然變量。然而，這並不妨礙我們用系統的思想來重新審視人口城市化這一過程。總之，人口城市化的動因不可能

永遠只成為因,人口城市化的影響也不可能永遠只成為果,割裂地看待人口城市化、人口城市化的動因以及人口城市化的影響,便會喪失很多深入理解人口城市化的可能,無法在真正意義上更為完整、更為系統和更為準確地分析人口城市化。人口城市化可能反過來影響它的動因,而人口城市化的效應也有可能反過來影響人口城市化本身。人口城市化可以理解成一系列過程的綜合,這個過程,充斥著制度的變遷和演化,伴隨著因與果、果與因的相互作用。研究人口城市化,需要借助系統的思維。

目前,多數發達國家的人口城市化都處在較高水平,而這些國家的人口城市化推進都是在工業文明的思想體系下,伴隨著工業的發展而完成的。在這個過程中,人口城市化、工業發展對環境的破壞以及對資源的消耗可以說非常嚴重。當前中國面臨四個基本現實:一是經濟發展,無論從規模還是從水平而言,都落後於發達國家;二是中國人口城市化水平遠落後於發達國家;三是中國要在發展經濟的同時進一步推進人口城市化發展;四是由於對資源的過度消費和對生態環境的破壞,傳統的人口城市化發展不可持續。

中國未來該選擇何種人口城市化道路?這是一個問題。正如有學者認為,「到目前為止,中國的城市化不僅沒有形成中國本土化的城市化發展理論與模式,而且也沒有一個完善而有系統的本土化的城市化發展戰略。更為嚴重的是,自20世紀70年代末期以來,中國的城市化還沒有解決根本性的目標問題,即面對中國未來30年的城市化發展,中國應該選擇什麼樣的城市化道路、理論和模式;西方發達國家城市化和城市現代化的已有經驗在多大程度上適應中國社會的發展;中國的城市化能否在制度層面上總結發達國家城市化的經驗與教訓,並在此基礎上創新中國式的城市化模式。」[1] 隨著可持續發展思想深入人心,生態文明的概念被提出,中國未來的發展道路需要基於生態文明的視角來籌劃。同樣,中國未來的人口城市化過程也需要基於生態文明視角進行選擇。

---

[1] 張鴻雁. 中國城市化理論的反思與重構 [J]. 城市問題,2010 (12):2-8.

3　人口城市化：歷史經驗和過程分解

人口城市化是人類共同的課題，世界上不同的國家或地區或早或晚都會經歷。因此，分別立足國際視野和中國現實對人口城市化過程的一般特徵進行分析，從歷史中挖掘經驗，有利於對人口城市化進行更加深入的理解和把握。

3.1　人口城市化過程：國際經驗

在過去的200多年裡，人類人口城市化水平有了顯著提高，世界上居住在城市裡的人口由1800年的2.5%增加到1975年的40%[①]，而到2010年已超過半數，達到51.6%[②]。然而，由於不同國家或地區的人口城市化起步早晚不一，加之不同的歷史和社會經濟背景，因此世界範圍內各國家或地區的人口城市化過程也有一定差異。總體來說，發達國家人口城市化的興起早於發展中國家，並且目前多已達到較高水平；發展中國家人口城市化雖起步晚，但目前正處於快速發展階段。發達國家的人口城市化經驗對發展中國家有一定的啓發作用，而發展中國家的人口城市化過程則對世界整體人口城市化過程有顯著影響。

3.1.1　主要發達國家人口城市化過程概述

發達國家一般指英、法、意、德等多數歐洲國家以及美、加、日、澳等國。在世界範圍內看，這些國家的經濟發展水平高，人口城市化起步早，相應的人口城市化幾乎都處於水平較高但增速放緩的發展階段。英國和美國是典型的發達國家，其人口城市化過程也各具特色，因此本書對英國和美國的人口城

[①] LEDENT J. Rural-urban migration, urbanization, and economic development. Economic development and cultural change, 1982, 30 (3): 507-538.

[②] 數據來自世界銀行數據庫。

市化過程進行概述，以瞭解發達國家人口城市化過程的基本特徵。

儘管工業革命之前城市就已經存在，但是一般認為工業革命是現代人口城市化發展的主要動力。工業革命發生於英國，因此也認為人口城市化最早興起於英國。18 世紀早期英國城市人口占總人口的比重約 20%~25%，到 1801 年達到 33%，而到 1851 年達到 54%[1]。同時，英國成為第一個城市人口超過總人口 50% 的國家[2]。隨著英國人口城市化的迅速發展，到 20 世紀初英國城市人口比重已達到 77%，並進入基本穩定的發展階段（見表 3-1）。

表 3-1　　　　　　英國人口城市化率變動情況　　　　　　單位：%

時間	人口城市化率	時間	人口城市化率
18 世紀早期	20~25	1960 年	78.4
1801 年	33	1970 年	77.1
1851 年	54	1980 年	78.5
1901 年	77	1990 年	78.1
1920 年	79.3	2000 年	78.7
1950 年	79	2010 年	79.5

數據來源：1851 年及之前數據摘自：廣德福. 英國農村城市化歷程及啟示 [J]. 世界農業，2008 (5)；1901 年數據摘自 HICKS J，ALLEN G. A Century of Change：Trends in UK statistics since 1990 [R]. London：House of Commons Library，1999；1920 年數據摘自：金恩斌. 中外城市化過程透視 [M]. 延吉：延邊大學出版社，2006；1950—2010 年數據摘自世界銀行數據庫。

工業革命推動英國工業大發展，社會分工加快，專業化和科技水平迅速提升，大量產品的生產促進商業發展，經濟規模得到有效提升。加工製造業迅猛發展以及工廠的廣泛設立在促進城市發展和人口城市化水平提高的同時，也帶來一些問題，如給農業發展帶來不利影響，城市問題廣泛出現，以及生態環境惡化等。首先，英國早期的人口城市化「以犧牲農業和農村為代價」[3]，「圈地運動」占用大量農用土地，耕地減少致使農產品供給不足[4]。其次，大量農民湧入城市，對城市就業、基礎設施和住房供應造成衝擊，失業現象普遍存在，許多人只能生活在條件極差的貧民窟。另外，伴隨工業發展，煤作為能源被大量消耗，工業廢水污染河流，城市生態環境嚴重惡化。例如「僅泰晤士河就

---

[1] 廣德福. 英國農村城市化歷程及啟示 [J]. 世界農業，2008 (5)：47.
[2] 金恩斌. 中外城市化過程透視 [M]. 延吉：延邊大學出版社，2006：72.
[3] 劉家強. 中國人口城市化：動力約束與適度進程 [J]. 經濟學家，1998 (4)：97-103.
[4] 鄒延睿. 英國城市化對中國城鎮化的啟示 [J]. 法制與社會，2011 (9)：219-220.

受到400餘條管道污染」,這已經「威脅到富人的健康和生存環境」,沒有人可以避免。① 總之,工業革命客觀上啟動並大力推動了英國的人口城市化過程,但其作用機制和效應確實重複。

如果說英國的人口城市化過程啟動最早,發展最充分,那麼美國的人口城市化過程在發達國家人口城市化過程中則具有典型性。隨著歐洲移民將城市居住方式帶至北美洲大陸,可以說美國的人口城市化過程才正式啟動。然而,直到19世紀50年代中期,美國的人口城市化水平也僅有20%左右(見表3-2)。在英國第二次工業革命的成果傳入美國之後,美國開始了產業革命,人口城市化也進入快速發展階段。由表3-2可見,從1860年到1920年,美國居住在城市的人口由22.4%上升到51.2%,即美國用了60年時間使人口城市化率增加了近30個百分點。在此之後,美國的工業從東向西拓展,這不但改變了美國的工業佈局,也加快了西部的人口城市化過程。② 美國再次使人口城市化率增加30個百分點則用了90年時間,到2010年美國人口城市化率達到82.1%。

表3-2　　　　　　美國人口城市化率變動情況　　　　　　單位:%

年份	人口城市化率	年份	人口城市化率	年份	人口城市化率
1800	6.3	1880	33.5	1960	69.9
1810	7.4	1890	40.3	1970	73.6
1820	7.5	1900	46.9	1980	73.7
1830	9.3	1910	45.6	1990	78.0
1840	12.0	1920	51.2	2000	79.1
1850	17.4	1930	56.0	2010	82.1
1860	22.4	1940	56.5		
1870	28.8	1950	64.0		

數據來源:1800—1990數據來自U.S. Census Bureau(1993);2000年數據來自U. S. Census Bureau(2004);2010年數據來自United Nations, Department of Economic and Social Affairs, Population Division(2012). World Urbanization Prospects: The 2011 Revision, CD-ROM Edition。

美國的人口城市化過程不但體現出階段特徵,而且還有其他一些主要特徵。首先是城市問題。在美國人口城市化初期,混亂的城市管理造成部分城市

---

① 李岡原. 英國城市病及其整治探析——兼談英國城市化模式[J]. 杭州師範學院學報:社會科學版, 2003(6):105-108.

② 楊雁. 工業革命時期美國城市化道路評析[J]. 牡丹江大學學報, 2008(8):84-86.

過度擁擠，公共設施等遠無法滿足需要，城市居住設施條件差，工業污染嚴重，一些城市主要靠露天排水溝排泄污水，還有的城市只有在假日工廠停工時空氣才會清新。① 其次是人口向城市外的郊區遷移。美國東部工業和城市的發展，造成城市人口大量增加、城市環境惡化。這促使中產階級開始向郊區遷移。從1950年到1970年，美國居住在郊區的人口由4,000萬人增加到7,600萬人。1970年15個最大的都市區內有72%的居民在郊區工作②。美國人口城市化過程中出現的人口向城市外郊區的遷移促使美國形成當今的城、縣、鄉佈局。此外，值得一提的是，美國在人口城市化過程中始終重視對土地的保護，通過嚴格立法、科學劃定優質耕地範圍、適時調整保護政策、鼓勵公眾參與等措施保護耕地③，並採取完整、系統、相互配合的一系列措施加強農業發展，使得農業發展與人口城市化的關係處於互相促進的良性交互中。當然，也正是注意到並重視人口城市化過程中城市發展占用耕地與農業發展之間的重要關係，美國才得以有效應對。

20世紀60年代初期，美國人口城市化率約達到70%，增速開始放緩，但之后人均經濟產出繼續增加。世界銀行數據顯示④，1960年美國人均GDP為13,723美元（2000年美元價），到1985年增加至25,339美元，到2010年增加至37,330美元。儘管1960—2010年美國人口城市化率僅增加了10個百分點，但是由於美國工業體量大，城市數量多，因此由其帶來的資源和環境問題也不容小視。世界銀行數據顯示，1960年美國二氧化碳排放量為28.9億噸，1985年達到44.9億噸，到2009年達到53億噸，呈不斷增長態勢；1960年美國人均耕地面積為0.98公頃/人，到1985年減少至0.79公頃/人，到2009年進一步減少至0.53公頃/人。

英國和美國的人口城市化過程雖然不一致，且各有特點，但是也表現出一些一致的特徵，如初期動力來源於產業革命。工業化是人口城市化的主要推力。人口城市化水平提升一般伴隨著經濟產出的增加、人口密度增大、可用耕地資源減少、自然資源問題凸顯、早期城市問題嚴重、生態環境惡化等。事實上，人口城市化過程並不是一個孤立的過程。這些一致的特徵可以說是發達國

---

① 廣德福.英國農村城市化歷程及啟示 [J].世界農業，2008（5）：47.
② 陳雪明.美國城市化和郊區化歷史回顧及對中國城市的展望 [J].國外城市規劃，2003（1）：51-56.
③ 劉志揚.美國在城市化過程中實施耕地保護對中國的啟示 [J].世界農業，2010（6）：28-30.
④ 來自世界銀行數據庫，見http://data.worldbank.org/.

家人口城市化過程的一般特徵在一定程度上的體現。

3.1.2 發展中國家人口城市化過程概述

與發達國家相對應，社會經濟發展相對落后、現代化程度相對較低的國家一般被稱為發展中國家，或第三世界國家。這些國家普遍位於亞洲、非洲和拉丁美洲。

由於發展中國家的人口城市化在發達國家人口城市化水平已經處於高位的時候才剛剛起步，甚至還沒有正式起步，因此發展中國家人口城市化過程明顯落后於發達國家。世界銀行數據顯示，1950年發展中國家（Less developed regions）的人口城市化率約為17.6%，而當時發達國家（More developed regions）的人口城市化率已達到54.5%。世界總體人口城市化水平已達29.4%，發展中國家人口城市化率分別低於發達國家和世界總體水平36.9和11.8個百分點；到2010年時，發展中國家人口城市化率提高至46.0%，分別低於發達國家和世界總體水平31.5和5.6個百分點。顯然發展中國家的人口城市化滯后，但是當發達國家人口城市化水平增速放緩時，發展中國家人口城市化開始加速，如圖3-1所示。從20世紀70年代起，發展中國家人口城市化水平增速加大對世界人口城市化總體水平的提升起到了重要作用。

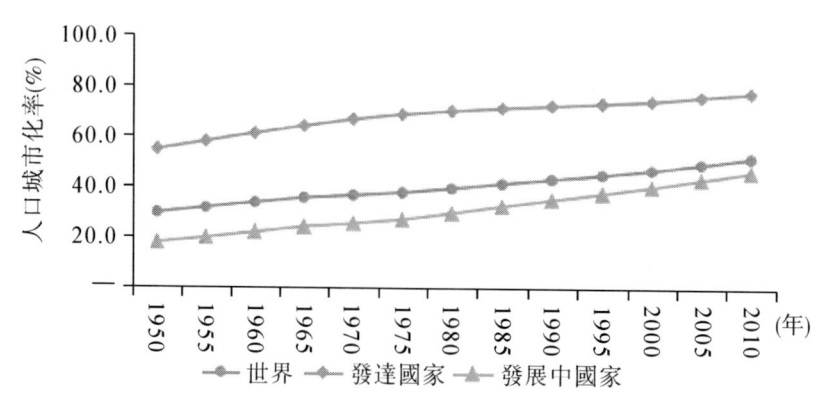

圖3-1 世界、發達國家、發展中國家人口城市化率變動比較

數據來源：United Nations, Department of Economic and Social Affairs, Population Division（2012）. World Urbanization Prospects: The 2011 Revision, CD-ROM Edition.

發展中國家人口城市化過程所體現出的特點主要有以下幾個方面：

第一，城市發展的人口壓力大。雖然發展中國家人口城市化水平低於發達國家和世界總體水平，但是由於其人口基數大，居住在城市的總人口增速卻高

於發達國家，城市人口增長的壓力很大。在1950年，發展中國家有3.04億人生活在城市，當時發達國家城市人口為4.42億人；到1970年時發展中國家城市人口增加至6.82億人，已經超過發達國家的6.71億人；而到2010年，發展中國家城市人口達26.01億人，遠多於發達國家的9.57億人。[1] 發展中國家城市人口增長來源於鄉城勞動力遷移和人口自然增長兩個方面，后者的作用明顯大於發達國家。據聯合國資料顯示，20世紀50~70年代，以29個發展中國家為觀察對象，城市人口年增長率是4.32%，自然增長占2.53%，而同期發達國家城市人口年增長率是2.47%，其中自然增長率只有0.97%。[2]

第二，各發展中國家人口城市化過程出現一定程度的分化。拉丁美洲和加勒比海地區人口城市化率始終高於其他地區的發展中國家。由圖3-2可以看出，1960—2010年，雖各地區發展中國家人口城市化率不斷提高，但發展中國家的人口城市化過程也並非步調一致的，拉丁美洲和加勒比海地區、阿拉伯地區人口城市化率從20世紀80年代起增速放緩，而幾乎在同一時期亞洲發展中國家人口城市化率卻開始加速上升，其中東亞和太平洋地區的發展中國家尤為明顯。各發展中國家人口城市化過程的分化也可從其他指標的變化趨勢得到印證。如圖3-3所示，隨著人口城市化水平的快速提升，亞洲特別是東亞和太平洋地區的發展中國家的二氧化碳排放總量也呈加速上升趨勢；人口城市化水平增速放緩的阿拉伯地區和拉美地區二氧化碳排放總量的增加並不明顯。

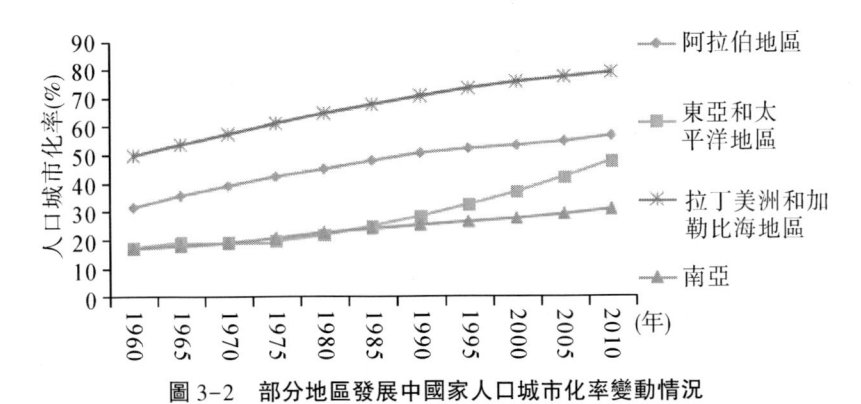

圖3-2 部分地區發展中國家人口城市化率變動情況

數據來源：世界銀行數據庫。

---

[1] United Nations, Department of Economic and Social Affairs, Population Division (2012). World Urbanization Prospects: The 2011 Revision, CD-ROM Edition.

[2] 劉家強. 中國人口城市化：動力約束與適度進程 [J]. 經濟學家, 1998 (4)：97-103.

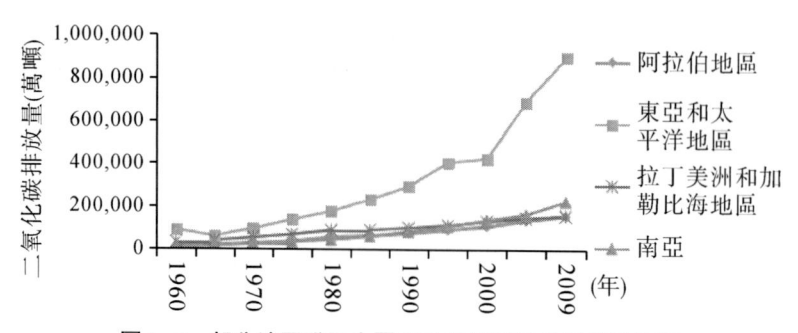

圖 3-3　部分地區發展中國家二氧化碳排放量變動情況
數據來源：世界銀行數據庫。

第三，大城市和特大城市發展快，城市貧民窟問題嚴重。由於人口自然增長導致農業勞動力大量剩餘、工業化發展對人口城市化明顯的促進作用以及大城市過分膨脹等原因，部分發展中國家人口分佈極度不均衡。[①] 以拉丁美洲為例，據世界銀行數據顯示，1960—2010 年，拉丁美洲和加勒比海地區的發展中國家百萬人口以上城市的人口占總人口的比重由 22.16%增加到 35.03%，增加了 12.87 個百分點；而同期世界百萬人口以上城市的人口占總人口的比重由 13.39%增加到 19.92%，增加了 6.53 個百分點。大型城市人口的大量增加具有兩面性，如拉丁美洲人口城市化模式被稱作「拉美畸形」，存在「畸形先進與畸形落後並存、畸形富裕與畸形貧困並存、畸形文明與畸形愚昧並存」[②] 的現象。由於人口城市化速度過快，失去土地的農民被迫湧入城市，而由於工業為降低成本而遠離城市，進入城市的農民大量失業或僅獲得極低收入，不得不生活於貧民窟中。在人口城市化過程中，城市貧民窟問題嚴重的還包括但不限於亞洲的印度、巴基斯坦等。貧民窟往往意味著擁擠、環境髒亂、疾病蔓延、人員重複等，很不適合生存，是發展中國家人口城市化過程中的一個突出問題。

總之，通過對發展中國家的人口城市化過程進行大致瞭解可以發現，儘管存在差異，但是發展中國家人口城市化過程也有諸如城市人口壓力大、城市病問題顯現等共同特徵，而且人口城市化的進程絕非孤立存在，在某些時候其發展趨勢與其他一些指標變動趨勢明顯相關。

---

① 許超軍，等. 中國城市化動力機制研究進展 [J]. 城市問題，2007 (8)：20-25.
② 王旭. 芝加哥：從傳統城市化典型到新型城市化典型 [J]. 史學集刊，2009 (6)：84-90.

3.1.3 世界人口城市化總體過程概述

儘管有不少發達國家的人口城市化已發展至較高水平，但是由於不同國家或地區的人口城市化過程存在差異，特別是發展中國家人口基數大且人口城市化過程相對滯后，因此世界總體的人口城市化發展還有很長的路要走。

整個19世紀的100年內，儘管有一些發達國家的人口城市化迅速發展，但是世界總體人口城市化率始終處於5%~13%的低水平區間內，可以說世界總體人口城市化還未正式啓動。20世紀世界人口城市化過程開始啓動，但到20世紀20年代中期時，世界人口城市化率僅為20.5%，依然有4/5的人口生活在農村地區。之后，世界人口城市化經歷了漫長的發展歷程。特別地，在19世紀50年代之后，隨著世界經濟恢復以及新技術的發展應用，許多國家的人口城市化在工業的支撐下迅速發展，世界總體人口城市化率也由1925年的20.5%逐步增加到2010年的51.6%。目前，世界總人口中居住在城市的已超過半數，這可以說是人類發展史上的一個重要里程碑（見表3-3）。

表3-3　　　　　　　世界人口城市化率變化情況　　　　　　　單位:%

年份	人口城市化率	年份	人口城市化率	年份	人口城市化率
1800	5.1	1955	31.4	1990	43.0
1825	5.4	1960	33.6	1995	44.8
1850	6.3	1965	35.5	2000	46.7
1875	8.8	1970	36.6	2005	49.1
1900	13.3	1975	37.7	2010	51.6
1925	20.5	1980	39.4		
1950	29.4	1985	41.2		

數據來源：1950年以前數據來自金恩斌．中外城市化過程透視［M］．延吉：延邊大學出版社，2006：72；1950—2010年數據來自世界銀行數據庫。

第二次世界大戰之后，通過以經濟增長為首要目標和大力推行工業化，許多國家的經濟規模擴大且經濟實力得以迅速提升，同時人口城市化水平也得以相應提高。然而，工業發展造成自然資源大量消耗以及工業污染物大量排放，空氣、水、土壤等受到不同程度的污染。工業化和人口城市化水平快速提升帶來的諸如城市病、生態環境惡化等議題開始在世界範圍內受到關注。到20世紀60年代，這些問題更是在世界範圍內掀起了關於「發展」和「如何發展」的大討論，人們開始注意到當前發展模式的重大弊端和消極影響，注意到可持續發展的必要

性。當然，所有這些問題幾乎都沒有脫離其他而獨立存在，人口城市化作為發展的一個重要方面亦是如此，關於人口城市化的討論也從未停止。

20世紀60年代到21世紀初，世界人口城市化率累計增加了近20個百分點，然而，世界人口城市化水平的提升並不是一個獨立的過程。人口城市化與工業化、城市發展、經濟增長、環境變化等之間有錯綜重複的交互關係。從歷史趨勢可以看出，這幾者呈現同時變化的態勢（見圖3-4）。由於經濟增長特別是工業發展與人口城市化之間的相互促進作用，1961—2009年，世界人口城市化率穩步上升，由期初的34%上升到期末的51%；與此同時世界人均GDP由2,448美元逐步增加至5,825美元，兩者表現出相似的發展態勢。世界總人口不斷增加，這意味著人們需要更密集地生活在一起。城市發展和人口城市化水平提升正好與此同步，1961—2009年，世界人口密度從28.7人/平方千米增加至52.5人/平方千米；在人口增長和人口城市化水平提升的雙重作用下，同期世界人均耕地面積呈下降態勢，由期初的0.37公頃/人下降到0.20公頃/人。在人口城市化發展和經濟增長的同時，世界範圍內化石能源被大量消耗，二氧化碳排放總量也不斷增加，由1961年的94.34億噸增加到2009年的320.42億噸，也表現出與人口城市化類似的變動態勢。

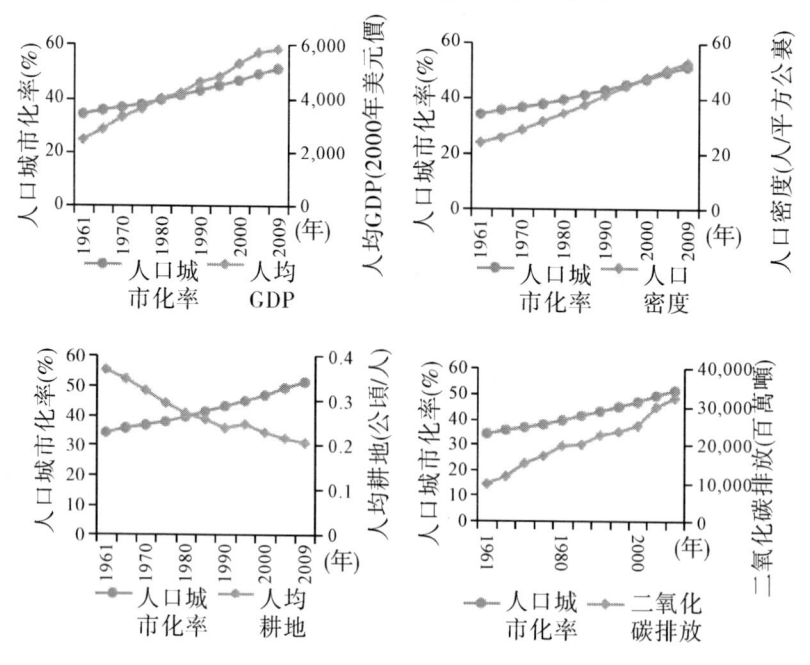

圖3-4 世界人口城市化率與相關指標變動趨勢

資料來源：根據World Bank數據繪製。

总之，從世界層面觀察，儘管我們無法簡單地斷言人口城市化發展與經濟增長、人口密度增加、人均耕地面積減少、二氧化碳排放增加等變化過程之間有簡單的因果關係，但是這幾者變動態勢高度相關絕非偶然，這足以說明人口城市化過程本身具有重複性。

3.1.4 人口城市化過程的一般性質：歷史經驗

從發達國家和發展中國家視角分別觀察，通過對世界人口城市化總體進程進行考察，可以對人口城市化過程的一般性質進行總結，主要有以下四個方面：

第一，人口城市化過程具有異步性。人口城市化是一個只有在一定的時空環境下才可能發生的動態過程，因此它在有著不同歷史和社會經濟背景的各個國家或地區之間存在明顯的差異則不足為奇。人口城市化的原始動力——工業革命，起源於英國，並且在歐洲和北美洲率先發展，因此這些地區多數國家的人口城市化起步也普遍較早，並率先達到了人口城市化的較高水平。與此對應，對於許多經濟落後、工業化和現代化發展遲緩的國家或地區，其人口城市化則起步較晚，目前的人口城市化水平仍有較大提升空間。此外，各發達國家之間以及各發展中國家之間的人口城市化過程也各有差異，甚至一個國家或地區內部也存在著人口城市化的區域差異。因此，在世界範圍內看，國家或地區間以及國家內部不同區域的人口城市化過程具有異步性。

第二，人口城市化過程具有階段性。無論起步早晚，人口城市化過程都表現出階段特徵，即在整個發展過程中人口城市化水平的變化並非是線性的。無論是發達國家還是發展中國家，在人口城市化過程中，人口城市化水平都大體經歷過起步前相對穩定、起步初期緩慢提升、發展中期加速提升、發展後期增速放緩、末期基本穩定這五個階段，只是不同國家或地區各階段出現的時點以及各階段持續的時期長度不同而已。理解人口城市化過程的階段性對把握人口城市化整體進程具有重要意義。

第三，人口城市化過程具有重複性。通過上文分析不難看出，人口城市化過程絕不僅僅是一個在農村人口進入城市和城市人口自然增長雙重作用下城市人口占總人口的比重不斷增加的孤立過程；相反，它往往與其他許多因素之間有錯綜重複的聯繫，並往往與包括工業發展在內的經濟發展、自然資源和生態環境的變化以及由城市發展和環境變化導致的耕地面積變化等許多過程表現出同時變化的特徵。正是這些重複的交互關係以及由此而出現的一系列因素同時變化的表現，表明人口城市化是一個重複的過程。

第四，人口城市化過程具有兩面性。人口城市化在人類發展史上的地位不

言而喻。它直接意味著人類生產和生活方式的徹底改變，是有益於現代化水平提升的，與之相隨的則是人類福祉的增加。然而，也正是人類生產和生活方式的改變，不可避免地帶來了一些負面影響，包括對人類自身的直接影響、對自然資源和環境的直接影響以及與之而來對人類產生的間接影響。正是由於這正和反兩方面效應同時存在，因此，可以說人口城市化過程具有兩面性。

通過汲取世界人口城市化過程的歷史經驗，瞭解人口城市化過程的一般性質。這有利於將其與中國人口城市化過程的特徵進行比較，進而對中國人口城市化過程的理解有所幫助。

3.2 中國的人口城市化過程

中國是世界上人口最多的國家，也是最大的發展中國家。隨著改革開放，中國人口城市化步入快速發展階段，其對於世界發展的全局性意義越來越明顯。對中國人口城市化過程的總體性把握，有利於加深對人口城市化過程一般特徵的理解，同時有利於探討中國未來人口城市化發展的有關問題。

3.2.1 中國人口城市化總體過程概述

中國是四大文明古國之一，城市早在幾千年前就已經出現。但是，由於中國長期處於封建社會，並且閉關鎖國，因此最終沒能及時受到當時作為發達國家人口城市化原始動力——產業革命的影響，未開始現代人口城市化過程。

總體而言，中國的人口城市化起步較晚，並且在發展過程中有所起伏，最終進入快速發展階段（見圖3-5）。新中國成立後，中國開始社會主義建設，並大力發展工業，中國的人口城市化才算真正興起。1949年，中國有大約5,765萬人生活在城鎮，人口城市化率為10.64%，人口城市化水平極低；到2011年時中國已有6.91億人生活在城鎮，人口城市化率增加至51.27%，較1949年增加了40.63個百分點，城鎮人口已超總人口的一半；到2015年，中國城鎮常住人口達到7.71億人，人口城市化率提升至56.1%。

從發展變化趨勢來看，到目前為止中國的人口城市化過程可粗略劃分為四個階段，分別是1949—1960年的起步階段、1961—1978年的停滯階段、1979—1995年的恢復發展階段以及1996年至今的加速發展階段，下面分別進行簡要討論（見表3-4）。

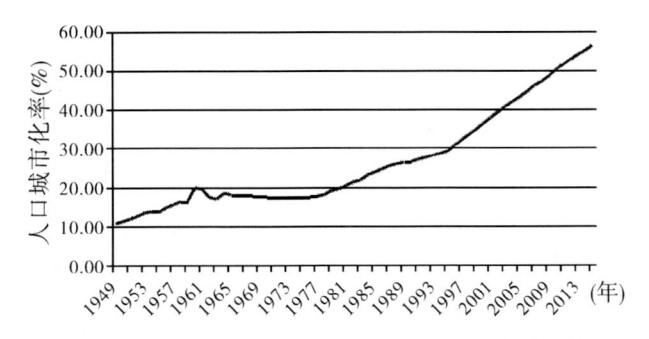

圖 3-5 中國 1949—2015 年人口城市化率變動趨勢

數據來源：1952—1969 年數據來自金恩斌. 中外城市化過程透視 [M]. 延吉：延邊大學出版社，2006：37；其他年份數據來源為《中國統計年鑒（2012）》和歷年國民經濟和社會發展統計公報。

表 3-4　中國 1949—2015 年城鎮人口與人口城市化率變動趨勢

年份	城鎮人口（萬）	人口城市化率（％）	年份	城鎮人口（萬）	人口城市化率（％）
1949	5,765	10.64	1983	22,274	21.62
1950	6,169	11.18	1984	24,017	23.01
1951	6,632	11.78	1985	25,094	23.71
1952	7,163	12.46	1986	26,366	24.52
1953	7,826	13.31	1987	27,674	25.32
1954	8,249	13.69	1988	28,661	25.81
1955	8,285	13.48	1989	29,540	26.21
1956	9,185	14.62	1990	30,195	26.41
1957	9,949	15.39	1991	31,203	26.94
1958	10,721	16.25	1992	32,175	27.46
1959	12,371	16.41	1993	33,173	27.99
1960	13,073	19.75	1994	34,169	28.51
1961	12,707	19.29	1995	35,174	29.04
1962	11,659	17.33	1996	37,304	30.48
1963	11,646	16.84	1997	39,449	31.91
1964	12,950	18.37	1998	41,608	33.35

3　人口城市化：歷史經驗和過程分解

表3-4(續)

年份	城鎮人口(萬)	人口城市化率(%)	年份	城鎮人口(萬)	人口城市化率(%)
1965	13,045	17.98	1999	43,748	34.78
1966	13,313	17.86	2000	45,906	36.22
1967	13,548	17.74	2001	48,064	37.66
1968	13,838	17.62	2002	50,212	39.09
1969	14,117	17.50	2003	52,376	40.53
1970	14,424	17.38	2004	54,283	41.76
1971	14,711	17.26	2005	56,212	42.99
1972	14,935	17.13	2006	58,288	44.34
1973	15,345	17.20	2007	60,633	45.89
1974	15,595	17.16	2008	62,403	46.99
1975	16,030	17.34	2009	64,512	48.34
1976	16,341	17.44	2010	66,978	49.95
1977	16,669	17.55	2011	69,079	51.27
1978	17,245	17.92	2012	71,182	52.60
1979	18,495	18.96	2013	73,111	53.73
1980	19,140	19.39	2014	74,916	54.77
1981	20,171	20.16	2015	77,116	56.10
1982	21,480	21.13			

數據來源：1952—1969年數據來自金恩斌. 中外城市化過程透視［M］. 延吉：延邊大學出版社, 2006：37；其他年份數據來源為《中國統計年鑒（2012）》和歷年國民經濟和社會發展統計公報。

1949—1960年這一時期可以說是中國人口城市化的起步階段。從新中國成立後開始恢復生產，到第一個五年計劃結束，通過設立或恢復工廠，中國誕生了一些以工業為主要產業的城市，農村人口開始自發進入城市。儘管後來工業超常規發展，國民經濟的正常發展受到影響，但是城市人口比重不斷增加，甚至超過了城市的接納能力，由此中國人口城市化正式啟動。1949—1960年，中國城市人口增加了7,308萬人，人口城市化率提高了9.11個百分點。

1961—1978年這一時期可以說是中國人口城市化的停滯階段。工業超常

規發展使得城市勞動力出現過剩，戶口遷移政策不得不出抬以限制農村勞動力自由進入城市，之後一直到「文化大革命」結束，中國的人口城市化陷入停滯。1961—1978 年，中國城市人口增加了 4,172 萬人，人口城市化率反而下降了 1.83 個百分點。這一時期中國的人口城市化過程是不符合人口城市化過程的一般規律的，同期世界高收入國家人口城市化率增加了 7.57 個百分點，中、低收入國家人口城市化率增加了 6.38 個百分點，世界總體人口城市化率增加了 5.18 個百分點（見表 3-5）。

表 3-5　1960—1978 年中國與世界人口城市化率變動情況比較

地區	人口城市化率		
	1960 年（%）	1978 年（%）	增幅
世界	33.47	38.66	5.19
高收入國家	63.70	71.27	7.57
中、低收入國家	23.82	30.20	6.38
中國	19.75	17.92	-1.83

數據來源：世界銀行數據庫。

1979—1995 年這一時期可以說是中國人口城市化的恢復發展階段。改革開放後中國採取了以經濟建設為中心的發展戰略，同時農業生產力的提高刺激了工業品需求增加，工業化和人口城市化穩步發展，國民經濟也恢復發展。1979—1995 年，中國人口城市化率提高了 11.12 個百分點。

從 1996 年至今可以說是中國人口城市化的加速發展階段。隨著工業化持續推進以及國家對人口城市化日益重視，中國的人口城市化水平開始加速提升。進入 21 世紀後，國家在「十五」規劃中明確把「積極穩妥地推進城鎮化」作為「十五」期間必須著重研究和解決的重大戰略性、宏觀性和政策性問題，之後的幾次黨代會都將人口城市化發展作為重點戰略加以強調。1996—2015 年，中國城鎮人口增加了 4.19 億人，人口城市化率提高了 27.06 個百分點。

通過對中國人口城市化過程的簡要描述可以發現，中國經歷了一段獨具特色的人口城市化發展歷程，需要與人口城市化過程的一般規律進行比較，並在中國獨有的歷史和社會經濟背景的基礎上理解和分析中國人口城市化過程。

3.2.2　中國人口城市化過程的多維度考察

如上所述，中國的人口城市化過程在初期有所起伏，真正步入符合世界人

口城市化一般規律的正常發展軌道則是在1978年改革開放之后。改革開放解放了生產力，隨著市場經濟從無到有逐步建立，以及后來的逐步完善，中國的人口城市化過程也越來越表現出與世界人口城市化過程類似的特徵。因此，本書對中國人口城市化過程的相關分析和判斷，主要基於1978年之后的中國人口城市化發展過程。

由上文對世界人口城市化過程的簡要分析可見，一般而言人口城市化過程相當重複，即人口城市化過程雖然可由城市人口占總人口比重的增加過程來體現，但這並不是一個孤立的方面，無法反應人口城市化過程的重複性，因此對人口城市化的考察必須從不同方面同時切入。中國的情況亦是如此，為較全面理解中國的人口城市化過程，反應中國人口城市化的全貌，相關分析和研判需要具有多維視角。

首先，人口城市化最直接的表現是城鎮人口比重的提高。在中國人口總量不斷增加的歷史背景下，人口城市化率的提高意味著城鎮人口總數增加，城市空間和城市人口密度相應增大。城市的建設和發展離不開土地。在城市空間增大的同時，人口城市化過程中往往存在著耕地被占用的情況。這與人口總量的增加共同導致人均可用耕地減少。事實上，中國的人口城市化過程也始終伴隨著城市空間增大、人均耕地面積減少以及城市人口密度的增加（見表3-6），而且相關指標的變化幅度與人口城市化率變化幅度不無關聯。1985—1995年，中國人口城市化率小幅提升，由23.71%增加到29.04%，增幅為22.5%；相應地同期城鎮人口密度和建成區面積有一定程度增加，分別由262人/平方千米和9,386平方千米增加至322人/平方千米和19,264平方千米，增加幅度分別為22.9%和105.2%；人均耕地面積由914.93公頃/萬人減少至784.1公頃/萬人，減少幅度為14.3%。而1995—2010年，中國人口城市化率大幅提升，由29.04%增加至49.95%，增幅達72.0%；同期城鎮人口密度也大幅增加，分別由322人/平方千米增加至2,209人/平方千米；建成區面積繼續增加，由19,264平方千米增加至40,058平方千米，增幅為107.9%；由於1995—1996年中國為應對因耕地面積不斷減少帶來的糧食生產壓力而採取措施實現耕地面積增減平衡，因此1996年耕地面積明顯增加[1]。由表3-6可見，2000—2010年，中國人均耕地面積呈持續減少態勢。

---

[1] 陳印軍，等. 對中國耕地面積增減數量平衡的思考 [J]. 資源科學，2000 (3)：50-53.

表 3-6　　中國 1985—2010 年人口城市化相關指標變動情況

指標（單位）	1985 年	1990 年	1995 年	2000 年	2005 年	2010 年
人口城市化率（%）	23.71	26.41	29.04	36.22	42.99	49.95
城鎮人口密度（人/平方千米）	262	279	322	442	870	2,209
建成區面積（平方千米）	9,386	12,856	19,264	22,439	32,521	40,058
人均耕地面積（公頃/萬人）	914.93	836.79	784.10	1,026.01	994.52	907.71

註：①計算 2010 年人均耕地面積時採用 2008 年年末耕地面積數據。②數據根據歷年《中國統計年鑒》計算整理而得。

其次，由歷史經驗可知，人口城市化水平的提高與經濟增長的過程具有極強的協同性。事實上，也有一些研究對人口城市化與經濟增長進行過理論或實證研究，證明了兩者之間確實存在顯著相關關係。[①] 同樣，中國的人口城市化過程與經濟增長也表現出一定的協同變化特徵（見圖 3-6），兩者從低位向高位發展的趨勢類似。1978—2010 年，中國人口城市化率由 17.92% 增加至 49.95%，而中國實際人均 GDP（1978 年價）則由 378.69 元增加至 5,597.35 元（見表 3-7）。基於經濟增長與人口城市化過程的理論關係，以及中國經濟增長趨勢與人口城市化率變動態勢的協同特徵，有必要將經濟增長納入人口城市化範疇內一併分析。

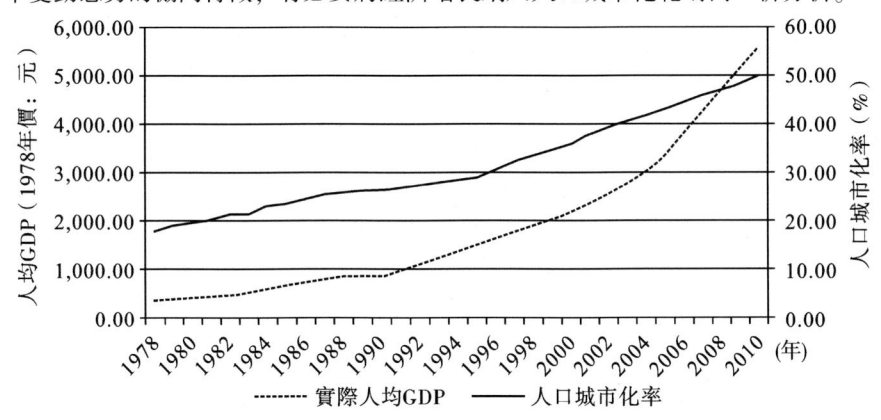

圖 3-6　中國 1978—2010 年人口城市化率與人均 GDP 變動趨勢
數據來源：根據《中國統計年鑒（2012）》數據計算而得。

---

① ANNEZ P C, BUCKLEY R M. Urbanization and growth [M]. Herndon: World Bank Publications, 2009.

表 3-7　　　　中國 1978—2010 年人均實際 GDP 變動趨勢　　　單位：元

年份	人均實際 GDP	年份	人均實際 GDP	年份	人均實際 GDP
1978	378.69	1989	877.45	2000	2,185.66
1979	402.01	1990	898.16	2001	2,350.68
1980	428.42	1991	967.99	2002	2,547.68
1981	444.73	1992	1,093.11	2003	2,786.30
1982	477.46	1993	1,231.61	2004	3,049.35
1983	522.32	1994	1,377.22	2005	3,374.29
1984	593.81	1995	1,511.65	2006	3,782.02
1985	664.26	1996	1,645.72	2007	4,295.39
1986	711.89	1997	1,780.72	2008	4,685.37
1987	781.32	1998	1,902.74	2009	5,092.25
1988	855.94	1999	2,031.04	2010	5,597.35

註：①人均 GDP 以 1978 年價計。②數據根據《中國統計年鑒（2012）》計算而得。

由世界人口城市化過程經驗可知，在經濟產出增加和人口城市化水平提升的過程中，工業化是人口城市化發展的重要推動力量，而由工業生產的本質特徵造成的自然資源消費以及生態環境惡化則會始終存在於人口城市化和工業化的整個過程。中國的人口城市化過程也無法擺脫這一規律。一方面，人口城市化水平提升的同時能源消費和二氧化碳排放也呈增加態勢（見圖 3-7）。

1978—2009 年，中國能源消費總量和二氧化碳排放量的變動態勢表現出很強的相關性，能源消費總量由 1978 年的 57,144 萬噸標準煤增加至 2009 年的 306,647 萬噸標準煤，增幅為 436.6%；二氧化碳排放量由 1978 年的 146,217 萬噸，增加至 2009 年的 768,711 萬噸，增幅為 425.7%；同期，中國人口城市化率則由 17.92% 增加至 48.34%，增幅為 169.8%。另一方面，工業增加值及工業污染隨人口城市化率的提升而相應增加（見圖 3-8）。1995—2008 年，中國工業增加名義值由 24,950.6 億元增加至 130,260.2 億元，呈逐步增加趨勢；工業廢氣排放量由 107,478 億標立方米增加至 403,866 億標立方米，也呈逐步增加趨勢；這兩個指標值的增加過程均表現出與人口城市化率（由氣泡大小表示）的提升過程同時變動的態勢。

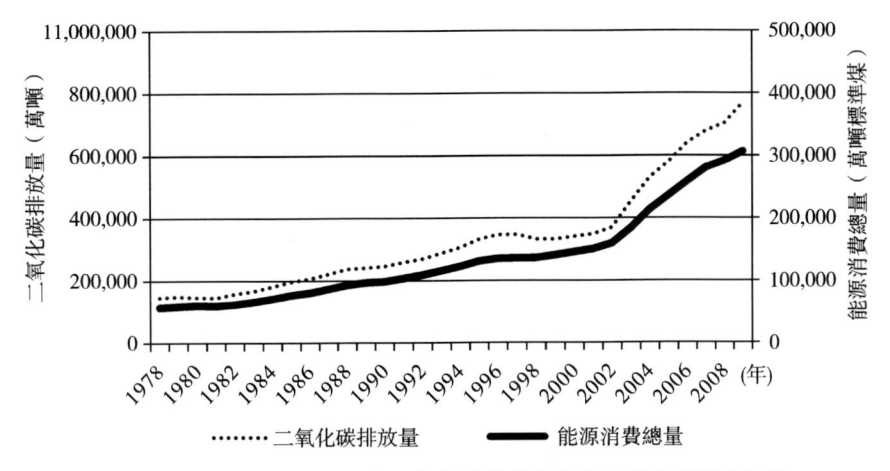

图 3-7　中國 1978—2009 年二氧化碳排放和能源消費總量變動趨勢

數據來源：二氧化碳排放量數據來源於世界銀行數據庫；能源消費總量 1978—1989 年數據來源於《新中國 60 年統計資料匯編》，1990—2009 年數據來源於《中國統計年鑒（2011）》。

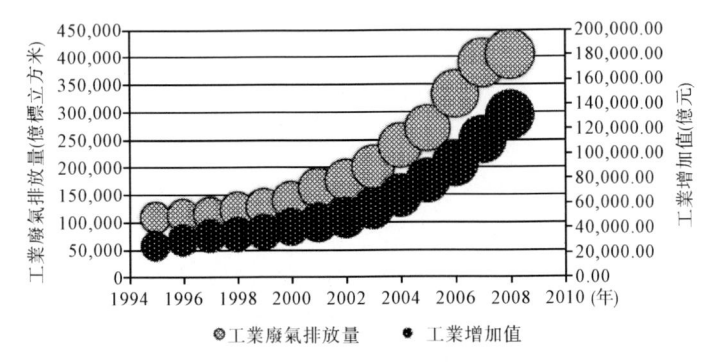

圖 3-8　中國 1995—2008 年工業增加值和廢氣排放量隨人口城市化率變動趨勢

註：氣泡大小表示人口城市化率。工業廢氣排放量數據來源於《新中國 60 年統計資料匯編》；工業增加值與人口城市化率數據根據歷年《中國統計年鑒》計算整理而得。

總之，在分析中國人口城市化過程時若將視角拓展到多個維度則可發現，中國的人口城市化過程如世界人口城市化一般進程一樣也具有重複性；人口鄉城遷移、城市和土地空間形態變化、工業和經濟增長以及相應的資源環境效應等，共同交織成為中國人口城市化過程的體現和表徵。

3　人口城市化：歷史經驗和過程分解　49

3.2.3 中國人口城市化的區域差異分析

中國地域廣闊，各地區自然資源稟賦各異，且環境狀況和社會經濟背景也各不相同，因此中國的發展存在明顯的區域差異，這些差異不但體現在人口城市化率的變動之上，而且體現在包括城市空間發展、經濟增長以及環境變化等有關人口城市化過程的方方面面。按照中國國家統計局的劃分，中國被劃分為東、中、西和東北四大區域[①]。本研究基於這四大區域進行中國人口城市化的區域差異分析(見表3-8)。

表3-8　中國四大區域2000年與2011年人口城市化率比較

區域	2000年 總人口（萬人）	2000年 城鎮人口（萬人）	2000年 人口城市化率（%）	2011年 總人口（萬人）	2011年 城鎮人口（萬人）	2011年 人口城市化率（%）	增幅（%）
東部	44,895.00	20,354.05	45.34	51,062.56	31,022.05	60.75	34.00
中部	35,147.00	10,449.44	29.73	35,790.54	16,277.32	45.48	52.97
西部	35,531.00	10,207.94	28.73	36,221.65	15,570.91	42.99	49.63
東北	10,655.00	5,555.37	52.14	10,966.41	6,441.71	58.74	12.66

註：未包括中國香港、中國澳門、臺灣。數據來源於《中國統計年鑒（2001）》《中國統計年鑒（2012）》。

中國四大區域的人口城市化發展差異明顯（見表3-8，見圖3-9）。從發展程度上看，東北地區和東部地區人口城市化率較高，中部地區其次，西部地區最低。2000年東北、東部、中部和西部地區的人口城市化率分別為52.14%、45.34%、29.73%和28.73%，2011年分別提升至58.74%、60.75%、45.48%和42.99%。東部人口城市化率超越東北地區。從發展速度上看，中部發展速度最快，西部和東部次之，東北最慢。2000—2008年中部人口城市化率提升幅度達到52.97%，西部人口城市化率提升幅度為49.63%，東部和東北人口城市化率提升幅度分別為34.0%和12.66%。

中國的人口城市化發展不僅在東、中、西和東北四大區域之間有明顯的差異，在每個區域內部也具有差異性（見表3-9）。如東部2000年人口城市化率最

---

① 國家統計局：東、西、中部和東北地區劃分方法，即東部包括北京市、天津市、河北省、上海市、江蘇省、浙江省、福建省、山東省、廣東省和海南省，中部包括山西省、安徽省、江西省、河南省、湖北省和湖南省，西部包括內蒙古自治區、廣西壯族自治區、重慶市、四川省、貴州省、雲南省、西藏自治區、陝西省、甘肅省、青海省、寧夏回族自治區和新疆維吾爾自治區，東北包括遼寧省、吉林省和黑龍江省。見http://www.stats.gov.cn/tjzs/t20110613_402731597.htm.

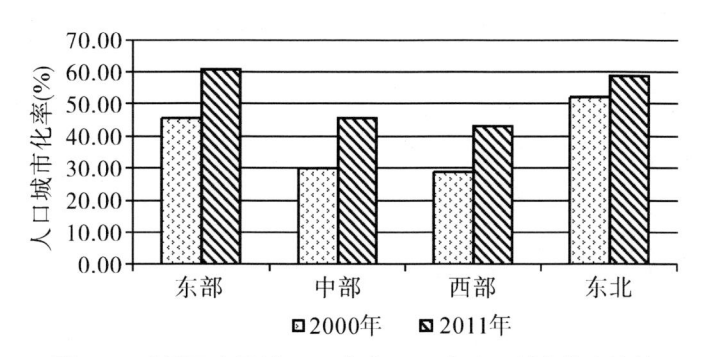

圖3-9 中國四大區域2000年與2011年人口城市化率比較

註：由於數據可得性原因，未納入中國香港、中國澳門、臺灣。數據來源於《中國統計年鑒（2001）》《中國統計年鑒（2012）》。

高的上海市為88.31%，而最低的河北省僅為26.08%，2011年最高的上海市與最低的河北省之間人口城市化率差距超過43.7個百分點。又如西部2000年人口城市化率最高的內蒙古自治區與最低的西藏差距近23.75個百分點，中部2011年人口城市化率最高的湖北省與最低的河南省相差也超過11個百分點。

表3-9　中國各地區2000年與2011年人口城市化率比較　　單位：%

地區		2000年	2011年	地區		2000年	2011年
東部	北京	77.54	86.20	西部	內蒙古	42.68	56.62
	天津	71.99	80.50		廣西	28.15	41.80
	河北	26.08	45.60		重慶	33.09	55.02
	上海	88.31	89.30		四川	26.69	41.83
	江蘇	41.49	61.90		貴州	23.87	34.96
	浙江	48.67	62.30		雲南	23.36	36.80
	福建	41.57	58.10		西藏	18.93	22.71
	山東	38.00	50.95		陝西	32.26	47.30
	廣東	55.00	66.50		甘肅	24.01	37.15
	海南	40.11	50.50		青海	34.76	46.22
中部	山西	34.91	49.68		寧夏	32.43	49.82
	安徽	27.81	44.80		新疆	33.82	43.54
	江西	27.67	45.70	東北	黑龍江	51.54	56.50
	河南	23.20	40.57		吉林	49.68	53.40
	湖北	40.22	51.83		遼寧	54.24	64.05
	湖南	29.75	45.10				

註：由於數據可得性原因，未納入中國香港、中國澳門、臺灣。數據來源於《中國統計年鑒（2001）》《中國統計年鑒（2012）》。

造成中國人口城市化發展具有明顯區域差異的原因，可能包括但不限於以下四個方面：第一，各地區的歷史和文化背景存在差異。如東部沿海地區有發展貿易的先天條件，早期市場經濟建立時這些地區的居民相對而言更容易接受和適應；西部大部分地區屬於少數民族人口聚集區，民族傳統和文化得以較好保存等。這些固有的差異在人口城市化過程中無時無刻不在產生著影響。第二，各地區資源稟賦存在差異。如能源開採行業對自然資源稟賦的要求極高。依託這些資源，部分地區的開採工業和人口城市化發展相對充分。又如西北地區適合畜牧業發展，因此人口城市化過程相對滯後。再如西南地區平原匱乏，城市集中發展受到一定制約。這些天然稟賦差異也影響了人口城市化的同步發展。第三，國家發展戰略的影響。改革開放初期中國優先在東部和南部沿海地區設立經濟特區。隨著這些特區經濟優先發展，人口集聚、人口城市化過程也隨之加快。又如新中國成立後中國建立自己的工業體系，在一些本沒有城市和工業的地區從無到有進行建設，工業和城市同時發展。再如西部一些地區人跡罕至，屬於生態涵養地區，中國有意保護生態環境而避免污染程度較高的工業在這些地區發展。發展戰略也對人口城市化的地區差異有至關重要的作用。第四，人口城市化過程中所出現的地區差異使得差距進一步加大。如沿海地區無論是經濟發展還是人口城市化水平均高於西部，故基於經濟規律西部的人口會向沿海地區遷移，包括鄉城和城市之間的遷移。這在加大沿海地區經濟活力的同時，也使得西部地區勞動供給和消費能力下降，地區間差異進一步增大。

事實上，中國的地區差異不僅表現在人口城市化水平上，如經濟增長、能源消費、環境污染等各方面，而且這些差異與人口城市化發展的地區差異不無關聯。如表3-10所示，在經濟發展方面，2000年東部的人均地區生產總值最高，為11,464.89元，其后依次是東北、中部和西部；2011年四大區域人均地區生產總值分別有所提高，但排位未變，其中西部增幅最大，2011年相比2000年增加了4.93倍。在能源消費方面，2000年東部消費最多，電力消費達6,471.85億千瓦時，其后依次是西部、中部和東北地區；2011年各區域電力消費排位未變，但西部增幅最大，2011年相比2000年增加了2.91倍。在環境污染方面，2000年東部工業廢氣排放量最多，達59,943億標立方米，其后依次是東北、中部和西部；2011年各區域工業廢氣排放量排名未變，但東北地區增幅最大，2011年相比2000年增加了3.5倍。可見，中國人口城市化水平的區域差異也並非孤立存在，區域差異同時體現在與人口城市化相關的各個方面。

表 3-10　　　　中國各區域 2000 年與 2011 年相關指標比較

區域	時點	人均地區生產總值 （元；名義值）	電力消費量 （億千瓦時）	工業廢氣排放量 （億標立方米）
東部	2000 年	11,464.89	6,471.85	59,943
	2011 年	53,141.63	22,975.33	216,172
中部	2000 年	5,624.83	2,676.74	29,479
	2011 年	29,190.36	9,110.03	114,098
西部	2000 年	4,673.65	2,975.20	16,840
	2011 年	27,672.67	11,646.96	45,306
東北	2000 年	9,128.88	1,482.54	31,883
	2011 年	41,378.66	3,293.56	143,592

註：西部 2000 年電力消費量不包括西藏數據，2011 年西藏電力消費量僅為 21.77 億千瓦時，故缺失 2000 年數據不會造成趨勢性影響。數據來源於《中國統計年鑒（2001）》《中國統計年鑒（2012）》《中國環境統計年鑒（2011）》。

中國人口城市化過程的區域差異對中國整體發展至少有兩個重要的影響。一方面，中國人口城市化的區域差異不利於區域間的協調和發展的平衡。由於東部和東北地區人口城市化發展相對充分，而中部和西部相對滯后，這種差異直接造成了區域間收入水平、生活水平和居民福利的差異。在中國經濟發展和人均收入水平並不高的階段，這些差異會進一步加劇區域分化，不利於全局性協調和平衡發展。另一方面，鑒於結構與整體的邏輯關係，中國人口城市化的區域差異對中國人口城市化總體進程也有顯著影響。中國目前人口城市化率超過 50%，完成了半數人口居住在城市的歷史性課題，但人口基數大的壓力依然存在，未來人口城市化道路還很漫長，未來中國人口城市化發展的潛力在於發展相對滯后的中部和西部地區，因為區域間差異的持續存在不利於人口城市化總體進程的穩步推進。

總之，中國區域間的差異不但包括人口城市化起步的時點不同，而且包括人口城市化的發展條件、發展速度以及給社會、經濟和自然環境帶來的種種影響均存在不同。中國人口城市化發展中客觀存在的區域差異，無疑影響著中國人口城市化的總體進程，而且對未來中國人口城市化道路的選擇具有影響。

3.2.4　對中國人口城市化過程的幾個基本判斷

就中國人口城市化而言，基於對其發展階段的概要性考察、對其總體進程

的多維視角分析以及對其發展區域差異的瞭解，本書對中國人口城市化的四個基本判斷如下：

第一，中國的人口城市化過程符合人口城市化過程的一般特徵。其一，中國人口城市化起步晚，自新中國成立后人口城市化才稱得上正式起步，而當時世界許多發達國家甚至一些發展中國家的人口城市化水平已經很高，中國的人口城市化與許多其他國家並不同步。其二，中國的人口城市化體現出明顯的階段特徵。如前文所述，新中國成立后中國人口城市化經歷了起步、停止、恢復和加速發展四個階段。自1978年改革開放起，中國的市場經濟逐步建立和完善，中國的人口城市化開始恢復並加速發展。其三，中國的人口城市化也具有重複性。伴隨著經濟發展的步伐，人口城市化表現出與經濟增長、城市發展、能源消耗、環境變化等多個方面同時變化的態勢。人口城市化並不是孤立的人口鄉城遷移過程，而是人口鄉城遷移與各方面交互影響、共同發展的有機過程。其四，中國人口城市化既促進了居民生活水平和福祉的提高，也帶來了資源過度消耗和環境惡化的消極影響，具有兩面性。

第二，中國的人口城市化過程具有中國特色。其一，中國的人口城市化經歷了特殊的停滯發展時期。20世紀六七十年代中后期中國的人口城市化基本處於停滯發展狀態，人口城市化率不升反降。在工業大跨步建設和發展的同時，工業化和人口城市化互相促進的規律未發揮作用，浪費了寶貴的歷史機遇。其二，在人口城市化發展初期中國有特殊的城鄉二元結構。儘管發達國家也存在二元結構及其之間的差異，但是其生產要素和產品多可以自由流動。而中國當時的城鄉之間被牢牢分割開，「嚴格的戶籍制度和森嚴的城鄉壁壘鞏固了中國的二元經濟」[①]，城市與鄉村之間勞動力和產品都無法自由流動，不利於市場發揮配置資源的作用。其三，中國人口城市化發展起伏較大。人口城市化率的波動與人口總數和人口鄉城遷移數量的波動有關。其四，中國人口城市化的區域差異顯著。中國東部和東北地區人口城市化水平較高、中部和西部相對較低；東部內沿海地區人口城市化發展最充分，西部少數民族聚集地區人口城市化發展最不充分。巨大的區域間差異以及區域內地區間差異所體現的這種結構不平衡及其發展和變化對中國人口城市化總體進程有重要影響。

第三，中國目前人口城市化發展不完全符合生態文明的要求。其一，生態文明要求以協調、平衡為基本價值標準，而並非單純追求高人口城市化率。中國人口城市化水平總體滯后，但各地區間有巨大差異。人口城市化率低的地區

---

① 馮蘭瑞.城鎮化何如城市化［J］.經濟社會體制比較，2001（4）：6-10.

片面追求高人口城市化率，未對地區的社會經濟、自然背景以及其與人口城市化之間的關係進行系統考量。如此過分強調「滯后」而忽視結構和質量，則與生態文明的價值判斷標準相衝突。就中國總體而言，也並不一定是人口城市化率越高越好，對農村發展與城市發展及兩者之間的關係還應該進一步思考。其二，生態文明要求以人類社會內部、人與自然的和諧共榮為基礎。雖中國的人口城市化水平在不斷提高，但隨之而來的城市與農村之間、人與自然之間的矛盾也不能忽視。城市意味著更高的收入、更穩妥的社會保障、更舒適的生活環境、更現代化的生存空間、更豐富的基礎設施等，而農村在各方面與城市的差距巨大，城鄉差距會給社會和諧穩定和經濟發展帶來巨大風險。城市和經濟的發展消耗過多的能源，對化石能源這種不可再生能源進行過度開發，以及在沒有能力進行充分淨化處理的階段單純強調工業產值而造成污染物長期累積，對環境的破壞超越環境自我修復能力。這些都會對人類發展的可持續性造成威脅。

第四，中國未來人口城市化道路的選擇影響深遠。一方面，中國人口城市化、工業發展和資源、環境之間的矛盾異常突出。西方發達國家的工業發展走過了漫長的道路，而中國從新中國成立到改革開放再到當前，工業發展的歷史非常短，經驗也不夠豐富。與此同時，中國人口眾多的事實決定了資源和環境的壓力巨大，生態系統變得脆弱。人口城市化在與工業繼續互動發展的過程中需要面對資源的約束和環境保護的壓力，可謂困難重重，因此如何選擇未來人口城市化發展道路意義重大。另一方面，中國是世界上最大的發展中國家。中國的人口城市化過程將對世界總體人口城市化過程有直接且顯著的影響。作為人口最大、經濟總量排名靠前且尚有約6億人生活在農村的大國，中國需擔負起世界性責任，走出一條符合生態文明要求的且有利於人類可持續發展的人口城市化道路。

3.3 理論框架：人口城市化過程分解

本書通過對發達國家、發展中國家以及中國的人口城市化發展進程進行回顧發現，人口城市化過程體現出重複性，即無論起步早或晚，無論發展快或慢，人口城市化過程都表現出階段特徵，並且是一個涉及因素多、影響範圍大、發展機制重複的動態過程。人口城市化的階段特徵反應出人口城市化過程具有一定的內在規律性，而人口城市化表現出的重複特徵決定了對人口城市化

過程的分析和研判需要充分重視其內部有機結構及其系統性。

3.3.1 人口城市化過程分解的原則

為深入研究人口城市化過程內部要素之間的結構及其與人口城市化總體進程之間的關係，本書嘗試對人口城市化過程進行解構。從縱向上看，人口城市化過程隨著時間的推移不斷推進，因此可以時間軸為維度研究人口城市化的階段特徵；從橫向上看，人口城市化所涉及的各要素之間無時無刻不在產生著交互影響，因此可在一個時間截面上橫向剖析人口城市化的有機結構。進行人口城市化過程的縱向和橫向分解，需要把握以下三個原則：

一是同時注重人口城市化的多維特性與整體特性。如上文所述，人口城市化是一個重複過程，其間相互交錯影響的元素眾多，只要是人類行為所涉及的領域都與人口城市化有直接或間接的聯繫，包括人口在空間上的遷移、勞動與生產、區域經濟發展、社會發展和變遷、自然和生態變化等。為了掌握人口城市化的發展和運動機制，必須分別分析和討論這些元素及其之間的動態關係，從不同方面考察人口城市化所表現出的多維特性，即對人口城市化的結構進行剖析。同時，審視和研究人口城市化過程也必須對人口城市化的整體特性有所把握。只看局部而忽略整體可能導致視野受阻，以至於得出片面的結論。總之，研究人口城市化是需要同時兼顧整體與局部兩個方面的。比如，在目前階段用人口城市化率這一有諸多局限性的指標來反應人口城市化發展水平，是為了能夠在剖析人口城市化結構的同時對人口城市化總體發展有一個大致的把握。

二是以事實依據為基礎。任何理論或模型的構建都要尊重事實，對人口城市化過程的解構同樣要從事實依據出發。從上文可見，無論是觀察發達國家的人口城市化歷程，還是審視發展中國家正在快速推進的人口城市化過程，抑或是看世界人口城市化總體進程表現出的特徵，都可以得出一些關於人口城市化過程的一般性結論，如縱向上在不同階段人口城市化表現出不同的特徵，人口城市化涉及多個維度的變化，人口城市化過程中人口、經濟、空間、自然等方面的變化非常重要且比較直觀等。因此，無論是縱向還是橫向，本書對人口城市化過程的解構都是基於人口城市化的客觀實踐而進行的，具有一定的現實基礎。

三是重點把握反應人口城市化過程或結構特徵最直觀且重要的元素。人類社會是極其重複的，任何理論和模型都具有局限性，無法也無需完全模擬真實世界。從另一個角度看，理論和模型的構建並非為了模擬真實世界，其最重要

的目的是解決現實世界中存在的問題。本書嘗試對人口城市化過程進行分解也是出於探討生態文明視角下人口城市化發展問題的目的，因此重點關注了人口城市化過程中最重要且直觀的元素，其他元素的影響或間接通過這些元素體現，或不會產生趨勢性影響。具體而言，本書將人口城市化過程分解為人口變遷、空間變動、經濟發展和自然變化四個過程，這並不表示否認人口城市化過程中如社會發展和變遷等其他方面的發展變化過程，而是基於本書對人口城市化概念的理解和定義、研究初衷以及研究方法的需要而進行的。以社會發展中的教育事業發展為例，教育事業發展提高了居民受教育水平，其對人口城市化的影響可能通過居民收入水平提升或生活方式的轉變得以間接體現。因此，本書對人口城市化過程的分解未能包括所有可能涉及的因素，而只包括了人口、空間、經濟和自然四個最重要且直觀的元素。事實上，現實中的人口城市化遠比此重複和難以把握，正如某學者所說，「城市化發展得如此之快，對社會生產各方面的影響又極廣泛、深刻和重複，以至於人們對它的特點、特徵、規律性和重要性的認識，還來不及認真加以總計和統一思想，對它給人類社會帶來的巨大的福利和弊病還來不及加以全面地分析、權衡和預測。」[1]

3.3.2 縱向分解：人口城市化過程的階段性

一般認為人口城市化過程可以用近似的 S 形曲線表示。根據這一觀點，許多研究將人口城市化過程分為初期、中期和末期三個階段（見圖 3-10）：在初期，人口城市化水平較低且提升速度較慢，表現為人口城市化過程 S 曲線的左下段；在中期，人口城市化水平加速發展，表現為人口城市化過程 S 曲線的中間段；在末期，人口城市化水平處於高位且增速放緩甚至停滯，表現為人口城市化過程 S 曲線的右上段[2]。

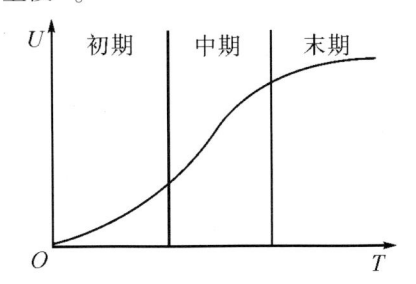

圖 3-10　人口城市化過程 S 形曲線示意圖

---

[1] 饒會林. 城市經濟學 [M]. 大連：東北財經大學出版社，1997.
[2] 劉傳江. 世界城市化發展進程及其機制 [J]. 世界經濟，1999（12）：36-42.

就一般意義而言，人口城市化的 S 形發展曲線以及三階段的進程劃分，是伴隨工業經濟發展的兩次轉變而同時出現的。工業經濟提速發展，人口城市化水平加速提升；工業經濟發展趨穩，人口城市化水平增速放緩直至穩定。儘管無法簡單斷言人口城市化與工業化兩者之間的因果關係，但是它們緊密相關且互相影響是顯而易見的。在人口城市化的初期，工業開始發展，原本附著在農業的勞動力開始進入工業部門，工業經濟的規模和比重開始增加但增長緩慢，人口逐步由農村向城市轉移，人口城市化水平較低且提升速度較慢；在人口城市化中期，工業步入快速發展階段，工業就業規模和比重相應顯著增加，人口城市化水平加速提升；在人口城市化末期，工業發展速度趨穩，工業對勞動力的吸納能力逐漸穩定甚至下降，城市人口比重逐步穩定，人口城市化水平處於高位且增速放緩甚至停滯。

關於人口城市化過程的 S 形發展曲線，中國有學者進行數學推導，對人口城市化這一一般性發展規律進行了準確描述①：

如果一個國家或地區的總人口是 P，城市人口是 U，農村人口是 R，城市化水平即城市人口占總人口比重是 Y，則：

$$Y = \frac{U}{P} = \frac{U}{U+R} \tag{1}$$

對 Y 求全微分：

$$\begin{aligned} dY &= \frac{\partial Y}{\partial U}dU + \frac{\partial Y}{\partial R}dR \\ &= \frac{R}{P^2}dU - \frac{U}{P^2}dR \\ &= \frac{1}{P^2}(RdU - UdR) \end{aligned} \tag{2}$$

若 r_u 是城市人口增長率，r_R 是農村人口增長率，且均包括自然增長和機械增長，則城市人口和農村人口的變動情況是：

$$dU = Ur_u dt \tag{3}$$

$$dU = Rr_R dt \tag{4}$$

將（3）和（4）代入（2），得到：

$$dY = \frac{1}{P^2}(RUr_u - URr_R)dt$$

---

① 焦秀琦. 世界城市化發展的 S 形曲線 [J]. 城市規劃，1987（2）：34-38.

$$= \frac{UR}{P^2}(r_u - r_R)\,\mathrm{d}t$$

$$\frac{\mathrm{d}Y}{\mathrm{d}t} = \frac{UR}{P^2}(r_u - r_R) \tag{5}$$

由於 r_u 是和 r_R 都是隨時間 t 變化而變化的變量，可令：

$$r_u - r_R = K(t) \tag{6}$$

則（5）可轉化為：

$$\frac{\mathrm{d}Y}{\mathrm{d}t} = K(t)\frac{UR}{P^2} = K(t)\frac{U(P-U)}{P \times P}$$

$$= K(t)Y(1-Y) \tag{7}$$

這就是城市化的發展方程，表示城市化發展速度不僅與城鄉人口總增長率的差額 $K(t)$ 有關，而且與現有城市化水平 Y 及尚未城市化水平（1-Y）的乘積成正比。

儘管城市人口自然增長率一般小於農村人口自然增長率，但是由於人口機械變動總是由農村向城市移動，因此城市人口的總增長率 r_u 一般總大於 r_R，即 $K(t)$ 總為正，所以城市化水平會不斷提升。若認為一般情況下影響 $K(t)$ 的因素如政治、經濟、地理、自然等條件不會發生明顯變化，可假定：

$$K(t) = r_u - r_R = K(K 為常數) \tag{8}$$

由（7）和（8）可見，當 K 一定時，城市化發展速度與 Y 和（1-Y）的乘積成正比。在城市化初期和末期，兩者乘積較小，城市化發展水平較慢；在中期兩者乘積較大，人口城市化發展水平較快。求解（7）可得：

$$\frac{\mathrm{d}Y}{Y(1-Y)} = K(t)\,\mathrm{d}t = K\,\mathrm{d}t$$

$$\frac{\mathrm{d}Y}{Y} + \frac{\mathrm{d}Y}{1-Y} = K\,\mathrm{d}t$$

$$\ln\frac{Y}{1-Y} + \ln C = Kt$$

$$\frac{CY}{1-Y} = e^{Kt}$$

$$Y = \frac{e^{Kt}}{e^{Kt} + C} = \frac{1}{1 + Ce^{-Kt}}(C 為積分常數) \tag{9}$$

（9）式便是城市化 S 形發展曲線的數學模型，隨著 K 和 C 的不同取值表示不同發展速度和起點的城市化 S 形曲線。K 越大發展速度越快，C 越小起步越早。

由此可見，在一定的條件下，人口城市化S形發展曲線是具有一般性的，並且相關假設也符合多數國家或地區的發展實際，許多已經基本完成人口城市化的發達國家的歷史數據可以證明這一點。以美國為例（見圖3-11），在19世紀30年代左右隨著工業迅速發展美國人口城市化水平加速提升，人口城市化過程由初期進入中期；至20世紀60到70年代，美國人口城市化過程由中期進入末期，人口城市化水平增速明顯下降直至基本穩定。可見，根據人口城市化發展曲線的S形特徵將人口城市化過程縱向分解為初期、中期和末期三個階段是符合現實情況的。

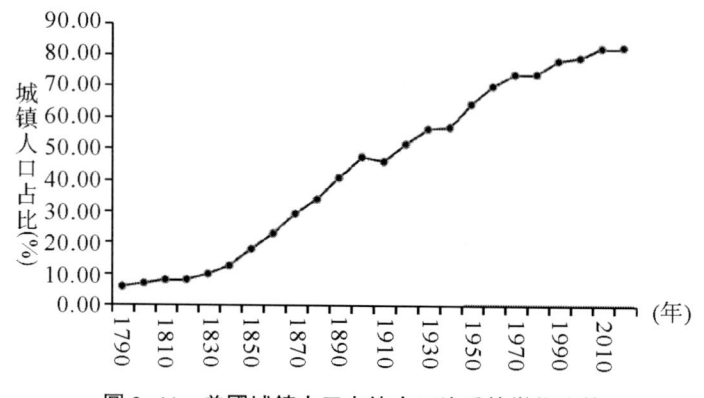

圖3-11　美國城鎮人口占總人口比重的變化趨勢

數據來源：1790—1990年數據來自U. S. Census Bureau（1993）；2000年數據來自from U. S. Census Bureau（2004）；2011年、2012年數據來自世界銀行World Development Indicators（2012）。

當前，世界總體人口城市化發展仍處在中期階段，2010年世界城市人口占總人口的比重為51.6%。中國2010年人口城市化率為49.95%，2015年人口城市化率為56.1%，也處於人口城市化過程的中期階段。無論是中國還是世界，未來都仍需經歷漫長的人口城市化道路。

3.3.3　橫向分解：人口城市化過程的有機結構

人口城市化過程形式上所表現出的重複性，實際是源於在人口城市化所發生的既定二元區域內人口、空間、經濟和自然之間所形成的重複系統。系統內部各要素相互作用、相互影響，形成一定的有機結構。人口城市化則基於這樣的有機結構而發生，人口城市化的進程也基於此有機結構的發展變化而存在。鑒於此，分析人口城市化過程，不但要以人口、空間、經濟和自然共同形成的系統的發展和變化為基礎，而且要重視人口城市化過程的有機結構所表現出的

系統特性。

人口城市化過程可以理解為包含了一系列相互影響的動態過程的集合。它可由人口城鄉屬性由農村向城市轉變、城市類型空間規模增加空間集聚、就業和經濟產出的規模和結構變化、自然資源消耗和生態環境變化來綜合體現。因此，人口城市化過程可以分解為人口變遷過程、空間變動過程、經濟發展過程和自然變化過程四個過程。其中，人口變遷過程體現農村人口轉變為城市人口的過程，空間變動過程體現城市型空間規模增加和集聚過程，經濟發展過程體現就業規模和結構以及經濟產出和結構的變化過程，自然變化過程體現自然資源消耗及生態環境的變化過程。這四個過程均可隨著時間的推移而從特定方面得到體現。

人口城市化的四個過程相互影響，協同發展（見圖3-12）。其中，人口變遷過程分別通過生產方式的轉變、消費方式的轉變以及生存載體的轉變影響經濟發展過程、自然變化過程和空間變動過程；空間變動過程分別通過生存環境壓力、聚集經濟效應以及自我修復壓力影響人口變遷過程、經濟發展過程和自然變化過程；經濟發展過程分別通過勞動收入變化、生產載體轉變和生產投入產出來影響人口變遷過程、空間變動過程和自然變化過程；自然變化過程分別通過自然環境壓力、資源環境壓力和發展空間壓力影響人口變遷過程、經濟發展過程和空間變動過程。需要說明的是，上述機制僅體現了重要的影響途徑，而現實中的人口城市化則還要比此重複許多。

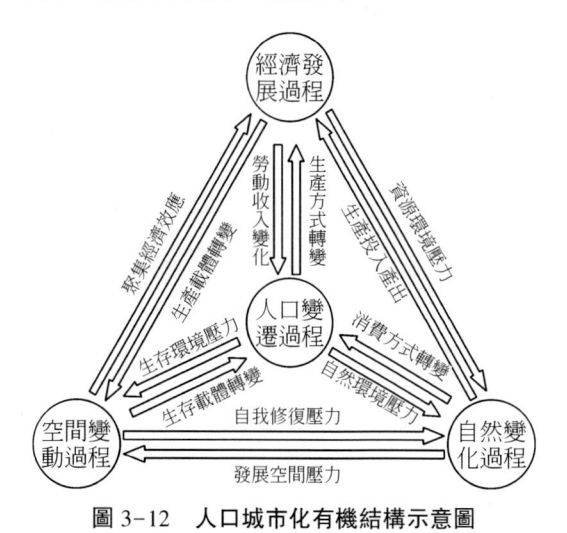

圖3-12 人口城市化有機結構示意圖

由於人口城市化四個過程各自的起點差異以及它們之間關係的重複性，這

四個過程在隨時間的推移發展變化時並不一定絕對同步，可能有的過程發展變化快而有的過程發展變化慢，有的過程變化明顯而有的過程變化不明顯，即各個過程之間存在異步性。然而，當把四個過程結合在一起來審視的時候，它們共同表徵人口城市化的總體進程。某一過程的發展特徵也成為人口城市化總體進程的一方面特徵。因此，本書在提及人口城市化過程時，則是指將四個過程綜合審視的人口城市化總體進程；而提及人口城市化的某一過程時，則僅指這一過程自身。

3.4 本章小結

無論是發達國家走過的人口城市化道路、發展中國家正在走的人口城市化道路還是將世界作為總體審視人口城市化進程，都可以看出，人口城市化過程作為人類的必經歷史過程表現出一些一般特徵，包括異步性、階段性、重複性和兩面性。中國的人口城市化過程無處不體現著中國特定的歷史文化和社會經濟特徵，但也不可避免地遵循人口城市化過程所具有的一般特徵，且中國當前的人口城市化過程不完全符合生態文明的要求。由於中國未來人口城市化發展對中國整體發展和世界人口城市化過程均具有重要影響，因此進一步深入理解中國人口城市化過程並探討符合生態文明要求的未來發展之路就顯得必要而迫切。基於人類人口城市化過程所表現出的發展階段特徵，從縱向上看，人口城市化過程可以被分解成初期、中期和末期三個發展階段；從橫向上看，基於人口城市化的重複性，人口城市化過程可以被分解為人口變遷、空間變動、經濟發展和自然變化四個隨時間推移而發展變化且相互影響的子過程。

4 人口城市化的人口變遷過程

4.1 人口城市化的人口變遷過程概述

4.1.1 人口城市化的人口變遷過程及其表現形式

在特定區域內，無論是經濟發展還是社會發展，抑或是生態環境變化，人口發展總是會產生最基礎性的作用，人口系統的發展變化往往會對其他系統的發展產生直接影響。也正是由於人口發展在區域社會經濟發展過程中的基礎性作用，人口城市化的人口變遷過程則成為人口城市化四個過程中處於最核心位置的過程。

根據本書上述對人口城市化的定義以及對人口城市化過程的分解，人口城市化的人口變遷過程可以理解為在人口城市化整體的時空背景下，人口在生存空間上由農村向城市轉變、在生活方式上由傳統農村模式向現代城市模式轉變、在生產方式上由農業向非農轉變，最終由農村居民轉變為城市居民的動態過程。可見，人口城市化的人口變遷過程事實上包括了三個維度，分別是人口生存空間的轉變、人口生產方式的轉變以及人口生活方式的轉變。這三個維度是相互交織在一起而無法絕對分離的。即使有先後之分，它們隨著時間的推移而推進的總體趨勢是可以明確的。此外，人口城市化的人口變遷過程可以由農村人口轉變為城市人口這一個形式得到體現，下面分別進行討論（見圖4-1）。

第一，生存載體的轉變。當一個國家或地區處於農業社會或工業社會初期時，雖然已有城市作為人口生存的載體形態，但是農村仍然為人口的主要生存載體。關於城市和農村的絕對區分至今尚無完全統一的標準，但一般而言取決於一定地理空間上公共設施、居住設施、人口聚集程度和非農產業人口比重等方面。在實踐中，各個國家的做法也不盡相同，中國統計制度將中國地域劃分

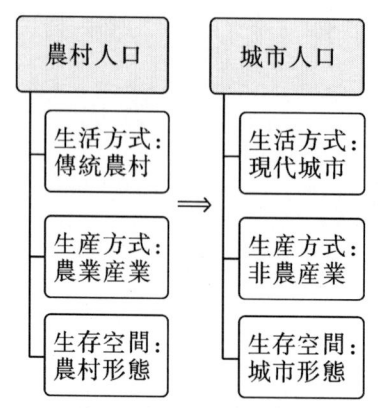

```
        ┌─────────┐    ┌─────────┐
        │ 農村人口 │    │ 城市人口 │
        └────┬────┘    └────┬────┘
             │              │
        ┌────┴────┐    ┌────┴────┐
        │生活方式：│    │生活方式：│
        │傳統農村 │ ⇒  │現代城市 │
        └─────────┘    └─────────┘
        ┌─────────┐    ┌─────────┐
        │生產方式：│    │生產方式：│
        │農業產業 │    │非農產業 │
        └─────────┘    └─────────┘
        ┌─────────┐    ┌─────────┐
        │生存空間：│    │生存空間：│
        │農村形態 │    │城市形態 │
        └─────────┘    └─────────┘
```

圖4-1　人口城市化的人口變遷過程的三維度及其表現形式示意圖

為城鎮和鄉村①兩部分，並給出了具體的解讀。為保持一致性，如上文所述，本書不區分「市」和「鎮」，而用「城市」統一表示與「農村」相對的地理空間形態，且按照中國現行統計制度進行定義。農村人口成為城市人口存在兩種情況，一是其所在農村形態的地理空間轉變為城市，這些人隨即就地由農村人口轉變成為城市人口；二是其選擇其他地區的城市生存，這些人實際發生了鄉城遷移行為。而無論哪種情況，人口城市化人口變遷過程的維度之一是原本生存在農村的人口的生存載體變為城市並最終在城市定居的過程。

　　第二，生活方式的轉變。當農村人口成為城市人口，其生活方式也會相應發生改變。正是由於在基礎設施規模和聚集程度、居住設施、人口居住聚集程度等方面的顯著差異，農村人口和城市人口的生活方式也明顯不同。如生活垃圾處理方式、生活能耗、交通工具使用、通訊通信設施使用、餐飲娛樂消費等不同，這些其實都是不同人群在不同生存載體中由於商品生產交換和消費、服務提供和接受、基礎設施需求和供給等存在差異而造成的生活方式差異。與現代城市生活方式相比，傳統農村生活方式的能源消耗相對較低、交通工具相對簡單、商品和服務消費相對較少、基礎設施相對不足。在農村人口轉變為城市人口的同時，生活方式的轉變是人口城市化人口變遷過程的第二個維度。

　　第三，生產方式的轉變。農村人口的主要生產方式為農業耕作，當然也包括第一產業的林業、畜牧業以及漁業和相關服務業等。當農村人口進入城市生存，其生產方式一般會相應轉變為屬於第二產業和第三產業的工業、建築業

---

① 國家統計局：關於統計上劃分城鄉的暫行規定，見 http://www.stats.gov.cn/tjbz/t20061018_402369828.htm。

和服務業等。在農村人口成為城市人口的過程中，其生產方式由農業向非農的轉變，是人口城市化人口變遷過程的第三個維度。

需要說明的是，人口居住空間、生活方式和生產方式分別由農村、傳統方式和農業向城市、現代方式和非農產業轉變的過程並不一定同步，比如居住在農村的人口在鄉鎮工廠就業並從事非農產業生產、居住在城市的人口從事農業等現象客觀存在。這些不同步現象正體現了人類社會構成和發展的重複性及多樣性。由於本書旨在討論一般意義上的人口城市化問題，因此本書假設一般情況下人口城市化人口變遷過程的三個維度基本同步，在必要時將不同步的情況作為特例來考察。

儘管人口城市化的人口變遷過程具有三個維度，但是這一過程可以從人口的城鄉屬性由農村向城市轉變這一個方面得到體現，即人口的城鄉屬性由農村向城市轉變是人口城市化人口變遷過程的表現形式。在實踐中，對這一過程有不同的表述方式，如農村人口向城市人口轉變、人口由農村向城市遷移或農村人口轉變為城市人口等，但這些表述的實質均是對人口城市化的人口變遷過程的一種反應，因此本書對這幾種表述方式也不做區分。仍然基於研究目的和上述原因，本書不對「城市人口」和「城鎮人口」「農村人口」和「鄉村人口」等名詞進行字面意義上的區分，而在討論中統一使用「農村人口」和「城市人口」。在分析中國人口的城鄉屬性時，本書以城市人口指代中國現行統計制度中所指的城鎮人口，本書以農村人口指代中國現行統計制度中所指的鄉村人口。

4.1.2 人口城市化的人口變遷過程對人口城市化其他過程的影響概述

如前所述，本書將人口城市化過程分解為四個相互聯繫、相互影響的動態過程，人口變遷過程在其中處於最核心的位置。人口城市化的人口變遷過程對其他過程都具有直接和間接的影響。

一方面，直接影響。人口城市化的人口變遷過程所包含的三個維度的轉變，分別對人口城市化空間變動過程、人口城市化經濟發展過程和人口城市化自然變化過程產生直接影響。第一，人口生存空間載體由農村向城市轉變，這直接造成城市空間規模及相應設施建設的需求增加。隨著城市人口相對於農村人口增加，在人口總量和人口密度一定的基礎上，城市空間及相應設施的需求也隨即增加。第二，人口生產方式由農業向非農轉變。在其他條件不變的情況下，這使非農就業比重相對增加，經濟產出和結構也發生變化。第三，人口生活方式由傳統農村模式向現代城市模式轉變。在其他條件不變的情況下，這對

能源的消耗和生態環境的影響相應加大。可見，人口城市化的人口變遷過程三個維度的轉變分別從某一方面對人口城市化其他過程產生直接影響。

另一方面，間接影響。由圖3-12可見，由於人口城市化四個過程相互影響，因此人口城市化人口變遷過程對任一過程的影響，都會向人口城市化其他兩個過程傳導。因此，人口城市化的人口變遷過程分別通過對空間變動過程、經濟發展過程和自然變化過程的直接影響，又間接影響其他幾個過程。

總之，人口城市化人口變遷過程對其他過程的影響是錯綜重複的。這正是由人口城市化過程本身的有機結構以及由此而產生的系統特徵所決定的。

4.1.3 人口城市化的人口變遷過程與人口城市化水平變化的關係

如上文所述，本書用城市人口占總人口的比重作為人口城市化水平的測度指標。本書對人口城市化率、人口城市化水平、城市化率與城市人口占總人口的比重三者不做區分。

人口城市化的人口變遷過程與人口城市化水平之間有一定的聯繫，但並非簡單的因果關係。一般情況下人口城市化水平提高會被認為是人口城市化的人口變遷過程的結果，但這並非是必然情況。人口城市化水平的變化受到城市人口數量和農村人口數量相對變化的影響。當城市人口增速大於農村人口增速時，人口城市化水平會提高；當城市人口增速小於農村人口增速時，人口城市化水平會降低。而無論是城市人口數量變動還是農村人口數量變動，都分別受到自然變動和機械變動的影響。[①]

當一個封閉區域內農村人口不斷向城市人口轉變時，在假定農村人口和城市人口自然增長率都為零的情況下，即城市和農村人口總量變化都只受人口機械變動的影響，若農村人口機械減少而城市人口機械增加，則會出現的情況是城市人口占總人口比重不斷增加，即人口城市化水平提高；若假定農村和城市的人口自然增長率相同，由於農村人口機械減少而城市人口機械增加，因此仍然會造成城市人口占總人口結果比重增加。然而在實際中，無論是城市還是農村，人口自然增長率幾乎不會等於零，而且城市和農村的人口增長率往往也有一定差異，因此人口城市化的人口變遷過程並非一定造成人口城市化水平即城市人口比重的提升。相反，由人口城市化人口變遷過程所表徵的鄉城人口遷移數量即使減少，只要城市人口增速相對大於農村人口增速，人口城市化水平也

---

① 王旭. 芝加哥：從傳統城市化典型到新型城市化典型 [J]. 史學集刊，2009 (6)：84-90.

依然可能提升。

可見，人口城市化的人口變遷過程所強調的是人口的城鄉屬性由農村向城市變化的過程，即有多少農村人口出現了上述三個維度的轉變而成為城市人口，而並非強調城鎮人口占總人口的比重如何變化。因此分析人口城市化的人口變遷過程需重點把握人口城鄉屬性轉變的影響因素，城鎮人口比重即人口城市化水平的變化作為人口城市化人口變遷過程可能產生的效應應納入人口城市化過程整體分析框架。

需要說明的是，當前在一些發展中國家，雖然城市人口自然增長率低於農村人口自然增長率，即從人口自然增長方面看農村人口數量增速快於城市，但是由於農村人口向城市人口轉變的速度非常快，以至於機械變動對城市和農村人口數量的影響遠大於自然變動的影響，因此在現階段仍然表現出城市人口占總人口比重增加的情況。就中國現階段而言，在一定假設條件下，未來一段時間內人口城鄉屬性的變化將造成城市人口比重占總人口的比重即人口城市化水平的提升（見圖4-2）。

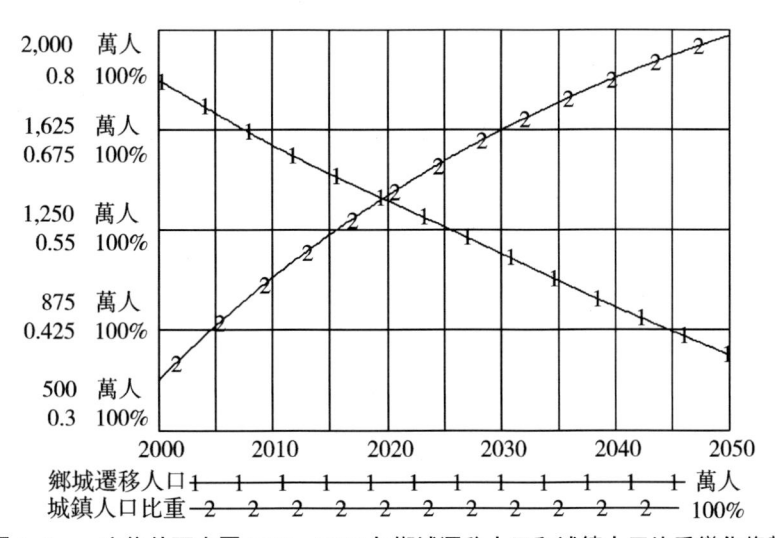

圖4-2　一定條件下中國2000—2050年鄉城遷移人口和城鎮人口比重變化趨勢

如圖4-2所示，以2000年為基年，當年中國城市人口為4.59億人，農村人口為8.08億人。假設當前及未來農村和城市的人口出生率和死亡率相同，2000年人口出生率為16‰，2000年人口死亡率為6.5‰，2000—2050年人口

出生率和死亡率分別設置為聯合國所預測值①，並且假設農村人口向城市人口的轉變速率保持 2000 年的 2.24% 不變，則 2000—2050 年中國人口鄉城遷移人數呈逐年下降趨勢，城市人口占總人口的比重即人口城市化水平呈逐步提升但增加速度減緩的態勢。

總之，人口城市化的人口變遷過程主要是指人口城鄉屬性的變化。它所表徵的是城鄉人口的機械變動情況，它與城鄉人口自然變動的相對速度一同影響著人口城市化水平的變化。而就中國當前和未來一段時間內城鄉人口自然變動和人口城市化過程而言，人口城市化人口變遷過程對人口城市化水平的提升具有直接且顯著的貢獻。

4.2 人口城市化的人口變遷過程的發展層次

如果從人口城市化四個過程之間重複的相互關係中將人口變遷過程抽象出來單獨分析可以發現，人口城市化人口變遷過程可分為兩個發展層次。

4.2.1 人口城市化的人口變遷過程的兩個發展層次

如上文所述，人口城市化的人口變遷過程是人口由農村居民變為城市居民的過程。整個過程包括了生產方式、生活方式和生存空間的變化。然而，人口城市化是人類社會發展進程中非常重要的有機部分。如果從人類發展這樣宏大的視角來審視人口城市化人口變遷過程就可以發現，農村人口向城市人口轉變並最終定居城市這一個過程在邏輯上具有兩個層次。第一層次是農村居民從農村遷移至城市或因農村發展為城市而成為城市居民，第二層次是城市居民在城市間進行遷移，即可分別用「鄉城」和「城城」兩類遷移來表示。

就一個個體而言並非一定經歷兩類遷移，有的只經歷「鄉城」遷移，如一個農村居民遷移進入城市隨即在所遷入的城市定居；有的只經歷第二層次，如出生在城市的居民選擇到其他城市生活，實際發生「城城」遷移；還有的從未經歷任何一種遷移。實際上，人口城市化人口變遷過程是一個宏觀的動態過程。即使有個體未經歷過城鄉屬性由農村人口向城市人口轉變，比如出生在城市，但是其又在城市間進行遷移，則這部分人的「城城」遷移可以由人口城市化的人口變遷過程的第二層次予以解釋。同樣，也有從農村遷移進入城市

---

① 參考 http://wenku.baidu.com/view/ae193ecea1c7aa00b52acb6d.html.

便不再進行城市之間遷移的人。這部分人的「鄉城」遷移可以由人口城市化人口變遷過程的第一層次予以解釋。而從未發生過遷移行為的、始終生活在農村或城市的人則不在討論範圍之內。人口城市化的人口變遷過程的第一層次和第二層次不能割裂來看，兩者在邏輯上共同構成完整的人口城市化的人口變遷過程。實際上，從宏觀和歷史的視角來看，就人類的人口城市化過程而言，人口城市化的人口變遷過程兩個層次的發展階段確是客觀存在的。如在歐美一些發達國家的人口城市化過程中，一些城市由於人口不斷湧入逐步發展為特大城市，隨即城市居住環境惡化造成一些城市居民外遷。中國有相關研究也表明人口城市化過程中人口的遷移不僅包含「鄉城」遷移一個層次。「一般認為，人口城市化可粗略地分為三個階段：第一階段，農村人口主要向中小城鎮轉移和集中，亦稱之為鄉村人口城市化；第二階段，鄉村和中小城鎮人口主要向大城市轉移和集中，形成以超大城市組帶為主導的人口城市化；第三階段，大城市中心區人口向郊區和其他鄉村遷居，稱之為逆人口城市化。」[1]

　　將人口城市化人口變遷過程劃分為「鄉城」和「城城」兩個發展層次，實際上是將人口在城市與城市之間的遷移也納入了人口城市化的人口變遷過程的分析框架。這樣做是基於以下幾點原因：第一，與人口城市化的客觀事實相符。人口從農村遷入城市后未必就此定居，存在如進一步從小城市遷入大城市或遷往其他城市的現象。只有將兩個層次的遷移均納入同一分析框架才可能對人口城市化過程中人口的遷移現象進行相對完整的分析。第二，可以反應人口城市化的系統性。根據本書對人口城市化的定義，人口城市化的人口變遷過程只是人口城市化過程的一個方面，其他諸如經濟發展和變遷、城鄉空間格局以及自然資源和環境的變化都應納入人口城市化的分析框架。無論是從農村遷入城市，還是原本居住在城市，在城市與城市間的遷移都反應了人口對生產生活和居住環境的需求。它會對遷出和遷入地的城市建設、經濟發展和資源環境變化造成影響，這些影響又會通過人口變遷、經濟發展、空間變動、自然變化各過程之間的相互作用而傳導，產生更深遠的影響。由於這些影響都與人口城市化整體進程密切相關，因此有必要將人口的「城城」遷移與「鄉城」遷移作為人口城市化人口變遷過程的兩個層次一併分析。第三，可將「逆城市化」納入人口城市化分析框架。「逆城市化」是人口城市化過程中的一種現象。它會影響人口城市化過程的方方面面，因此將其納入人口城市化分析框架就顯得

---

[1] 王旭. 芝加哥：從傳統城市化典型到新型城市化典型 [J]. 史學集刊，2009 (6)：84-90.

很有意義。關於「逆城市化」已有不少討論，但目前尚未見有關研究將其很好地融入人口城市化分析框架。討論人口城市化的人口變遷過程發展的兩個層次則是對「逆城市化」和人口城市化的關係分析有益的補充。

人口城市化的人口變遷過程兩個層次的劃分，是基於一個基本的假設的，即在人們做出人口遷移的目的地決策時城市具有剛性特徵。具體而言，在人口和資源可以自由流動的條件下，人口由農村到城市的遷移是單方向的，農村居民一旦選擇進入城市成為城市居民就不會再遷回農村，而只會在城市之間進行遷移；城市居民也只會在城市之間進行遷移，而不會從城市遷入農村。由於城市往往意味著更加舒適的生活條件、更豐富的消費品和服務、更加多樣化的就業選擇、更完善的基礎設施等，因此人們一旦成為城市居民並直接加入城市文明的創建。即使他們可能因各種原因更換居住城市，也不會再次返回農村而選擇傳統的農村生活方式。也正是由於在許多方面城市都比農村具有優勢，在人類發展史上城市的出現和壯大往往意味著文明的進步。需要說明的是，儘管不排除有從城市向農村遷移的現象，如在中國現階段農民工回遷的現象並不少見，但是這些現象都有其特殊的歷史、社會和制度背景，就人類社會發展的大趨勢而言並不普遍。而且許多情況都是遷移者將城市生活方式帶入農村，或是為了選擇從事農業生產而遷入，抑或是退休返回農村生活，因此可以說在人們做出人口遷移的目的地決策時城市具有剛性這一假設符合一般性規律。

人口城市化的人口變遷過程的兩個層次有不同的存在基礎。在人口城市化的人口變遷過程的第一個層次，人口由農村遷入城市，農村居民成為城市居民。這一層次主要基於遷移者的生存理性而存在。農村和城市在各方面的固有差異，使遷移者從生存利益出發進行遷移決策，即享受相對農村更好的基礎設施、獲得更多的就業機會、獲得更豐富和便利的消費品及服務等。在人口城市化的人口變遷過程的第二個層次，人口在城市之間進行遷移，居住城市改變而城市居民的身分不變。這一層次則同時基於遷移者的生存理性和發展理性而存在。城市與城市並非完全同質，城市之間也存在如人居環境和社會經濟發展條件等差異，即城市之間在不同方面具有比較優勢或劣勢。由於這些差異的存在，部分遷移者從生存利益出發進行遷移決策，如為了更好的就業環境及更高的收入等。還有部分遷移者從自身發展出發進行遷移決策，如享受更好的居住環境和相對更充足的公共設施等。可見，由於各種類型城市與農村相比普遍存在優勢，生存理性在人口城市化的人口變遷過程的第一層次起主要作用。由於部分城市存在比較優勢，生存理性和發展理性共同在人口城市化的人口變遷過程的第二層次發揮主要作用。

在一定的假設條件下，人口城市化的人口變遷過程被劃分為兩個層次，而且人們認為一般情況下農村與城市之間的人口遷移是單方向的，即人口只會由農村遷入城市，而不會由城市遷入農村。然而，例外的現象在中國並不罕見。由於戶籍制度的存在，在制度層面上人口被貼上地域標籤，使得無論是在農村與城市之間還是在城市與城市之間，人口的自由遷移都受到阻礙。再加上許多關乎居民切身利益的福利附著於戶籍之上，更加大了人口自由遷移的障礙。在這樣的背景下，在以農民工及其家屬為主體的由農村遷入城市的人口中，有部分人有意或已經返回農村，也有部分人在城市與農村之間往復遷移而沒有定居在城市。這種現象與限制人口自由流動的戶籍制度以及附著在戶籍之上的相關福利制度有關，從人口城市化整體進程視角來看不具有一般性。可以預期，當這些障礙消除的時候，即人口自由流動的條件予以滿足時，人口遷移由農村向城市的單向性仍然可基本得以滿足，因此本書在下文中對中國農民工回鄉現象進行單獨討論，而在整個人口城市化過程分析框架中仍然保留相關假設條件。

4.2.2 人口城市化的人口變遷過程與鄉城遷移人口的回遷

如上文所述，在一般意義上，人口城市化的人口變遷過程表示農村人口成為城市人口的過程。它從邏輯上包括鄉城人口遷移和人口在城市之間的再分佈兩個發展層次，而且在一定條件下人口的鄉城遷移具有單向性，即人們認為城市人口不會向農村遷移。然而，在中國人口城市化快速發展、城市人口比重不斷提高的過程中，存在著鄉城遷移人口的回遷現象。這種現象在中國有其產生背景和原因，而且對人口城市化的人口變遷過程和人口城市化總體進程都有影響，因此研究中國的人口城市化就必須加以討論。

在中國人口城市化過程中，從農村進入城市的大量勞動力是城市外來人口的主體，基本都參與著城市中的非正規就業。這一群體被稱為農民工。[①] 中國有超過1億離開家鄉而進城打工的農民工，若加上在鄉鎮企業就業的農村勞動力，已有超過2億農民進入二三產業，其中一半以上進入了城市。[②] 毫無疑問，在中國，人口城市化的人口變遷過程和農民工問題是緊密相關的。

進入城市就業的農民工，往往不能立刻融入城市。農民工成為一個與農民和城市居民並存的身分類別，並且這樣的身分類別概念實際否定了鄉城遷移者作為城市居民的現實身分，而且，「這一身分標誌，使得歧視性的身分制度在

[①] 李強，唐壯. 城市農民工與城市中的非正規就業 [J]. 社會學研究，2002（6）：14-25.
[②] 韓長賦. 中國農民工發展趨勢與展望 [J]. 經濟研究，2006（12）：4-12.

城市空間中得以延伸」。① 正是由於不得不參與非正規就業以及身分差異，農民工與城市居民的福利狀況差異明顯。目前，雖然農民工的工作條件和待遇有一定改善，但是和城鎮職工相比差距依然較大，勞動強度依然很高，在社保方面的差異也很明顯。② 隨著農民工群體與城市居民之間的差異客觀存在這一事實被普遍認同，關於農民工的社會融合問題引起了關注。如有研究用「半城市化」概念來分析農村流動人口在城市的社會融合問題，認為「半城市化」是一種介於其迴歸農村與徹底城市化之間的狀態③。此外還有研究提出以推進農民工市民化為內涵的「深度城市化」概念。④

近幾年中國人口城市化水平快速提高，農民工總量也隨之增加。《2011年中國農民工調查監測報告》數據顯示，2008—2011年中國農民工總量持續增加，由期初的2.25億人增加到期末的2.53億人，累計增加2,736萬人，累計增幅達12.14%；2011年，外出農民工達15,863萬人，佔當年農民工總量的62.75%（見表4-1）。

表 4-1 2008—2011 年中國農民工數量 單位：萬人

	2008 年	2009 年	2010 年	2011 年
農民工總量	22,542	22,978	24,223	25,278
外出農民工	14,041	14,533	15,335	15,863
住戶中外出農民工	11,182	11,567	12,264	12,584
舉家外出農民工	2,859	2,966	3,071	3,279
本地農民工	8,501	8,445	8,888	9,415

數據來源：國家統計局網站，見http://www.stats.gov.cn/tjfx/fxbg/t20120427_402801903.htm。

數量如此大的農民工如果完全定居城市，無疑會在人口城市化發展史中寫下重要一筆，然而如果農民工再次從城市遷回農村或在城市與農村之間往復遷移，則此也必然會從不同方面影響中國人口城市化過程。關於返鄉農民工的統計尚未見完整數據，但有不少學者對農民工的返鄉意願和行為做過調查研究。這可在一定程度上反應農民工返鄉的現狀。如李強的研究顯示，2002年對北

---

① 陳映芳. 農民工：制度安排與身分認同 [J]. 社會學研究，2005 (3)：119-132.
② 李培林，李煒. 近年來農民工的經濟狀況和社會態度 [J]. 中國社會科學，2010 (1)：119-131.
③ 王春光. 農村流動人口的半城市化問題研究 [J]. 社會學研究，2006 (5)：107-121.
④ 侯亞非. 人口城市化與構建人口均衡型社會 [J]. 人口研究，2010 (11)：3-9.

京流動人口的一項調查結果表明，有20.3%的人表示將來一定會回家鄉。① 胡玉萍的研究顯示，2006年對北京流動人口的一項調查結果表明，在1,997個農業戶口樣本中，有23.7%的人不打算長期居住在北京，有29.6%的人表示不確定。② 謝雲等的研究顯示，2011年對湖北省農民工的一項調查結果表明，當問及「是否願意將戶口落戶城鎮」時，有83.3%的農民工回答「不願意」，僅有7.3%的農民工回答「願意」。這表明「『流而不遷』『循環流動』」是當前農民工遷移的重要特徵，農民工普遍趨向『年輕打工，年老務農』心理」③。

由於身分標籤和城鄉各方面的差異，農民工進入城市就業和生活，但並非都會選擇永久留在城市，特別是在中國當前土地和戶籍制度約束的大環境下。蔡禾等專門對農民工的永久遷移意願進行了研究，發現如果行為性永久遷移表示放棄土地，那麼農民工永久遷移是一個基於經濟理性的選擇；如果制度性永久遷移要求遷入戶口，那麼農民工永久遷移是為尋求制度保障的社會理性選擇。④ 由於農民工對土地的依賴源於社會保障在城鄉戶籍之間的差異，由此可見，戶籍制度以及與此相關的城鄉福利差異是影響農民工永久遷移而定居城市的重要因素。

無論如何，由農村遷入城市的人口因種種原因不在或無法在城市定居，這會產生一些消極影響：第一，延緩人口城市化整體進程。人口城市化的人口變遷過程是人口城市化最核心的過程，它通過人口生產、生活方式和生存空間的變化直接或間接影響人口城市化其他過程，鄉城遷移人口回遷對人口城市化的人口變遷過程起到直接的延緩甚至阻礙作用。第二，不利於人口城市化各過程的協調發展。鄉城遷移人口的回遷或往復遷移不利於城鄉公共設施建設、城鄉住宅建設、農業和非農勞動力需求等方面協調發展。第三，不利於社會公平。鄉城遷移人口作為非農勞動力參與非農生產，為城市經濟發展做出貢獻。他們應該和其他市民一樣充分享受城市文明，他們基於制度因素而不得不依賴土地、無法在城市定居則於社會公平不利。

中國人口城市化的人口變遷過程中鄉城遷移人口的回遷現象與中國特殊的制度環境緊密相關。就人類人口城市化過程而言，它不具有一般性。因此，本書嘗試構建具有一般意義的人口城市化分析框架，針對中國特殊情況，在對人

---

① 李強.影響中國城鄉流動人口的推力和拉力的因素分析 [J].中國社會科學，2003 (1).
② 胡玉萍.留京，還是回鄉——北京市流動人口遷移意願實證分析 [J].北京社會科學，2007 (5)：40-45.
③ 謝雲，等.農民工落戶城鎮意願及影響因素調查 [J].調研世界，2012 (9)：28-31.
④ 蔡禾，王進.農民工永久遷移意願研究 [J].社會學研究，2007 (6)：86-113.

口城市化進行考察時，將相關政策作為影響人口城市化人口變遷過程的一方面因素並與其他影響因素一起分析。

4.2.3 人口城市化的人口變遷過程與「逆城市化」

Berry 在一篇回顧美國「逆城市化」的文章中提到，在 20 世紀初時即有學者指出「巨大的城市在 21 世紀內將達到它的極限」「雖然經歷了四分之三個世紀這一預言才實現，但它已經成為事實」。① 事實上，在歐洲和北美的主要發達國家，當人口城市化水平提高到一定程度後，隨著人們觀察到部分特大城市人口減少、人口由城市向郊區遷移以及城市人口占總人口的比重不再升高等現象，關於「逆城市化」（counterurbanization）的討論也開始逐漸增多。

就「逆城市化」的定義而言，比較經典的是，Berry 從地理視角認為，由於在地理方面城市化是人口向人口稠密的大城市集中定居，因此逆城市化應該是一種相反的變化。它意味著人口從主要城市和大都市向較小城市和非城市地區的再分佈。② 當然，也有不少研究從不同方面予以解讀，即關於「逆城市化」的含義似乎目前仍無法統一，但它所指徵的一些現象卻是清晰明確的，如「大城市明顯萎縮，人口由中、小城市大量向郊區乃至更外圍鄉村遷移，中、小城市發展加速，鄉村人口出現回升甚至導致城市人口比重下降。」③

雖然 Berry 的定義無法將所有相關現象都予以表徵，但是此定義中人口由大城市向中小城市以及非城市地區再分佈的含義可以反應「逆城市化」最核心的內容。正如上文所述，人口城市化的人口變遷過程是人口城市化的核心過程。它具有「鄉城」和「城城」兩個發展層次，相應地要對與「逆城市化」有關的現象予以解讀，也必須緊抓人口及其遷移現象；而城鄉人口比重的相對變化以及城市萎縮等現象，則成為人口城市化過程中人口變遷過程的兩個發展層次在區域間發生作用的結果。

就一個人口密度高、交通擁擠、公共設施資源缺乏、居住環境惡化嚴重的特大城市來說，即使它意味著更好的就業機會和經濟收入，其吸引力也會下降，由此造成兩方面結果：其一是在人口城市化過程中此城市作為人口遷入地的吸引力下降，越來越少的農村人口或其他城市人口選擇遷入；其二是已在城

---

① BERRY B J. Urbanization and counterurbanization in the United States. The Annals of the American Academy of Political and Social Science, 1980, 451 (1): 13-20.
② LOBLEY BERRY, BRIAN JOE. Urbanization and counterurbanization. Sage Publications Inc, 1976, 11.
③ 張善余. 逆城市化 [J]. 人口與經濟, 1987 (2).

市定居的居民可能選擇遷至生存環境更好的城市或地區。如此一來，如 Berry（1976）所言，人口由大城市向中、小城市甚至非城市地區再分佈的現象有可能發生。以東京為例，人口和社會經濟活動過度集中，造成城市通勤距離過長、城市住房擁擠、大氣和水質污染等環境惡化，進而導致 20 世紀 50 年代后期城市人口開始向城市外圍遷移；同樣，巴黎和紐約也分別於 20 世紀 50 年代和 70 年代起經歷城市及城市外圍人口減少的逆城市化階段。[1]

即使人口由城市向郊區甚至農村遷移，但是他們的生活和生產方式多會保留城市模式，因此不能將其界定為農村人口，更恰當的表述應是城市人口的再分佈。於是，逆城市化背後的人口遷移現象的實質可以理解為人口在城市和城市之間的再分佈，即人口城市化的人口變遷過程的第二發展層次在發揮作用。值得說明的是，人口在城市之間的再分佈應置於整個人口城市化的大框架之下來理解，即總體上人口遷出的城市可能出現城市萎縮、人口城市化水平下降等后果，但對總體上人口遷入的城市來說則意味著城市活力和人口城市化水平的提升。

對於「逆城市化」這一概念及其討論，也有研究予以質疑，即認為對美國 20 世紀 70 年代大都市區人口向周圍郊區流動的現象不應過早地判斷為「逆城市化」，應注意到東部大都市區人口減少的同時西部和南部的新興大都市區也不斷吸引人口遷入，即認為貫穿美國城市化的主線是人口不斷向包括郊區和新大都市地區的城市化地區以不同方式集中。[2] 事實上，此觀點是將大城市人口外遷這一現象置於人口城市化整體研究框架之中，即認為從更宏觀的層面觀察「逆城市化」實際仍應從屬於人口城市化總體進程，而非與人口城市化並列的發展階段。本書也認為，「逆城市化」不應是與人口城市化並列的發展階段，「逆城市化」所指的大城市人口向郊區或其他城市遷移的現象應該並入人口城市化整體研究框架。事實上，這種現象可以根據人口城市化的人口變遷過程的兩個發展層次來解讀。在其他條件不變的前提下，人口城市化的人口變遷過程的第一個發展層次即城市總人口因人口遷入而增加的階段，第二個發展層次即城市總人口因人口外遷而減少的階段，后者也正是所謂的「逆城市化」階段。需要說明的是，對於人口外遷的城市來說其人口城市化的人口變遷過程處在第二個發展層次，而對於人口遷入的城郊或其他城市而言則處在人口城市

---

[1] 袁朱. 國內外大都市圈或首都圈產業佈局經驗教訓及其對北京產業空間調整的啟示 [J]. 經濟研究參考，2006（8）：34-41.

[2] 王旭. 美國城市發展模式——從城市化到大都市區化 [M]. 北京：清華大學出版社，2006.

化的人口變遷過程的第一個發展層次。此外，當將「逆城市化」納入人口城市化整體分析框架之后，人口城市化與逆城市化之間的關係便不難理解，即對一個國家或包括人口遷入和遷出地的區域而言，某個地區的「逆城市化」實際只是人口城市化整體進程中的一個環節。

總之，「逆城市化」所指的城市人口外遷現象是客觀存在的，但對這一現象的解讀不能脫離人口城市化總體進程來進行。對於一個區域而言，無論是向郊區遷移還是向其他城市遷移，其人口城市化的人口變遷過程處於發展的第二層次。一方面，當前中國仍處在人口城市化中期階段，人口城市化過程仍將繼續；另一方面，中國部分城市也不同程度地出現諸如當時紐約、巴黎、東京等城市出現過的城市生活成本提高、城市生活環境惡化等情況，對「逆城市化」的討論也逐步增多。在這樣的背景下，對「逆城市化」進行合理解讀，理順其與人口城市化過程的關係，有利於辯證看待人口城市化過程中發展大城市所帶來的一些問題，有利於中國人口城市化總體進程的合理推進。

4.3 人口城市化的人口變遷過程的影響因素

4.3.1 經濟發展過程的影響

在人口城市化過程中，區域經濟體系由農業經濟為主體向非農經濟為主體轉變，同時農業和非農產業間勞動力重新分佈，就業結構相應發生變化。區域產業的這一動態演化過程對人口城市化的人口變遷過程具有促進作用。

一方面，農業經濟部門和非農經濟部門之間的勞動報酬差異推動人口鄉城遷移。由於農業生產具有依賴自然、資金週轉慢等特點，並且農產品需求彈性小、附加值低，可以說農業生產的特點決定了與非農勞動者收入相比，農民的收入相對較低。就中國而言，人口數量龐大導致人均土地資源少，並且國家對工業、城市與農業、農村發展的重視程度不同，導致農民收入低並且增長慢。人口城市化經濟發展過程意味著非農經濟的發展和壯大，在此期間城鄉收入水平差距可能變大。中國城鄉收入差距及其變化如表4-2所示，1985—2010年，城鎮居民家庭人均可支配收入與農村居民家庭人均純收入的比值持續上升，城鄉收入差距不斷擴大。1985年，中國城鎮居民家庭人均可支配收入和農村居民家庭人均純收入分別為739.1元和397.6元，前者是后者的1.86倍；到2010年，中國城鎮居民家庭人均可支配收入和農村居民家庭人均純收入分別達到19,109.44元和5,919.01元，兩者都有大幅增長，但前者與后者的比值

擴大到 3.23 倍。事實上，正是由於中國城鄉收入差距的存在和擴大，出於經濟理性，基於對城市非農經濟部門較高勞動收入的預期，一些農村勞動者放棄農業生產進入城市非農經濟部門，人口由農村遷入城市。農民進入城市務工並獲得相應收入，暫時居住在城市，其傳統農村生活方式轉變為現代城市生活方式，客觀上已經由農村人口轉變為城市人口。收入差距促進人口鄉城遷移也得到相關研究的證實，如有研究指出，城鄉收入差距的日益擴大促進了人口遷移的加劇[1]，第二次世界大戰后發展中國家過度重視工業而輕視農業生產，造成城鄉收入水平和生活水平的差距擴大，農村人口不斷流入城市。[2] 因此可以看出，在特定階段內，人口城市化經濟發展過程加大了城鄉收入差距。這是推進人口由農村向城市遷移的最主要原因。另一方面，經濟體系由農業經濟向非農經濟轉變倒逼人口城鄉屬性變化。非農經濟發展需要更多的城市類型空間來承載，需要更大比重的勞動力在非農經濟部門就業，並且為社會生產出更多的工業產品和服務。這從生活空間、生產方式和生活方式各個方面推動人口城鄉屬性由農村人口向城市人口轉變。

表 4-2　　　　　　　　1985—2010 年中國城鄉居民收入比

年份	城鎮居民家庭人均可支配收入（元）	農村居民家庭人均純收入（元）	城鄉收入比
1985	739.10	397.60	1.86
1990	1,510.20	686.30	2.20
1995	4,283.00	1,577.70	2.71
2000	6,280.00	2,253.40	2.79
2005	10,493.00	3,254.90	3.22
2010	19,109.44	5,919.01	3.23

數據來源：《中國統計年鑒（2012）》。

總之，由於人口城市化經濟發展過程中城鄉收入差異存續的現實以及行為人的經濟理性，因此人口城市化經濟發展過程對人口變遷過程具有積極影響，並且這一影響較其他因素的影響更直接也更重要。

4.3.2 空間變動過程的影響

城市類型空間的規模擴大和集聚對人口城市化人口變遷過程的影響分別在

---

[1] 蔡建明，等. 中國人口遷移趨勢及空間格局演變 [J]. 人口研究，2007（9）：9-19.
[2] 許超軍，等. 中國城市化動力機制研究進展 [J]. 城市問題，2007（8）：20-25.

人口城市化人口變遷過程的兩個發展層次中體現：在人口城市化初期促進鄉城人口遷移，而在人口城市化中后期則不再促進鄉城人口遷移，轉而作用於人口在城市間的再分佈。

在人口城市化初期，城市類型空間規模不大且聚集程度不高。這時，隨著人口城市化空間變動過程的推進，人口逐步由農村向城市遷移。對於農村居民來說，城市基礎設施相對完備，交通相對便利，消費品和服務的獲取相對便利，故從生活角度來說，城市更具有吸引力。在這一階段，人口不但由農村居住轉變為城市居住，並且在區位上趨於集中。這是因為人具有社會性，一定程度內的集中有利於人與人之間的交往、情感交流和社會聯繫。事實上，在中國人口城市化空間變動過程中，人口在空間上向城市集聚，有研究利用1990—2005年數據分析發現，中國局部區域上城市人口空間集聚的規律明顯，區域間人口聚集差異大，城市發展總體水平較高的東部區域表現出人口一體化聚集，而城市發展總體水平較低的中西部區域表現出人口極化聚集。① 中國東部地區人口城市化水平較高，城市類型空間規模相對較大，且多集中成片；而中西部除一些大中城市外多數地區城市類型空間少且分散。由此可看出人口城市化空間變動過程與人口變遷過程在一定程度上有聯繫。需要說明的是，儘管在人口城市化初期空間變動過程有助於人口向城市遷移和集中，但是其影響力並不在經濟作用之上。

隨著人口城市化的推進，城市類型空間規模不斷增加，聚集程度不斷提高，大型、特大型城市數量增加，相應居住其中的城市人口也大幅增加。由此，在一定空間範圍內居住和生活的人口數量逐步增多，城市區域人口密度加大。如果從資源集約利用的角度來看，城市人口密度越大越好，但城市人口密度過大有負面影響。當一定空間居住生活的人口過多時，人均基礎設施減少，居住條件變差，交通擁擠，這些都對居民生活水平的提升具有消極影響。儘管目前對城市最佳人口密度沒有統一的認識，但是無疑人們不願生活在過於擁擠的空間中。也就是說，當城市類型空間集聚到一定程度時，由於人口也相應聚集，區域人口密度過高，人居環境惡化，此時原本居住在此區域的人口可能因不適、反感甚至厭惡惡化的人居環境而選擇遷出，最終重新選擇適宜的城市居住。有研究表明，美國紐約市在1,840—1870年間每10年人口增加50%，由於鄉村和外來人口湧入，城市住宅供不應求，居住條件迅速惡化；到1890年

---

① 陳剛強, 等. 中國城市人口的空間集聚特徵與規律分析 [J]. 地理學報, 2008 (10): 1045-1054.

在紐約市平均每套住宅居住 18.52 人，擁擠的空間及不斷惡化的人居環境致使越來越多的人在有條件時遷出城市到郊區居住。① 可見，當某特定區域內人口城市化空間變動過程發展至一定階段后，其可能推動人口向其他城市遷移。

總之，對於特定小區域而言，隨著時間的推移，人口城市化空間變動過程先吸引人口遷入和集聚。當城市空間及人口集聚到一定程度后人口可能因人居環境惡化而外遷。而從較大區域著眼，人口從特定小區域外遷則從屬於大區域範圍內人口城市化的人口變遷過程的第二發展層次，於較大區域內實現人口在城市間的再分佈。

4.3.3 自然變化過程的影響

人口城市化的自然變化過程對人口變遷過程的影響主要在於，當區域生態環境惡化至不適宜生存或超過城市居民忍受程度時，城市居民可能選擇遷出該區域至其他城市居住，其作用由人口城市化人口變遷過程的第二發展層次即人口在城市間的再分佈予以體現。

一般而言，城市居民對居住的城市生態環境有一定的要求。而且，當其他條件一定時，人們傾向於在生態環境相對更好的環境中居住、生活，因此，在兩種情況下生態環境可能成為城市居民外遷的動機。其一，城市生態環境惡化以致無法滿足城市居民的要求；其二，城市生態環境雖滿足城市居民要求，但有其他生態環境更好的居住地可供居民選擇。第二種情況容易理解，在經濟條件足以支撐並且沒有其他因素影響時，選擇環境更佳的地方居住便成為城市居民的理性選擇，此時外遷行為極有可能發生。而第一種情況可從發達國家大都市「逆城市化」的歷史中找到線索，如有研究指出，由於美國城市急遽膨脹，城市基礎設施發展滯后，當時美國絕大多數城市沒有地下排水系統，許多街區污水橫流、臭氣彌漫、蚊蠅滋生，噪音污染和空氣污染也十分嚴重；一些年份城市瘟疫橫行，人們紛紛逃離城市，如 1878 年孟菲斯市的一場瘟疫中 5,000 人喪生，有 2.5 萬人離開城市，兩個月內該市人口從 5 萬人減少到 2 萬人以下。② 總之，正是因為生態環境是人們選擇居住地的一項考慮因素，因此城市環境惡化對城市人口的外遷存在潛在影響。

---

① 孫群郎. 美國近代郊區化及其原因 [J]. 河北師範大學學報：哲學社會科學版，2002 (5)：56-62.
② 張善余. 逆城市化 [J]. 人口與經濟，1987 (2).

4.4 生態文明與中國人口城市化的人口變遷過程

4.4.1 中國人口城市化的人口變遷過程發展現狀

2015年，中國約有7.71億人常住在城市，中國人口城市化率達到56.1%，人口城市化率由城市人口自然增長和人口城市化人口變遷過程共同作用，後者的主要內容是人口的鄉城遷移。綜合來看，對中國當前人口城市化人口變遷過程有以下三個基本判斷：

第一，龐大的鄉城遷移人口數量對人口城市化總體進程快速推進具有正向影響。由上文可知，新中國成立以來中國人口城市化總體經歷了起步、停滯、恢復和加速發展四個階段，而1996年以後特別是21世紀以來中國人口城市化進入加速發展階段。2000年中國城市常住人口為4.6億，到2011年已增加至6.9億，到2015年增至7.71億。2000—2015年中國城鎮人口增加了3.11億人，人口城市化率提高了約20個百分點。儘管城市人口自然增長也作用於人口城市化率變動，但是近年來中國人口城市化水平的快速提高在很大程度上是由大量人口由農村遷入城市決定的。人口城市化的人口變遷過程的快速發展推進了中國人口城市化率的加速提升。人口城市化的人口變遷過程的發展進程需由鄉城遷移人口數的變動情況來反應。由於統計資料不足，中國鄉城人口遷移的歷史數據難以取得，但由表4-3可見，從2000年以來的中國鄉城遷移人口數據來看，近年來中國人口城市化的人口變遷過程發展迅速。2000—2010年，平均每年約有1,900多萬人從農村進入城市成為城市常住人口，在農村人口逐年減少的情況下每年遷移率都在20‰以上。可見，近年來中國的人口鄉城遷移發展迅速，大量人口由農村進入城市。正受此影響，中國城市常住人口數量大幅提高，人口城市化水平加速提升，縱向來看中國人口城市化總體進程處於人口城市化S形發展曲線的中期階段，即人口城市化水平加速提升的發展階段（見圖3-5）。

表4-3　　　　　2000—2010年中國鄉城遷移人口情況

年份	農村人口（萬人）	城市人口（萬人）	人口城市化率（%）	鄉城遷移人口（萬人）	遷移率（‰）
2000	80,837	45,906	36.22	1,810.03	22.39

表4-3(續)

年份	農村人口（萬人）	城市人口（萬人）	人口城市化率（％）	鄉城遷移人口（萬人）	遷移率（‰）
2001	79,563	48,064	37.66	1,823.96	22.92
2002	78,241	50,212	39.09	1,824.13	23.31
2003	76,851	52,376	40.53	1,849.22	24.06
2004	75,705	54,283	41.76	1,588.36	20.98
2005	74,544	56,212	42.99	1,597.91	21.44
2006	73,160	58,288	44.34	1,768.24	24.17
2007	71,496	60,633	45.89	2,031.53	28.41
2008	70,399	62,403	46.99	1,452.99	20.64
2009	68,938	64,512	48.34	1,794.83	26.04
2010	67,113	66,978	49.95	2,145.18	31.96

數據來源：根據歷年《中國統計年鑒》計算而得。

　　第二，人口城市化的人口變遷過程以第一發展層次即鄉城遷移為主，但存在第二發展層次即人口在城市間的再分佈，以及鄉城遷移人口回遷等特殊情況。從人口城市化人口變遷過程的兩個發展層次來看，鄉城人口遷移是當前中國人口城市化人口變遷過程的主要內容。在20世紀90年代以來逐步趨於完善的市場經濟體系以及21世紀初期中國將人口城市化作為國家發展戰略予以推進的共同作用下，中國人口城市化進入加速發展階段，其中，市場經濟發展為推動鄉城人口遷移起到了至關重要的作用。在經濟因素刺激下，農村剩餘勞動力進入城市務工，鄉城人口遷移和「農民工」等已經成為中國近年來無處不在的現象，而且客觀上講這些鄉城遷移人口為中國城市發展以及中國總體經濟發展，做出了巨大的貢獻。從表4-3可以看出，2000年以來的11年裡中國每年有多於1,500萬甚至有時超過2,000萬的人口從農村進入城市。這已經成為中國人口城市化的人口變遷過程中最主要的內容。與此同時，中國人口城市化的人口變遷過程也存在人口在城市間的再分佈。具體而言，包括原城市居民因讀書或就業等原因選擇其他城市居住、鄉城遷移人口重新選擇其他城市作為居住地以及城市居民因居住環境和交通等原因向城市周邊遷移等，都與中國人口城市化發展有著直接或間接的聯繫。此外，中國人口城市化的人口變遷過程還存在城市人口向農村遷移的情況，最主要的是鄉城遷移人口的回遷。如上文所

述，相關研究對鄉城遷移人口返鄉意願的調查和研究對此有所反應。

第三，鄉城人口遷移跨區域現象突出，人口城市化人口變遷過程存在區域差異，遷入地存在極化特徵。一是農村人口在進入城市時多進行跨區域遷移。從中國近年來東、中、西部區域情況來看，中部和西部為人口淨遷出區域，而東部是人口淨遷入區域①。這是由東部和中、西部之間較大的經濟發展差異決定的。從省級情況來看，中國多數省會城市經濟發展好於省內其他城市，因此省內的人口鄉城遷移一般以省會城市為主要遷入地。鑒於區域間較大的經濟發展差異，農村人口在選擇遷入地時會對經濟收入有不同預期，最終經濟發展水平高的地區成為遷入地的可能性更大。這造成人口的跨區域遷移，如中、西部農村人口向東部沿海城市遷移，省內落後甚至貧困地區人口向省會城市集中等。二是中國人口城市化的人口變遷過程存在區域差異。東部經濟社會發展水平較高地區以及各省省會城市和少數經濟發展好的城市擔當了主要的人口遷入地的角色，而中、西部地區農村以及各省經濟發展水平較低地區則扮演了主要的人口遷出地角色。而且，中、西部部分城市如成都、重慶、西安等吸引力正逐步增加，而北京、上海、廣州等城市吸引力正逐步減弱。可見，中國人口城市化的人口變遷過程表現出區域差異。三是一些城市人口遷入過多，遷入地出現極化特徵。在經濟因素的作用下，一些經濟發展水平高的地區成為潛在鄉城遷移人口的首選遷入地。這造成部分城市人口遷入過多，如從國家層面來看的北京、上海、廣州等城市人口遷入多，城市人口數量也迅速增加；從省級層面來看各省會城市幾乎都成為省內遷入人口以及人口最多的城市。總之，中國人口城市化人口變遷過程中鄉城人口遷移的區域格局與區域經濟發展聯繫緊密，目前來看，經濟發展程度高的地區成為遷入地的可能性大，由此也造成了遷入地的極化特徵。

中國人口城市化的人口變遷過程是中國人口城市化總體進程有機結構的一部分，對其發展現狀的掌握有利於對中國人口城市化總體進程的把握，而其發展過程中存在的問題，也必然對中國人口城市化總體進程產生一系列影響，需要加以討論和應對。

4.4.2　中國人口城市化的人口變遷過程存在的問題及成因

中國人口城市化的人口變遷過程在快速推進中也存在一些問題，主要有以下三個方面：

---

① 蔡禾，王進. 農民工永久遷移意願研究 [J]. 社會學研究，2007 (6)：86-113.

第一，對人口城市化水平高低和發展快慢的判斷存在認識誤區。一是用人口城市化率指標來衡量人口城市化發展情況存在局限性。一直以來，人口城市化率被認為是反應人口城市化水平的指標，並被廣泛使用，本書也暫用此指標來反應中國人口城市化發展總體水平。然而，人口城市化率是城市人口占總人口的比重。它實質上反應的是既有的城鄉人口結構狀況，無法單獨作為人口城市化過程發展情況或人口城市化人口變遷過程發展情況的準確反應。如上文所述，城鄉人口結構的變動除受鄉城人口遷移也就是人口城市化的人口變遷過程影響外，還受城鄉人口自然增長的相對速度影響。因此，人口城市化率指標作為衡量人口城市化發展情況的指標其實是存在較大局限性的。二是重視數量上的發展而輕視質量上的發展。在一個國家或地區的特定發展階段，鄉城人口遷移對城市和整體經濟發展會有有益影響，但並非一個城市的遷入人口越多越好，也並非一個地區的城市人口比重越高越好。無論是鄉城遷移人口規模，還是地區城市人口比重，其最佳狀態的選擇都應該以區域經濟社會自然可持續發展為目標導向，而不應該片面追求數量上的發展，如追求鄉城遷移人口規模大、人口城市化速度快、人口城市化水平高等。最理想的城鄉人口結構應該是人口、空間、經濟、自然以及社會其他方面協調發展，即總體區域發展可持續的一種狀態，而非單純數量上的增加或發展。三是以高人口城市化率為目標的發展方略存在片面性。正是由於人們對人口城市化水平高低和發展快慢存在認識誤區，高人口城市化率經常被政府作為發展的目標之一，由此造成一些地方政府片面推進鄉城人口遷移以提升人口城市化率，地方政府之間以高人口城市化率為發展效益標準進行比較。這些都可能給地區發展帶來一些負效應，如城市人口承載力問題、農地閒置和農業發展問題、農村留守老人和兒童問題等社會問題。

第二，鄉城遷移人口無法完全融入城市，「回遷問題」不利於人口城市化健康發展。一是城市居民權益保障不足。農村人口進城務工和生活，實際上在生活空間、生產方式和生活方式方面都已經或將逐步轉變為城市類型，人口的城鄉屬性發生轉變。然而，鄉城遷移人口在福利、權益等方面卻依然與城市原有市民有一定差距。如有研究基於中國五大城市的調查數據分析發現，中國鄉城移民的社會融入程度低，居住、經濟、社區、社會資本、就業、人力資本和健康等因素是影響其融入的主要因素。[①] 特別地，以「農民工」為主要群體的

[①] 劉建娥. 鄉-城移民（農民工）社會融入的實證研究——基於五大城市的調查 [J]. 人口研究，2010 (7)：62-75.

鄉城遷移人口，在城市的生活標準低，其社會保障、子女教育等各方面的權益無法得到保障，總體而言屬於弱勢群體。例如，有研究指出當前有 41.3% 的農民工雇主或單位沒有提供住宿和住房補貼，這些農民工每人月均居住支出佔月均收入的 16.0%；調查顯示目前農民工參加養老保險、醫療保險、工傷保險、失業保險和生育保險的比例分別僅為 13.9%、16.7%、23.6%、8.0% 和 5.6%。① 二是人口城市化的人口變遷過程中的鄉城遷移人口返鄉或回遷不利於人口城市化發展。如上文所述，中國人口城市化過程中，在從農村遷入城市的人口中，其中一些人並不願意定居城市，只是希望通過在城市從事非農生產獲得收入回報，並有最終返鄉的意願。此外，還有研究指出中國大量存在「鐘擺式」和「候鳥型」的流動人口，其家庭生活重心在農村，多在假期和農忙期間返鄉，並且預期自己年老、生病以及失業時返回農村。② 中國人口城市化的人口變遷過程中的「回遷問題」是人口城市化不完全或不徹底的反應。也有研究用「半城市化」對鄉城遷移人口這種迴歸農村和徹底城市化之間的狀態予以解釋。③ 總之，中國這種不完全、不徹底的鄉城人口遷移或「半城市化」問題有其特殊原因，是不符合人口城鄉屬性由農村向城市單向轉變的規律的，不利於人口城市化總體發展。

第三，跨區域遷移的代價高。作為人口城市化人口變遷過程的主要內容，中國鄉城人口遷移為東部及其他一些地區城市和總體經濟發展做出了巨大貢獻。然而，人口跨區域遷移的成本也不小，其對社會和經濟發展的負效應也已顯示出來。一是對遷出地的社會發展具有不利影響。跨區域遷移到較遠的地方務工和生活的人一般正處青壯年，上有老或者下有小的可能性大。當他們遠離家鄉後其家中老人和子女缺乏生活和心理照料，留守兒童、留守老人以及農村空心化等已經成為不少農村地區比較嚴重的社會問題。如有研究顯示，據「六普」樣本數據推算，全國農村有留守兒童 6,102.55 萬，占農村兒童的 37.7%，占全國兒童的 21.88%，五年間全國農村留守兒童約增加了 242 萬人。④ 二是跨區域遷移人口回遷對原遷入地的產業發展帶來不利影響。近年來中國東部沿海地區的「用工荒」問題給當地勞動密集型產業的發展帶來巨大

---

① 辜勝阻，楊威. 反思當前城鎮化發展中的五種偏向 [J]. 中國人口科學，2012 (3)：2-8.
② 許超軍，等. 中國城市化動力機制研究進展 [J]. 城市問題，2007 (8)：20-25.
③ 王桂新. 中國人口城市化發展的幾點思考 [J]. 人口研究，2012 (3)：37-44.
④ 全國婦聯課題組. 中國農村留守兒童、城鄉流動兒童狀況研究報告 [R]. 北京：全國婦聯，2013.

影響。不少小企業招不到人，因勞動力要素投入不足致使生產受阻，最終發展受限甚至關停。這一問題固然受其他因素影響，但跨區域遷移的勞動力選擇回鄉創業或務工的趨勢對其影響最大。如有報導顯示，廣東省受到農民工返鄉的嚴重影響，東莞市因農民工提前返鄉人口流失達 600 萬之多①，如此大數量人口流失對依賴勞動密集型加工製造業發展的城市的影響是致命的。此外，跨區域遷移的不利影響還反應在遷移人口每年在往返交通上不容小覷的花銷以及跨區域遷移和返鄉過程中遷移者的社保轉續等方面。

　　上述中國人口城市化人口變遷過程中存在的問題是多重因素共同作用的結果，其主要原因有以下三方面：第一，發展思維偏差。改革開放以來中國經濟發展取得了舉世矚目的成就。在特定階段，以經濟建設為中心的發展思路收效明顯。但是，這樣的發展思路也產生了一些弊端，比如以經濟發展速度為最主要的發展評價標準，相應地難免產生急功近利以及片面追求發展速度、輕視發展質量的發展思維。就人口城市化本身而言，一些地方政府片面追求高人口城市化率，以此作為重要的發展評價指標。這很可能將人口城市化發展帶入片面追求數量而忽略質量及發展可持續性的境地。正如有研究指出，2012 年中國 51.27%的城市化率只是政府按城鎮地區和人口的現行定義口徑統計的一個數字。一旦現行定義口徑改變，這個數字也隨之改變，因此考慮到中國城市化發展實際，這個數字本身並無實質性的重大意義。② 第二，戶籍制度限制。關於中國城鄉二元分割的戶籍制度對城市化特別是人口城市化的人口變遷過程影響的研究已比較充分。③④⑤⑥⑦⑧⑨ 綜合來看，戶籍制度對中國人口城市化的人口變遷過程的消極影響主要在於人為將人貼上「城市」與「農村」的標籤。如此一來鄉城遷移人口即使在實際上城鄉屬性已經轉變成為城市屬性，但名義上

---

① 何晶. 廣東痛苦轉身：農民工提前返鄉 東莞人口流失 600 萬 [N]. 羊城晚報，2009-01-17.
② 孫群郎. 美國近代郊區化及其原因 [J]. 河北師範大學學報：哲學社會科學版，2002 (5)：56-62.
③ 茶洪旺. 中國戶籍制度與城市化過程的反思 [J]. 思想戰線，2005 (3)：32-35.
④ 宋嘉革. 中國戶籍制度改革與農村人口城市化轉移 [E]. 大連：東北財經大學，2006.
⑤ 岳立，張欽智. 農村人口的城市化問題研究——基於戶籍制度的視角 [J]. 經濟問題，2009 (3)：63-66.
⑥ 楊鵬程，代禮忠. 城市化過程中的戶籍制度障礙及其創新 [J]. 重慶大學學報：社會科學版，2002 (6)：81-83.
⑦ 王紅揚. 中國戶籍制度改革與城市化過程 [J]. 城市化研究，2000 (11)：20-24.
⑧ 俞德鵬. 戶籍制度與城市化 [J]. 城市問題，1994 (1)：46-48.
⑨ 舒長根，王飛軍，呂建星. 戶籍政策與人口城市化 [J]. 城市問題，2008 (2)：50-53.

仍貼有的「農村」標籤對其完全、徹底融入城市起到阻礙作用。原來的農村居民即使進入城市也常常無法享受到附著在城市戶籍上的相應福利和待遇。以農民工問題為例，進入城市的農民工的市民身分無法得到確認。他們只簡單實現職業和地域的轉移。① 有研究指出，戶籍制度是最早導致農民工問題的直接原因。儘管市場因素的影響在逐步加大，但是戶籍制度帶來的影響卻使農民工群體在市場機制公平競爭過程中輸在起跑點上。② 第三，發展基礎差異。中國地域廣闊，區域和地區間的發展基礎存在差異，人口城市化的人口變遷過程的發展也是如此。一是各地區歷史和文化背景差異。如東部沿海地區有發展貿易的先天條件，早期市場經濟建立時這些地區的居民相對而言更容易接受和適應；西部大部分地區屬於少數民族人口聚集區，為保護民族文化和傳統而控制發展速度。二是各地區資源稟賦存在差異。如能源開採行業對自然資源稟賦要求極高，部分地區依託獨有資源相對充分地發展開採工業，吸引人口遷入；又如西北地區適合畜牧業發展，因此人口城市化的人口變遷過程發展相對滯后；再如西南地區平原匱乏，人口向城市集中遷入，發展受到一定制約。三是國家發展戰略上的考慮。改革開放初期中國優先在東部和南部沿海地區設立經濟特區。這些特區經濟優先發展，人口集聚，人口城市化過程隨之加快。又如新中國成立後中國建立自己的工業體系，在一些本沒有城市和工業的地區從無到有開發建設，工業和城市同步發展。再如西部地區，人跡罕至，屬於生態涵養地區，中國有意保護生態環境而避免污染程度較高的工業在相應地區發展。既有的發展基礎差異對中國總體人口鄉城遷移的空間格局起到直接作用。無論是經濟發展水平還是人口城市化水平，沿海地區均高於西部，各省省會等大型城市高於省內發展相對滯后的其他地區。基於經濟規律，西部的人口會向沿海地區遷移，省內落後地區人口會向省會等大城市遷移。這包括了鄉城和城市之間的遷移。

4.4.3　生態文明與中國人口城市化的人口變遷過程

雖然中國人口城市化的人口變遷過程快速發展可以推進人口城市化總體進程，但前者發展過程中存在的一些問題對於總體人口城市化過程而言仍具有消極影響。這些問題及其影響或多或少與生態文明的要求不符。

首先，生態文明視角下的中國人口城市化的人口變遷過程應是鄉城遷移人

---

① 許超軍，等. 中國城市化動力機制研究進展 [J]. 城市問題，2007 (8)：20-25.
② 楊桂宏. 戶籍制度對農民工問題影響新探 [J]. 調研世界. 2012 (12)：26-29.

口規模適度發展、人口城市化水平適度提升的過程。在中國經濟連續多年高速增長的大環境下，包括人口變遷過程在內的中國人口城市化發展水平及速度被過分解讀。這難免對總體人口城市化過程以及可持續發展產生消極影響。若一味追求鄉城人口遷移及人口城市化水平快速提升，則難以避免城市人口過多、城市人口承載力遭到破壞等問題。生態文明意味著放棄數量至上這一價值判斷標準，重視發展質量。生態文明視角下的中國人口城市化人口變遷過程，應不再以鄉城遷移人口規模大、剩餘勞動力轉移數量多以及人口城市化率高等為首要評價標準，應迴歸人口城市化率指標反應城鄉人口結構的基本職能，合理控制人口城市化人口變遷過程發展速度，保證城市人口規模適度擴大，最終提升城市和區域發展的可持續性。

其次，生態文明視角下的中國人口城市化的人口變遷過程中鄉城遷移人口可以完全融入城市並成為真正意義上的城市居民。鄉城遷移人口無法真正融入城市不但影響其自身福利，而且其潛在或已經出現的回遷行為已經成為人口城市化健康發展的阻礙因素。若僅僅改變鄉城遷移人口的城鄉屬性，而包括戶籍制度在內的各項制度的改革和完善不能有效跟進，則難免出現虛假或不完全的發展。生態文明意味著人與人的協調及以發展的可持續性為評價準則，即生態文明視角下的中國人口城市化的人口變遷過程，應避免鄉城遷移人口城市融入問題的出現，應對他們在城市裡的生產生活條件及各項權益的兌現予以保障，確保他們與城市原居民的和諧、共榮，最終促進人口城市化的人口變遷過程及人口城市化總體進程可持續發展。

最後，生態文明視角下的中國人口城市化的人口變遷過程應允許區域發展差異存續並鼓勵人口就近遷移。中國各地區間互相攀比人口城市化率以及鄉城遷移人口多跨區域遷移的事實不利於各地區可持續發展。若不尊重各地區間的發展基礎和現狀差異，不以各地的人口、經濟、資源和環境稟賦為發展的先決條件，片面追求勞務輸出及更高的人口城市化率等，則難以保證發展的質量。生態文明重視人與自然的協調。各地區應根據地區實際情況制定發展戰略和配套措施，充分考慮區域人口、資源和環境狀況，因地制宜推進人口城市化的人口變遷過程。此外，若不鼓勵鄉城人口就近遷移，如地區內或省內遷移，則經濟原本落后的人口遷出地缺乏發展動力，從生產角度看僅有的勞動力要素流失，從消費角度看消費需求下降。生態文明力求可持續發展，故對人口遷出地而言應積極拓展當地產業發展的路子，創造條件鼓勵農村人口就近入城市，以當地城市發展帶動地區整體發展，最終推進地區可持續發展。

4.5　本章小結

　　人口城市化的人口變遷過程是指人口城鄉屬性的轉變，包括生存空間、生產方式和生活方式三個維度的變化。它與城鄉人口自然變動的相對速度一同影響人口城市化率的變化。人口城市化人口變遷過程包含「鄉城」和「城城」兩個發展層次。第一個發展層次主要是指農村居民向城市居民轉變，第二個發展層次是指城市居民在城市間的再分佈。「逆城市化」可被置於人口城市化人口變遷過程的第二個發展層次加以討論。基於人口城市化過程的有機結構，人口城市化的人口變遷過程對經濟發展過程、空間變動過程和自然變化過程產生影響，同時相應地也受到其他過程的影響。中國龐大的鄉城遷移人口數量反應出中國人口城市化的人口變遷過程以第一發展層次為主，且人口變遷過程體現出鄉城人口跨區域遷移和遷入地極化現狀。由於發展思維偏差、戶籍制度限制及發展基礎差異等原因，中國人口城市化的人口變遷過程在發展中存在的問題包括對人口城市化水平高低和發展快慢的判斷存在認識誤區、鄉城遷移人口無法完全融入城市、跨區域遷移導致成本過高等。因此僅從單一視角來看，中國人口城市化的人口變遷過程並不完全符合生態文明的發展要求。

5 人口城市化的空間變動過程

5.1 人口城市化的空間變動過程概述

5.1.1 人口城市化的空間變動過程及其表現形式

根據特定區域內可用土地的使用性質,可大體區分特定區域內的空間形態屬於城市類型還是農村類型。如以農耕地、畜牧地或園林為主體的空間基本可判斷為農村類型,以住宅、商務、交通、基礎設施等其他用地為主體的空間可基本判斷為城市類型。由此,在特定區域內一定空間形態屬於城市類型還是農村類型是不難判斷的,且城市或農村類型的空間形態變化總體而言易於觀察,如農耕地轉變成為住宅用地等。

根據本書對人口城市化的定義以及對人口城市化過程的分解,人口城市化的空間變動過程可以理解為在人口城市化整體時空背景下,在特定面積的區域空間中,城市類型空間規模不斷擴大和比重不斷增加、農村類型空間規模不斷縮小和比重相應減少、城市類型空間集聚的動態過程。人口城市化的空間變動過程反應了人口賴以生存的空間形態總體而言由農村型向城市型轉變並且向城市型空間集聚。由於城市形態空間規模的擴大和比重的增加以及城市空間的集聚很容易被觀察到,因此人口城市化空間變動過程則成為人口城市化四個過程中最直觀的過程。

從表現形式上看,人口城市化的空間變動過程可以從兩方面予以體現,分別是城市型空間規模的擴大和比重的增加以及城市型空間的集聚,且一般而言這兩方面的表現形式往往隨人口城市化空間變動過程的推進在一定程度上同時出現。

一方面,人口城市化的空間變動過程表現為特定面積區域內城市型空間規模的不斷擴大和比重的不斷增加。在人口城市化初期,一定的區域往往是以農

村型空間為主體形態的，空間內可用土地也主要以農耕、園林等農業用地為主體。隨著人口城市化的推進，空間內可用土地逐步向基礎設施、住宅等非農用地轉化，農村型空間也逐步向城市型空間變化，儘管這樣的變動並非無止境。一般認為，農村型空間向城市型空間的轉化是不可逆的，如將原本種植農作物的土地經過處理蓋起摩天大樓或購物中心之後，這一區域將永久成為城市型空間，即使將建築物拆除，土地也很難重新用於農業生產。因此，人口城市化的空間變動過程的一方面表現是區域內城市型空間規模的不斷擴大。由於假設區域封閉，因此區域內城市型空間的比重也隨之增加。相應地，區域內農村型空間的規模和比重隨人口城市化過程不斷縮小和減少。因此，宏觀上看人口城市化的空間變動過程表現為城市數量越來越多、城市規模越來越大。

另一方面，人口城市化的空間變動過程表現為特定面積區域內城市型空間的集聚。人口城市化的空間變動過程不僅表現為區域內城市型空間規模的擴大和比重的增加，還表現為城市型空間的集聚。也就是說，城市型空間周圍較農村型空間而言更容易出現新的城市型空間，規模較大的城市型空間較規模較小的城市型空間周圍更容易出現新的城市型空間，即區域內的城市型空間在空間上匯聚。由於城市型空間所承載的是以現代城市生活方式和非農生產為主的人口以及以第二和第三產業為主體的經濟系統，且交通、基礎設施等優勢明顯，因此當區域內首先存在一定的城市型空間時易發生輻射作用，其周邊的農村型空間更易向城市型空間轉變。因此，宏觀上看人口城市化的空間變動過程也表現為大城市規模較小城市擴大更快，或區域中心城市周邊地區人口城市化的速度更快。

5.1.2 人口城市化的空間變動過程對人口城市化其他過程的影響概述

如前所述，本書將人口城市化過程分解為四個相互聯繫、相互影響的動態過程。人口城市化的空間變動過程的表現形式是城市類型空間規模的擴大和比重的增加以及城市類型空間的集聚，這是最易於被觀察到的。人口城市化的空間變動過程對其他過程也具有直接和間接兩方面影響。

一方面，直接影響。人口城市化的空間變動過程分別對人口城市化的人口變遷過程、人口城市化的經濟發展過程和人口城市化的自然變化過程產生直接影響。第一，隨著城市類型空間規模的擴大、比重增加以及城市類型空間集聚，城市人口生存條件和環境可能從起初不斷好轉到後來逐步惡化，即在人口城市化初期，空間變動過程是人口變遷過程的動力，在人口城市化末期這一影響將轉變為壓力。第二，城市類型空間規模的擴大為第二和第三產業發展提供

更好的條件。城市類型空間的集聚通過聚集經濟效應積極作用於非農產業發展。第三，城市類型空間規模的擴大不斷破壞著生態自我修復的根基。這降低了生態系統的自我修復能力，而城市類型空間的集聚則可能對生態系統造成更深層次甚至難以修復的損害。可見，人口城市化的空間變動過程對人口城市化其他過程均產生直接影響。

另一方面，間接影響。由圖3-11可見，由於人口城市化四個過程相互影響，因此人口城市化空間變動過程對任一過程的影響，都會向人口城市化其他兩個過程傳導。因此，人口城市化的空間變動過程分別通過對人口變遷過程、經濟發展過程和自然變化過程的直接影響，又間接影響其他幾個過程。

總之，人口城市化的空間變動過程對其他過程的影響是錯綜重複的，這正是由人口城市化過程本身的有機結構以及由此而產生的系統特徵決定的。

5.1.3 人口城市化的空間變動過程與人口城市化水平變化的關係

如上所述，從人口城市化率指標來看，人口城市化水平的變化受到城市人口數量和農村人口數量相對變化的影響。由於人口城市化空間變動過程不反應城鄉人口分佈狀況，也不反應人口城鄉屬性的變化，且本書選擇利用城市人口占總人口的比重這一指標來觀察人口城市化水平，因此人口城市化的空間變動過程並不直接影響人口城市化水平的變化。然而，區域空間形態由農村型向城市型轉變，如耕地變廠房、農田變住宅、城市擴建等是易於被觀察到的。這必然也屬於人口城市化的重要內容，因此人口城市化的空間變動過程必然與人口城市化本身有緊密聯繫。

事實上，人口城市化的空間變動過程與人口城市化水平變化的關係可以從兩方面理解。一方面，由於人口城市化的人口變遷過程強調人口城鄉屬性由農村向城市的變化過程。在其他條件不變的情況下，這會促使人口城市化水平變動。正如上文所述，人口城市化的空間變動過程對人口城市化的人口變遷過程有多方面影響，人口城市化的空間變動過程通過影響人口變遷過程間接對人口城市化水平產生影響，致使人口城市化水平變動。比如城市型空間向區域中心城市集聚而形成城市群，這將很大程度上提高城市群的競爭力和吸引力，吸收外來人口向中心城市或中心城市周邊地區流動，最終促使區域人口城市化率提升。另一方面，人口城市化的空間變動過程意味著城市數量增加、城市規模擴大、大城市越來越大等。這些關於城市的發展變化無疑都在人口城市化發展的範疇之內。也就是說，如果不利用人口城市化率指標進行分析，而從城市建設及發展的視角來考量人口城市化水平變動，那麼人口城市化的空間變動過程也

對這一含義下人口城市化水平的提升具有促進作用。

總之，人口城市化的空間變動過程主要是指區域空間形態由農村型向城市型轉變，與人口城市化水平的變化也具有緊密聯繫。分析人口城市化的空間變動過程需重點把握的是區域空間形態由農村型向城市型轉變的影響因素和對人口城市化其他過程可能產生的效應。以人口城市化率指標測量的人口城市化水平變化依然由人口城市化的人口變遷過程可能產生的影響予以反應。鑒於中國當前人口城市化率還有較大提升空間這一現實，可以預期中國人口城市化的空間變動過程將在一段時間內繼續通過促進人口城市化的人口變遷過程來對人口城市化水平的提升產生正向影響。

5.2 人口城市化的空間變動過程的發展階段

人口城市化的空間變動過程是城市類型空間規模擴大和比重增加和城市類型空間集聚的過程。人口城市化的空間變動過程的發展又可以通過城鄉空間格局的演變來觀察。目前中國處於人口城市化發展中期，城鄉空間格局仍在發展變動當中，而一些發達國家人口城市化過程已處於末期，城鄉空間格局基本穩定。因此，可以從一些發達國家的歷史經驗來分析和總結人口城市化的空間變動過程的發展情況。一般而言，人口城市化的空間變動過程可能經歷零散發展、緩慢發展、快速發展和擴散蔓延四個階段。

5.2.1 零散發展階段形成小城市

在人口城市化起步前期，在特定區域空間內城市從無到有，一些城市散落在不同區域，城市之間沒有太多聯繫，城市各自起步發展，並且總體而言此時的經濟仍然屬於農業經濟。儘管此階段屬於人口城市化的空間變動過程發展的最初階段，但是它對人口城市化的空間變動過程的后續發展起著基礎性作用。

在人口城市化的空間變動過程的零散發展階段，區域內城市數量不多。從美國人口城市化歷史經驗來看，在 1830 年以前，美國城市數量很少；1690 年美國只有 4 座人口超過 2,500 的城市；在 1690—1820 年中，城市數量由 4 座增加至 61 座。① 零散發展階段的城市能夠產生和發展都有其根源，一般而言都屬於交通便利或者適合商業發展的地區，如美國早期城市多擁有港口或靠近航

---

① 王春艷. 美國城市化的歷史、特徵及啟示 [J]. 城市問題，2007 (6)：92-98.

運河道等；又或者城市具有獨特的資源優勢，以出口原材料起步。人口城市化的空間變動過程的零散發展階段也是城市從無到有、呈零散分佈狀態的階段。

5.2.2 緩慢發展階段形成大城市

零散分佈的少數城市為整體區域的城市空間格局發展奠定了基礎。人口城市化的空間變動過程進而進入已經形成的城市優先發展的緩慢發展階段。在這一階段，原有城市的功能逐漸擴展，工業、交通、商貿、金融等吸引越來越多的人，住房和產業需求促使城市空間規模擴大。在這一階段，原有城市功能趨於完善，在特定區域空間內形成一批大城市。這些城市的經濟輻射作用開始顯現，城鄉空間格局基本形成。

在人口城市化空間變動過程緩慢發展階段中，原有城市的發展速度遠快於新生城市。以美國為例，從16世紀初到19世紀初，美國最早一批城市的人口迅速增加，如波士頓人口由1700年的6,700增至1800年的24,900；紐約人口由1700年的5,000增至1800年的60,500等。[①] 在人口增加的同時城市空間也得到擴張，城市空間規模逐步擴大，城市空間也開始向大城市集聚。人口城市化的空間變動過程的緩慢發展階段也是大城市和小城市空間都逐漸增加，但小城市空間向大城市空間匯聚的過程。

5.2.3 快速發展階段形成大都市

在已有城市空間格局上，部分大城市依靠便利的交通或獨有的資源優勢脫穎而出。各種資源繼續向城市集聚，城市空間繼續擴張，周邊零散城市空間不斷向中心集聚，大城市發展成為大都市。在整個區域空間中，可能產生多個大都市，並且各自向周邊發揮輻射作用，吸引城市周邊空間迅速以大都市為中心集聚。

在工業化和城市聚集經濟的影響下，工業、服務業持續大規模向城市空間集中，經濟因素推動人口、資源和資金向大城市流動，城市日益繁榮，大城市產生了巨大的磁場作用和強烈示範效應，大城市的聚集持續發生。而且，交通便利也促進了都市的形成。以美國為例，到1860年美國運河總里程達6,839.712千米，到1850年美國基本完成48,280.32千米的鐵路系統建設，這將美國相對落後的中西部和有發展基礎的東北部連接起來，如芝加哥等中西部

[①] 謝雲，等. 農民工落戶城鎮意願及影響因素調查 [J]. 調研世界，2012 (9)：28-31.

城市也發展為大都市。① 人口城市化的空間變動過程的快速發展階段也是大都市形成和林立的階段。

5.2.4 擴散蔓延階段形成都市區

當人口城市化的空間變動過程經歷過一段時期的加速發展，便進入擴散蔓延階段。在這一階段，部分特大城市和大都市的輻射效應更加明顯，城市空間以大都市為中心進一步向外擴散，城市空間逐漸蔓延成帶狀、片狀等區域。同時，由於人口不斷向都市集中，都市人口越來越多，一些大都市和特大城市的城市問題逐漸凸顯，如城市人口過度擁擠、城市基礎設施陳舊、城市交通不便、城市生態環境惡化、城市工業用地資源緊缺等問題導致人口和工業向郊區遷移，即郊區化或逆城市化，這也促進了都市周邊空間形態的形成。最終，新建的城市區域與原特大城市或大都市一同構成城市群落，或稱之為都市區。

20世紀70年代前美國出現了「逆城市化」的潮流，紐約等大都市人口紛紛外遷，到1970年美國首次出現了郊區居民多於中心城市的情況。② 1950—1980年美國以大城市為中心的大都市區由169個增加至318個，人口由8,485萬增加至16,943萬，增長了99.6%。③ 人口從都市外遷帶動了都市周邊地區城市空間的增加，一些以都市為核心的小城鎮也隨即出現，與原有大都市一同形成都市區。人口城市化的空間變動過程的擴散蔓延階段也是以大都市為中心的大都市區形成階段。

5.3 人口城市化的空間變動過程的影響因素

5.3.1 人口變遷過程的影響

一方面，人口城市化的人口變遷過程的第一發展層次促進城市空間的產生、擴張和集聚。人口城市化的人口變遷過程是人口城鄉屬性由農村轉變為城市的過程，其中包括生存載體由農村型空間轉變並最終定居在城市型空間中。就發展層次而言，人口城市化的人口變遷過程包括「鄉城」遷移和「城城」

---

① 白國強.美國城市化的演進及其對中國的啟示［J］.嶺南學刊，2005（6）：86-89.
② 王娟.從美國城市化運動特點看中國城市化發展道路［J］.湖北民族學院學報：社會科學版，1998（2）：61-65.
③ 顧朝林.論中國當代城市化的基本特徵［J］.城市觀察，2012（3）：12-19.

遷移。它們對人口城市化空間變動過程的發展都具有重要影響。

人口城市化的人口變遷過程最主要的內容是人口城鄉屬性的轉變，包括人口生產方式、生活方式和生存空間的變化。這些變化或直接或間接產生對城市類型空間的需求，進而對城市類型空間規模的擴大產生積極影響。一是更多勞動力從事非農生產有助於非農產業發展，后者增加對工廠、樓房、辦公場所等城市類型空間元素的需求。當越來越多的勞動力由農業部門進入非農部門，要麼參與工業生產，要麼進入建築行業，要麼參與提供服務，最終總是在非農部門勞動。農業部門的生產性質決定了農村類型空間是必要的生產要素，而非農部門的生產性質也決定了城市類型空間是最基礎的生產要素。沒有廠房企業無法加工製造產品，沒有辦公場所等第三產業生產也無法進行。因此可以說，非農勞動力的增加間接促進了城市類型空間的規模擴張。二是更多人口的生活模式轉變為現代城市類型，其消費也更加多元化，對工業品和各類服務的需求增加，后者增加對城市類型空間元素的需求。城市生活模式和農村生活模式仍有較大差異，居住在城市的人口消費需求更加多樣化，衣食住行的消費需求無不為市場提供相關需求，促進非農產業發展，進而間接促進城市類型空間的規模擴張。三是更多人口實際生活在城市類型空間，其對住房、交通、城市基礎設施、城市空間等的剛性需求要求城市類型空間規模擴大。人口居住在城市，需要住房，需要參與城市交通，也需要不能過於擁擠的城市空間，這些都直接作用於城市類型空間規模擴大。需要說明的是，無論是「鄉城」遷移還是「城城」遷移，在一定發展階段內人口也趨於向人口城市化水平高的地方聚集。因此，人口城市化的人口變遷過程的第一發展層次不但正向作用於城市類型空間的擴張，而且正向作用於城市類型空間的集聚。另一方面，人口城市化的人口變遷過程的第二發展層次作用於城市空間的擴散和蔓延。當人口城市化發展至一定階段，一些人口過於稠密或城市環境不適宜居住的地區的人口可能向郊區或其他城市外遷。即便是選擇其他城市定居也可能因厭倦大都市的擁擠、噪音、交通不便、生態惡化等而選擇中小城市居住。這些中小城市可能在遷出大都市周邊，可能在其他大都市周邊，進而正向作用於大都市周邊城市類型空間的形成或擴張。

5.3.2 經濟發展過程的影響

在人口城市化過程中，區域經濟體系由農業經濟為主體向非農經濟為主體轉變，同時農業和非農產業的勞動力重新分佈，就業結構相應發生變化。作為一種生產要素，城市類型空間是非農產業發展過程中必不可少的，也是非農產

业的空间载体。同时，经济发展过程中聚集效应促使经济在地理空间上集中。因此，区域产业的动态演化对城市空间规模的扩张和集聚具有直接的促进作用。

一方面，非农产业以城市类型空间为存在载体，以城市类型空间为生产要素，故非农产业发展直接促进城市类型空间规模的扩张。非农产业包括工业、建筑业、各种服务性行业等，这些行业的生产过程都是以城市类型空间为存在载体的。同时，正如耕地是农业生产要素，城市类型空间也成为非农生产必不可少的生产要素。人口城市化的经济发展过程意味着产业体系的演化。非农产业不断壮大并最终在经济体系中占绝对地位，这也直接增加对城市类型空间的需求。有研究指出，日本自明治维新以来，特别是1950—1980年工业高速发展，城市人口约增加了3,000万并加速向大城市集中，其中有70%集中在东京、名古屋、大阪三大城市圈。① 另一方面，由于聚集经济效应存在，非农产业在地理空间上易于集聚。这也直接促进城市类型空间的集聚。由于交通、资源等因素影响，非农产业特别是工业发展存在地理空间上的聚集经济效应。聚集程度的高低对产业发展具有影响，聚集程度高有利于产业发展，且产业体系演化也包括了非农产业在空间上的集聚。因此，人口城市化的经济发展过程也通过聚集经济效应刺激城市类型空间在地理上集聚。

5.3.3 自然变化过程的影响

人口城市化的自然变化过程包括自然资源消耗和生态环境变化，城市发展所必需的土地资源以及城市生态环境变化导致的人口外迁，分别直接和间接推动城市类型空间增加和扩张。

一方面，城市土地资源稀缺导致城市向周边扩散。城市发展意味着土地资源的消耗，无论是厂房、办公场所还是住宅建设，都会占用一定的土地。由于土地供给的有限性，当城市发展到一定阶段需要进一步扩充城市功能时，现有城市空间已无法满足需求。于是，城市以原有空间为基础向外扩张，从规模上看城市类型空间不断增加。另一方面，城市生态环境恶化导致人口外迁，城市向周边扩散。由于大都市人口过分集中，不少城市生态问题显现，城市生态环境恶化，这推动人口向郊区迁移。对于外迁的人口而言，他们在大都市时已经成为城市人口。因此即便迁入郊区也几乎都参与非农生产，继续采取城市生活方式进而居住在城市类型空间，于是郊区得以发展，围绕大都市的城市类型空

---

① 许超军，等. 中国城市化动力机制研究进展 [J]. 城市问题，2007（8）：20-25.

間得以擴張。

5.4 生態文明與中國人口城市化的空間變動過程

5.4.1 中國人口城市化的空間變動過程發展現狀

中國人口城市化已經進入發展中期，城市空間格局隨之演化。總體而言，對當前中國人口城市化的空間變動過程的發展現狀有以下四點判斷：

第一，城市類型空間規模隨人口城市化水平提升而不斷擴大。建成區面積是指市行政區範圍內經過徵用的土地和實際建設發展起來的非農業生產建設地段①。城市建成區面積的變化可在一定程度上反應城市類型空間規模的變化。如圖 5-1 所示，1996—2014 年中國人口城市化率由 30.48% 上升至 54.77%。同期，城市建成區面積隨之增加，由期初的 20,214.18 平方千米增加至期末的 49,772.6 平方千米，增幅近 1.5 倍。中國城市建成區面積的大幅增加反應出中國人口城市化過程中城市類型空間規模的顯著擴大。

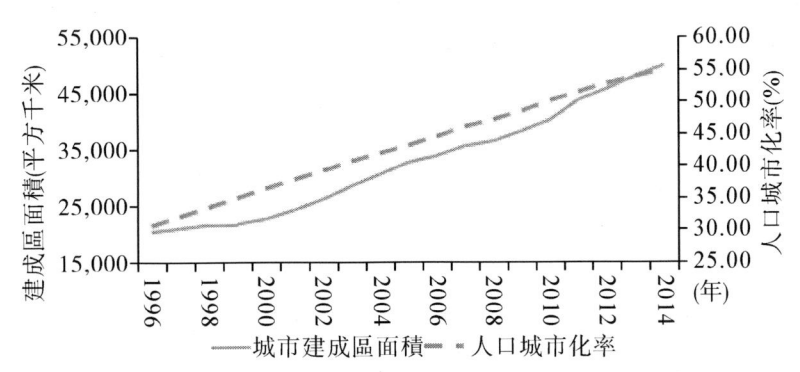

圖 5-1 1996—2014 年中國城市建成區面積和人口城市化率變動情況

數據來源：人口城市化率數據與上文相同，建成區面積數據來自歷年《中國統計年鑒》。

第二，城市類型空間的集聚已具規模。由於較好的發展基礎，中國東部和東南沿海地區的城市得到優先發展，首先形成了一批大型、特大型城市或大都

---
① 劉志揚. 美國在城市化過程中實施耕地保護對中國的啟示 [J]. 世界農業，2010（6）：28-30.

市。這些城市空間不斷擴散，以主要大城市為中心形成了一些城市群。根據相關研究，如果以面積5萬平方千米左右、區域人口2,000萬人以上、人口密度400人/平方千米左右、中等以上城市10個左右、城市密度2個/萬平方千米左右為標準，中國已形成長三角、京津冀、珠三角、山東半島城市群、遼中南城市群、長江中游城市群、中原城市群、海峽西岸城市群、川渝城市群和關中城市群十大城市群，其土地面積合計占全國總面積的11%。[1] 可以看出，中國的城市空間集聚已經初具規模。

第三，人口城市化的空間變動過程的區域差異明顯。中國人口城市化水平高的地區，城市類型空間規模相應較大，大城市周圍城市類型空間聚集程度較高，並且發展速度快，如東部沿海的許多城市；而人口城市化水平低的地區，城市類型空間規模相應較小，城市周圍城市類型空間集聚程度低，並且發展速度慢，如西部的許多城市。中國部分城市已進入都市行列，已經遭受城市病的困擾。而仍有許多城市的人口城市化水平還很低，仍有在人口城市化過程中推進城市類型空間擴張的需要。中國人口城市化的空間變動過程在區域間巨大的發展差異也決定了中國最終形成城鄉空間格局的重複性和長期性。

第四，人口城市化的空間變動過程已進入快速發展階段。據上文所述，中國城市類型空間規模持續擴大，且城市類型空間聚集已初具規模。而且，從人口城市化率的變動來看人口城市化過程，中國人口城市化正處在快速發展期，可以預期未來一段時間人口城市化仍將快速發展，城市類型空間規模仍將擴大，其集聚程度仍將增加。然而，雖然中國個別大都市已經出現人口向郊區遷移的現象，而且已經有一些城市群落形成，但是中、西部地區城市空間格局的演進相對落後許多。因此可以認為，中國總體人口城市化的空間變動過程正處於快速發展階段。

中國人口城市化空間變動過程是中國人口城市化過程有機結構的一部分，對其發展現狀的掌握有利於對中國人口城市化總體進程的把握，而其發展過程中存在的問題，也必然對中國人口城市化總體進程有消極影響，需要加以關注和應對。

5.4.2 中國人口城市化的空間變動過程存在的問題及成因

中國人口城市化的空間變動過程存在的問題有以下三個方面：第一，區域

---

[1] 國家發改委國地所課題組. 中國城市群的發展階段與十大城市群的功能定位 [J]. 改革, 2009（9）：5-23.

差異過大導致發展失衡。如上文所述，東部和沿海人口城市化總體水平高的地區城市類型空間規模相應更大，其集聚程度相應較高，且城市擴張和蔓延更快，而中、西部與其有很大發展差異。如此一來，中國東、中、西部的城鄉空間格局必然有巨大的發展差異。有研究指出，中國東部有20個特大城市，中部只有9個，而西部僅有6個特大城市。[①] 就各省（市、區）內部而言，省會城市或個別經濟發展水平高的城市的人口城市化空間變動過程發展得更為充分，而貧困、落後地區的城市空間變動過程發展可能極為滯後，甚至還處在零散發展的階段。儘管區域資源稟賦和發展基礎應允許合理、適度的區域差異存在，但過度的差異甚至兩極分化則意味著發展失衡，可能不利於宏觀上區域間的協調發展。第二，部分城市粗放擴張。在中國人口城市化過程中存在部分城市不合理擴張的現象。一些城市沒有自己的發展定位而一味求大，認為城市越大則越意味著對勞動力、資金、技術等的吸引力越大，認為城市越大越有利於社會經濟發展，因而大量開發周邊土地，推進城市空間擴張蔓延。城市粗放型擴張導致生態環境的自我修復能力受到損害，以及城市用地產出率低下，如有研究指出1996年中國城市用地產出率遠低於1994年發展中國家印度的德里市。[②] 第三，部分地區過度集聚導致城市生態問題。在中國一些特大型城市，城市空間規模過大，城市人口大量增加。由此帶來的環境破壞和資源短缺不可避免，諸如水污染、汽車尾氣等造成的空氣污染、人口密度過大導致人均空間和綠化面積小等一系列城市生態問題嚴重影響城市居民生活質量和總體人口城市化的可持續發展。

造成中國人口城市化的空間變動過程出現問題的原因是多方面的，主要有以下三點：第一，發展觀念偏誤。不合理的發展觀念是促使部分城市一味求大的原因之一，數量多、規模大的發展價值判斷標準導致城市空間粗放擴張。事實上，空間形態上越大的城市未必城市功能就越齊備，相反城市過大將產生一系列消極影響。第二，發展基礎差異。中國區域之間固有的發展差異是中國人口城市化空間變動過程中形成巨大區域差異的原因之一。第三，政策因素。地方政府依靠賣地作為獲取財政收入的主要途徑，導致許多土地在缺乏城市合理、科學規劃的情況下被開發。為獲得「發展極」等效益，政策常向發展程度高的地區傾斜，這些本來發展程度較高的地區往往更易獲得資源，進而導致

[①] 曾青. 中國特大城市的發展現狀、問題及對策芻議 [J]. 經濟研究導刊, 2012 (13): 174-175.

[②] 朱英明, 姚士謀, 李玉見. 中國城市化過程中的城市空間演化研究 [J]. 地理學與國土研究, 2000 (5): 12-16.

區域之間的發展差距擴大,如除沿海地區部分省市外一般情況下省內省會城市都是城市型空間規模最大的城市。

5.4.3 生態文明與中國人口城市化的空間變動過程

雖然中國人口城市化的空間變動過程是人口城市化總體進程的重要方面,但是其發展過程中存在的問題仍不利於人口城市化總體進程可持續發展。這些問題及其影響不符合生態文明的要求。

其一,生態文明視角下的中國人口城市化的空間變動過程應是允許合理的區域差異存續且區域間城鄉空間格局協調發展的過程。巨大的區域差異甚至發展分化不利於區域間協調發展,進而對中國人口城市化總體進程造成不利影響。生態文明意味著協調、可持續發展,也就是說,生態文明視角下的中國人口城市化的空間變動過程,應該是在考慮生態保護的前提下,城市空間規模過大和集聚程度過高地區適當減緩發展、城市空間規模過小和集聚程度太低的地區適當加速發展的過程。如北京、上海等城市擴張已不滿足生態文明要求,可適度放緩;而西部一些省會城市無論從城市空間規模還是從城市空間集聚程度來說發展都不充分,應著力推進其發展。在省內的省會城市和落後地區之間也有類似的狀況。因此在承認合理區域差異存續的前提下推進區域間協調發展,有利於最終全局的可持續發展。

其二,生態文明視角下的中國人口城市化的空間變動過程應是城市類型空間規模適度擴張、城市類型空間適度集聚的過程。一味求大的城市發展思路導致城市不合理擴張。無論從包括土地在內的資源約束來看,還是從其過度擴張產生的的消極影響來看,如此發展都是不可持續的。現在已經有不少關於世界上特大城市弊端的報告或研究,中國人口城市化空間變動過程發展應引以為戒。城市應放棄規模擴張就意味著發展好的價值判斷標準,應根據區域人口、資源和區位稟賦,建立符合自身發展基礎和發展潛力的發展規劃,走符合人類社會內部、人與自然協調可持續的、符合生態文明要求的城市發展道路。

5.5 本章小結

人口城市化的空間變動過程是人口城市化總體進程中城市類型空間規模的擴大和比重的增加及城市類型空間集聚的動態過程,一般而言,它會經過零散發展、緩慢發展、快速發展和擴散蔓延四個發展階段。基於人口城市化的有機

結構，人口城市化的空間變動過程對人口變遷過程、經濟發展過程和自然變化過程產生影響的同時也受到來自每個過程的相應影響。中國城市類型空間規模正不斷擴大，集聚已具規模，且發展的區域差異明顯。綜合來看，中國人口城市化的空間變動過程已進入快速發展階段。由於發展觀念偏誤、發展基礎差異以及地方政策等因素影響，中國人口城市化空間變動過程存在因發展失衡、部分城市粗放擴張以及部分地區過度集聚而產生的城市病等問題。中國人口城市化的空間變動過程中存在的問題表明生態文明的要求尚未達到。

6 人口城市化的經濟發展過程

6.1 人口城市化的經濟發展過程概述

6.1.1 人口城市化的經濟發展過程及其表現形式

生產和消費是人最基本的行為。沒有消費就無法生存,而沒有生產則無從消費,因此在人類社會中,生產和消費缺一不可。就這兩者而言,生產的重要性又大於消費,因為生產是消費的前提和基礎,因此,社會生產成為人類社會發展最重要的活動。從這個角度來看,社會生產這種經濟活動是與人類社會發展密不可分的。人口城市化作為人類社會發展的必經過程,也與社會經濟體系的發展和演化具有緊密聯繫,產業發展則是後者最主要的體現之一。正如有研究指出,「城市化雖然是一個非常重複的、受各種因素影響的經濟社會發展進程,但是從經濟學的角度看,主要還是表現為一個在產業結構調整和產業演進過程中,勞動力不斷從農業轉移到工業、從農村轉移到城市的過程」。[1]

根據上文對人口城市化的定義以及對人口城市化過程的分解,人口城市化的經濟發展過程可以理解為在人口城市化總體推進的時空背景下,區域範圍內產業發展和演化的動態過程。也就是說,人口城市化的經濟發展過程主要反應的是人類社會內部經濟系統的變化過程,儘管這一過程與人類社會之外的自然系統之間存在相互作用。事實上,人口城市化作為人類發展進程中的一項偉大實踐,本身就反應了人類「理性」選擇的經濟發展過程。需要說明的是,經濟體系所囊括的內容遠不止產業這一個方面。它還包括諸如生產力和生產關係、生產資料所有制、財富分配體系、商品交換體系和消費模式等諸多內容,是一個遠難以用某一方面指代的概念。但之所以從產業的發展演化角度來看待

---

[1] 陳甫軍. 中國城市化發展實踐的若干理論和政策問題 [J]. 經濟學動態, 2010 (1): 25-31.

人口城市化經濟發展過程，則是由於經濟體系的多方面內容都從屬於既定的框架，而產業的發展是觀察經濟體系發展的最直接且最有效的窗口。

儘管人口城市化的四個過程存在兩兩間的相互影響，但是經濟發展過程對其他過程的影響最重要，甚至在一定階段內直接決定了其他過程的發展變化態勢。可以說，經濟發展過程是連接人口城市化其他過程最重要的紐帶。其一，產業發展需要勞動要素投入，人口城市化的經濟發展過程正是驅動人口變遷過程的原始動力；其二，人類居住空間的變化和集聚很大程度上是為了滿足生產的需要；其三，產業發展依賴並影響自然，自然系統所受人類之影響很大一部分源於生產活動。因此，從產業發展和演化的視角即人口城市化經濟發展過程來審視人口城市化，不但有利於抓住經濟活動這一人類社會發展最重要的環節，而且有利於對人口城市化過程進行系統把握。

從表現形式上看，人口城市化的經濟發展過程可以從產業產出規模和結構的變化、產業就業規模和結構變化兩方面予以體現，其中後者反應的是經濟生產的投入，前者反應的是經濟生產的產出。在人口城市化總體進程的不同階段，這兩方面變化具有不同的特徵，但兩者之間具有緊密的聯繫。

人口城市化經濟發展過程的一個表現形式是產業產出規模和結構的變化。隨著物質財富的累積和生產力水平的提高，人類經濟生產的產出規模不斷擴大。就第一產業而言，若非天災等不可抗力因素，經濟產出總體呈增加態勢。儘管第一產業發展受土地、自然等影響較大而具有一定發展局限，但是由於第一產業是人類生存所必需的食物的根本來源，目前仍可通過提高技術和管理水平、增加機械化程度及擴大規模化生產等促進產出增加。只不過當經濟發展到一定階段，第一產業會受到其他產業擠壓，即在整個產業產出結構中第一產業所佔比重總體呈下降態勢。第二產業和第三產業的產出規模也呈增加態勢，但其產出所佔比重變化卻與第一產業不同。第二產業和第三產業分別主要承擔物質資料生產和服務生產的任務，人類不但具有維持生存所必需的食物需求，而且具有不斷提升生活水平所需要的物質資料以及服務的需求，因此第二產業和第三產業產出規模也會增加。一般而言，在第一產業比重減小的同時，第二產業產出所佔比重會首先增大直至基本穩定，第三產業比重隨后不斷增加直至基本穩定。但這並非絕對，根據不同的發展基礎和發展模式，不同國家或地區產業發展和演進的路徑並不完全相同。

人口城市化經濟發展過程的另一個表現形式是產業就業規模和結構的變化。如上文所述，產業就業規模和結構、產業產出規模和結構分別反應的是經濟生產的投入和產出兩方面變化。從生產的角度看，在人口城市化的經濟發

過程中，勞動者總量會發生變化。同時，勞動者從農業生產部門轉移到非農生產部門。這使非農就業人員占全部就業人員比重不斷增加直至基本穩定。其中，勞動者總量及各產業勞動者數量的變化受人口總量、勞動參與情況等產業發展以外的因素影響，因此其變動未必具有明顯的趨勢性。但一般而言，就業結構的變化遵循農業從業人口比重不斷降低、非農從業人口比重不斷增提高的規律。隨著技術水平和勞動生產率的提升，農業勞動力逐步減少，以工業為主的第二產業逐步吸納勞動力成為就業比重最大的產業。隨后，越來越多的勞動者進入第三產業就業，第三產業就業比重不斷提升。與產業結構變動的情況類似，就業結構變動情況也與特定國家或地區的發展基礎和模式不無關係。

需要說明的是，人口城市化的經濟發展過程的兩個方面相互制約、相互影響。就業規模和結構的變化通過生產投入影響產業產出和結構發展，產業規模和結構的變化通過生產要素的需求變化影響就業規模和結構的發展。

6.1.2 人口城市化的經濟發展過程對人口城市化其他過程的影響概述

如前所述，本書將人口城市化過程分解為四個相互聯繫、相互影響的動態過程。人口城市化的經濟發展過程表現在產業產出及其結構、產業就業及其結構的變化，對人口城市化其他過程也具有直接和間接兩方面影響。

一方面，直接影響。人口城市化的經濟發展過程分別對人口城市化的人口變遷過程、人口城市化的空間變動過程和人口城市化的自然變化過程產生直接影響。

第一，勞動力是經濟生產所必需的生產要素。在目前技術水平下，沒有勞動力投入就無法獲得經濟產出。產業在發展和演化進程中對勞動力的需求是不同的，包括勞動力數量、質量以及勞動力在產業間的分佈等。由於人口城市化的人口變遷過程中農村人口轉變為城市人口在很大程度上是因為城市非農產業吸引力在發揮作用，因此非農產業發展需要更多勞動力則促進人口變遷過程，非農產業對勞動力需求下降則限制人口變遷過程，即人口城市化的經濟發展過程對人口變遷過程具有重要甚至決定性影響。第二，非農產業發展需要城市類型空間支撐，如加工製造業需要廠房、倉庫等，餐飲娛樂、銀行、交通運輸等服務性行業需要相關設施，建築業更是改造空間類型最直接的行業。因此非農產業發展必然促進城市空間由農村型向城市型轉化。此外，由於生產的規模化效應存在，非農產業快速發展也要求生產單元在區位空間上的聚集。因此，人口城市化經濟發展過程也會直接影響空間變動過程。第三，自然資源不但是加工製造業原材料的來源，而且是社會生產各個環境所需能源的源泉。人口城市化經濟發展過程是自然資源的最大主體。此外，加工製造業生產過程排放到自然中的廢水、廢渣、廢氣、採

礦和交通運輸等其他行業的生產排放等也會直接造成生態環境質量下降。

另一方面，間接影響。由於人口城市化四個過程相互影響，因此人口城市化經濟發展過程對任一過程的影響，都會向人口城市化其他兩個過程傳導。因此，人口城市化的經濟發展過程分別通過對人口變遷過程、空間變動過程和自然變化過程的直接影響，又間接影響其他幾個過程。

總之，人口城市化過程本身的有機結構以及由此而產生的系統特徵決定了人口城市化的經濟發展過程對其他過程影響的重複性。

6.1.3 人口城市化的空間變動過程與人口城市化水平變化的關係

如上文所述，本書暫時將由城市人口數量占總人口的比重表示的人口城市化率作為反應人口城市化水平高低的指標。與人口城市化的空間變動過程和人口城市化率的關係類似，人口城市化的經濟發展過程也不直接影響人口城市化水平。作為人口城市化過程有機結構中最重要的一個部分，人口城市化的經濟發展過程對人口變遷過程有直接或間接的影響，進而影響人口城市化水平。比如某國家或地區正處在農業經濟向工業經濟轉型的初期或中期，此時農業部門存在大量過剩勞動力且工業部門有大量的勞動力資源需求。這成為人口城市化的人口變遷過程強勁的動力。在其他條件不變的情況下人口城市化水平會因人口鄉城遷移而提升。又如某國家或地區的主導產業是污染嚴重的工業行業，儘管工業部門也可能具有大量勞動力需求，但是嚴重的空氣、水污染等問題已導致城市居民生存環境迅速惡化。這也可能進一步促使城市居民外遷，進而在其他條件不變的前提下降低人口城市化率。

人口城市化的經濟發展過程與人口城市化水平的關係還可以從另一個角度解讀。基於經濟發展和人口城市化內在的邏輯聯繫，從某種意義上說，經濟發展程度可以作為人口城市化水平的一種反應，人口城市化水平也可以看成經濟發展程度的一種反應。一方面，人口城市化發展的動力源於經濟發展，因此一定的經濟發展程度需要一定的人口城市化水平作為支撐；另一方面，城市化是一個所有國家在從農業社會向工業社會轉型的過程中都要經歷的有限過程，因此不同的城市化水平反應了不同的經濟發展程度。[1] 正是由於人口城市化與經濟發展具有無法分割的緊密聯繫，因此兩者的發展程度或水平可以在一定程度上互相表徵。

總之，人口城市化的經濟發展過程與人口城市化水平變化具有密切的聯

---

[1] LEDENT J. Rural-urban migration, urbanization and economic development. Economic Development and Cultural Change, 1982, 30 (3): 507-538.

繫。分析人口城市化的經濟發展過程需把握區域經濟發展即產業產出規模和結構變化、產業就業規模和結構變化的影響因素及其可能產生的影響。目前中國人口城市化正處於快速發展時期，經濟發展正處在結構轉型期，因此討論中國人口城市化過程中人口城市化的經濟發展過程也具有現實意義。

6.2 人口城市化的經濟發展過程的發展模式

6.2.1 人口城市化的經濟發展過程的歷史考察

人口城市化的經濟發展過程的表現形式包括產業產出規模和結構、就業規模和結構兩個方面。從這兩方面表現入手，通過對發達國家發展趨勢的分析可以發現，人口城市化經濟發展過程在不同階段表現出不同的特徵。

就人口城市化過程中產業產出和結構而言，以美國的發展歷程為例。如圖6-1所示，從20世紀40年代末至20世紀末，美國的實際國內生產總值穩步增加，以2009年美元價格計算，美國實際GDP由1948年的20,180億美元增加至1997年的110,229億美元。同期，美國第一產業增加值和第二產業增加值占國內生產總值的比重卻均呈下降態勢，分別由1948年的8.6%和33.0%下降至1997年的1.3%和20.6%，分別下降了7.3和12.4個百分點；第三產業增加值占國內生產總值比重穩步上升，由1948年的58.4%上升至1997年的78.1%，上升了19.7個百分點（見圖6-2）。

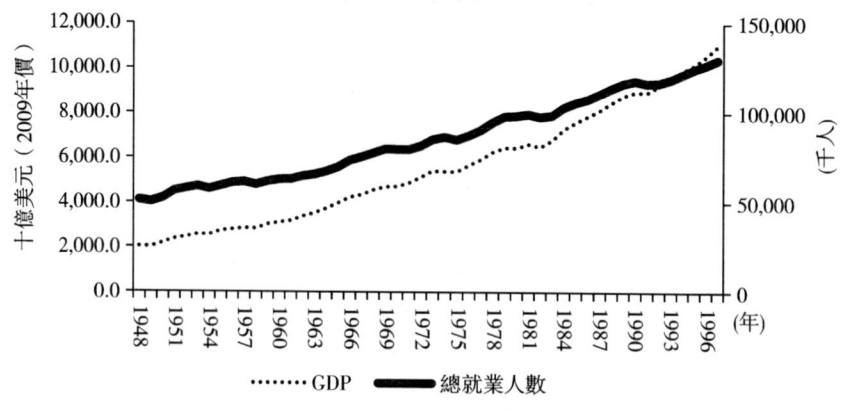

圖 6-1　美國實際 GDP 和總就業人數變動情況

數據來源：Industry Economic Accounts Directorate, Bureau of Economic Analysis (BEA), U. S. Department of Commerce.

图 6-2　美国产业结构变动情况

註：第一產業包括農、林、漁、放牧和狩獵等；第二產業包括私人部門的建築業、採礦業和製造業；第三產業包括私人部門的其他行業及政府部門。數據來源於 Industry Economic Accounts Directorate, Bureau of Economic Analysis (BEA), U. S. Department of Commerce。

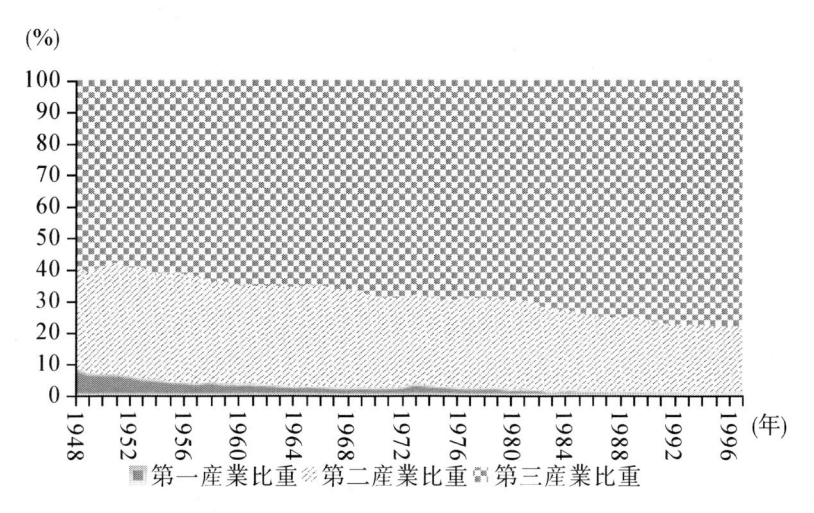

本書在研究人口城市化過程中產業的就業規模和結構變化趨勢時，依然以美國為例。從 20 世紀 40 年代末至 20 世紀末，雖然有所反覆，但是美國就業總人數總體是增加態勢，由 1948 年的 5,132.5 萬人增加至 1997 年的 12,988.8 萬人（見圖 6-1）。同期，美國第一產業和第二產業就業人員佔全部就業人員比重均下降，分別由 1948 年的 4.9% 和 35.1% 下降至 1997 年的 1.1% 和 18.4%，分別下降了 3.8 和 16.7 個百分點；第三產業就業人員比重穩步上升，由 1948 年的 59.9% 上升至 1997 年的 80.5%（見圖 6-2）。

根據歷史數據可知，1948—1997 年，美國人口城市化率由 63% 左右上升至 79% 左右。這段時間正好是美國人口城市化過程的中後期階段。從美國的發展歷程可以看出，即使在后期階段人口城市化增速放緩，但經濟總產出和總就業人數依然持續增加。同時，經濟總產出和總就業人數兩者具有很強的相關性，以美國 1948—1997 年數據計算的相關係數達到 0.996。另外，在人口城市化發展的中後期，美國第一、第二和第三產業增加值所占比重分別呈現下降、下降和上升態勢，第一、第二和第三產業就業比重也分別呈下降、下降和上升態勢，並且趨勢性非常清晰。

除對人口城市化后期的關注外，還應考察人口城市化中、前期階段產業的

發展和演化情況。以中國為例，1978—2011 年，中國人口城市化率由 17.92%上升至 51.27%，可以說這期間是中國人口城市化發展的前期和由前期向中期邁進的階段。在這期間，中國以 1978 年價計的實際 GDP 和總就業人數紛紛增加，分別由期初的 3,645.2 億元和 4.0 億人增加至期末的 8.2 萬億元和 7.6 億人，兩者的相關係數為 0.78。1978—2011 年，中國第一產業增加值占比由 28.2%下降至 10.0%，第二產業增加值占比保持大體穩定，在 41.3%~48.2%的區間內波動，第三產業增加值占比由 23.9%上升至 43.4%。1978—2011 年，中國第一產業就業人數占比由 70.5%下降至 34.8%，第二產業和第三產業就業人數占比分別由 17.3%和 12.2%上升至 29.5%和 35.7%。

　　由以上數據，至少可以得到幾點結論：第一，雖中國數據計算的相關係數小於美國數據所得結果，但基本可看出人口城市化過程中經濟總產出和總就業人數變動兩者具有強相關性，勞動投入對經濟產出的作用非常直觀。第二，人口城市化過程中產業結構變動趨勢大體為第一產業比重下降、第二產業比重基本穩定或下降、第三產業比重上升，其中第二產業比重變化情況取決於該國或該地區人口城市化過程中的工業化發展及其與人口城市化發展之間的關係。由於中國在人口城市化發展前期的工業基礎非常薄弱，因此以工業為主的第二產業在經濟總產出中所占比重在人口城市化發展進程中並未明顯下降。第三，人口城市化過程中產業間就業結構變動趨勢大體為第一產業就業比重下降、第三產業就業比重上升，第二產業就業比重變化也取決於該國或該地區人口城市化過程中的工業化發展及其與人口城市化發展之間的關係。由於中國人口城市化前期從起步到快速發展階段也是中國工業起步和快速發展階段，因此第二產業就業比重呈上升態勢。這與工業發展相當充分的美國人口城市化後期所表現的特徵不同。總之，任何國家或地區的人口城市化過程和產業發展演化進程都具有密不可分的聯繫。基於特定的有機結構，人口城市化過程中產業發展和演化即人口城市化經濟發展過程呈現出一定的發展規律。

6.2.2　人口城市化的經濟發展過程中的工業化

　　與人口城市化類似，工業化也是每個國家或地區必然會經歷的過程。儘管各國家或地區的發展基礎不同，發展思路也存在差異，但是其工業化和人口城市化兩者之間幾乎都存在緊密的聯繫，以至於無法將兩者完全割裂開來討論。基於本書對人口城市化過程有機結構的理解，工業化本身屬於人口城市化的經濟發展過程的一項內容。對工業化及其與人口城市化總體進程關係的解讀則有助於深入理解人口城市化這一重複過程。

人口城市化與工業化之間存在緊密聯繫，許多研究對此都予以證明。如有研究通過比較低收入、中等收入、高收入國家城市化與工業化發展情況發現工業化往往與城市化相伴而行[1]。有研究在對城市化與工業化關係進行綜述時指出，一些研究通過對不同國家和地區的城市化與工業化歷史數據進行觀察也得出兩者之間存在一定聯繫的結論[2]。就中國實際情況來看，中國人口城市化水平提升的同時工業有了長足發展，1996—2014年，中國人口城市化率由30.48%提升至54.77%，同期工業增加值由29,447.6億元增加至228,122.9億元。因此從經驗上看，人口城市化與工業化兩者之間的聯繫確實存在，兩者多相伴發展。需要說明的是，人口城市化與工業化未必一定保持絕對同步。有的國家或地區人口城市化與工業化幾乎同步發展，許多發達國家便是如此；也有工業化發展慢而人口城市化發展快的情況，如一些發展中國家；自然也有工業化發展快而人口城市化發展慢的情況。

既然人口城市化與工業化的發展多是相伴相隨的，那麼兩者之間的關係機制就值得探討。有研究對人口城市化與工業化關係進行總結，認為有三種觀點：其一，工業化是城市化的原因，工業化通過外部經濟效益、聚合經濟等推進人口城市化；其二，工業化與城市化是同一過程，兩者互為因果；其三，工業化與城市化變動的關係在工業化的不同發展階段有較大差別[3]。可以看出，人口城市化與工業化關係的機制並無統一定論。這是由不同地區發展基礎和模式之間的差異決定的。然而，當將研究主體放在人口城市化過程中，按上文所述將工業化理解為人口城市化經濟發展過程的一項內容，便可嘗試對工業化與人口城市化之間的關係進行梳理。

本書的觀點是，工業化與人口城市化不可分割而論，必然要在同一框架下對兩者進行研究。當將視角集中在人口城市化研究時，工業化作為人口城市化經濟發展過程的一項內容，在人口城市化發展的不同階段與人口城市化其他過程發生交互作用和影響，最終作用於人口城市化總體進程。就工業化與人口城市化總體之間的關係機制而言，基於人口城市化的經濟發展過程與人口城市化的人口變遷過程之間直接或間接的交互影響，在人口城市化不同發展時期，工業化對人口城市化總體進程的作用不同，工業化與人口城市化總體進程的關係

---

[1] 郭熙保.工業化、城市化與經濟發展[J].東南學術，2002（3）：44-53.

[2] 景普秋，張復明.工業化與城市化關係研究綜述與評價[J].中國人口·資源與環境，2003（3）：34-39.

[3] 國家發改委國地所課題組.中國城市群的發展階段與十大城市群的功能定位[J].改革，2009（9）：5-23.

機制也有變化。

其一，在人口城市化發展起步時期，工業化是人口城市化最原始的動力。此時工業化是人口城市化的原因，工業化帶動人口城市化發展，發展的狀態也多是工業化超前於人口城市化。在二元經濟結構下人口城市化的發展理論對工業化帶動人口城市化的機制有所解釋：在經濟因素的作用下農村人口進入城市工業部門參與工業生產，人口城市化過程中的鄉城人口遷移多是由於非農部門特別是工業部門對勞動力的吸引而誘發的。在此階段，人口城市化起步並緩慢發展，工業發展勢頭強於人口城市化並帶動人口城市化發展。其二，在人口城市化發展的初期到中期階段，工業化與人口城市化互相促進。兩者互為因果，工業化帶動人口城市化，人口城市化促進工業化。此階段工業化與人口城市化的互相促進是由人口城市化的人口變遷過程與人口城市化的經濟發展過程相互聯繫、相互影響的作用機制決定的。在此階段，人口城市化逐步進入加速發展期，而工業化逐步進入發展的中後期。在此階段工業化與人口城市化發展協調性的重要程度加大，兩者互相促進、協同發展可能產生更大效益。其三，在人口城市化發展的中後期，工業化對人口城市化的影響力減弱。此階段工業對新增勞動力的數量需求減少，工業化對人口城市化的帶動作用逐步弱化，人口城市化發展需要新的動力支持，工業化與人口城市化總體進程的關係趨於鬆散。

相關研究對不同收入國家工業化與人口城市化關係變動的分析可以對此予以印證。研究指出，低收入國家城市化程度隨著工業化水平上升而上升的趨勢明顯；下中等收入國家和上中等收入國家在發展前一階段的城市化率與工業化水平變化相聯繫，但后階段工業化程度穩定，基本是服務業比重提高帶動城市化；高收入國家城市化與工業化已脫離關係，城市化率的上升完全與經濟服務化相聯繫，城市化主要靠非農產業就業比重上升拉動。① 如果將不同空間裡不同收入國家設想成一個國家的不同發展階段，那麼這個國家的發展歷程大致經歷低收入、下中等收入、上中等收入和高收入四個發展階段。從不同收入國家人口城市化與工業化的關係可以看出，在一個國家或地區人口城市化的不同發展階段，人口城市化與工業化的關係不是一成不變的。人口城市化的經濟發展過程中的工業化起初帶動人口城市化發展，隨後與人口城市化協同發展，最終與人口城市化各自趨於獨立發展。

總之，作為人口城市化的經濟發展過程的一項內容，工業化在人口城市化

---

① 工業化與城市化協調發展研究課題組. 工業化與城市化關係的經濟學分析 [J]. 中國社會科學，2002（2）：44-55.

不同階段對人口城市化總體進程起著不同的作用。儘管在人口城市化后期的工業化對人口城市化過程的促進作用可能將不再明顯，但是在人口城市化總體進程中特別是前期到中期階段，工業化扮演著無可替代的角色。

6.2.3 人口城市化的經濟發展過程中的第三產業

如上文所述，人口城市化在工業化的帶動下起步，隨後與工業化相互促進、共同發展。儘管在人口城市化發展中前期，對人口城市化水平提升起主要推動作用的是工業發展，但是第三產業或多或少也發揮著作用。從產業發展來看，人口城市化的經濟發展過程要經歷第一產業比重逐步下降、第二產業比重先增後降、第三產業比重逐步上升的過程，也就是說，在人口城市化總體進程中第三產業的影響力也應逐步增加。

在人口城市化發展中後期，第三產業將接替工業發展成為人口城市化的主要引領力量。在后工業社會人口城市化的主要動力由工業發展轉變為第三產業。如有研究指出：「儘管世界城市化過程早已存在，但是在近40年其動力機制卻發生了實實在在的變化，生產性服務業成為城市發展和增長的主要動力。」[1] 圖6-3是美國1960—1997年製造業、第三產業比重與人口城市化率變動趨勢圖。1960年美國人口城市化率已達約70%，人口城市化已經進入減速發展的後期階段。由圖6-3可以看出，1960年以後美國人口城市化率緩慢上升，到1997年達到約78%。在此期間，美國製造業占比卻呈下降趨勢，由25.3%下降至15.3%。可見，在美國人口城市化發展後期，人口城市化率的提升有其他的動力支持。由圖6-3發現，1960—1997年，美國第三產業比重由64.6%增加至78.1%，且第三產業比重增加過程與人口城市化率提升過程在圖形上表現出一定的趨同特徵，在美國人口城市化後期第三產業發展成為帶動人口城市化發展的因素，工業發展的影響則未得到明顯體現。

在人口城市化過程後期，人口城市化動力機制的改變有其內在原因。當人口城市化發展進入後期，雖然工業資本仍然在增加，但是增長率必然減緩，工業比重趨於穩定或者下降。此時人口城市化過程仍將繼續推進，但它的動力已經轉變為對勞動力有更大吸引力的服務性行業。有研究指出，在工業化過程中隨著人均國內生產總值不斷提高。相對製造業來說，服務業的就業彈性系數不僅大於1，而且呈連續遞增的發展態勢。[2] 也就是說，當工業資本累積到一定

---

[1] 許超軍，等. 中國城市化動力機制研究進展 [J]. 城市問題，2007（8）：20-25.
[2] 張桂文. 二元結構轉換中非人口城市化道路反思 [J]. 宏觀經濟研究，2004（4）：21-24.

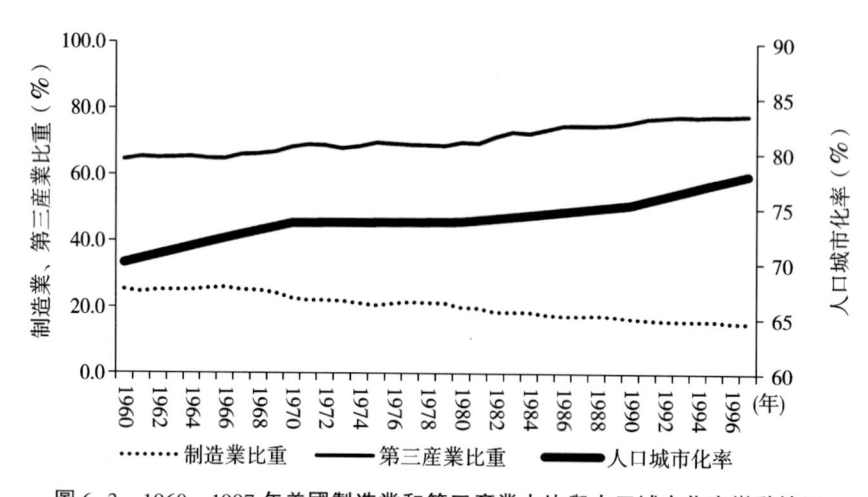

圖 6-3　1960—1997 年美國製造業和第三產業占比與人口城市化率變動情況

數據來源：產業數據根據 Industry Economic Accounts Directorate, Bureau of Economic Analysis (BEA), U. S. Department of Commerce 數據計算整理；人口城市化率數據來自世界銀行數據庫。

程度時，城市經濟的服務性行業將在吸引勞動力由農業部門向非農部門轉移進而帶動鄉城人口遷移方面發揮更大的作用，而工業化帶動人口城市化的作用在不斷弱化。

作為人口城市化的經濟發展過程的一項內容，第三產業發展在人口城市化后期帶動人口城市化總體進程發展。在這一階段，人口城市化本身也會促進第三產業發展。這也就是說，同在發展中期與工業化互相促進、互為因果的關係類似，人口城市化在發展后期與第三產業發展也存在互相促進的關係。有實證研究證實城市化對第三產業有顯著的影響。① 在總人口數基本穩定的前提下，人口城市化水平的提升意味著更多人居住在城市並轉變為參與現代城市類型消費。除對食物和工業品的需求增加外，對服務性消費的需求也有所增加。有研究表明，城市化的消費需求的擴張效應明顯。它通過縮小城鄉收入差距來提高居民消費水平，增加消費需求，帶動第三產業發展。② 反過來，第三產業發展通過吸納就業促進人口城市化發展。

總之，第三產業發展也是人口城市化的經濟發展過程的一項內容。第三產

---

① 馬鵬，李文秀，方文超. 人口城市化、集聚效應與第三產業發展 [J]. 經濟經緯，2010 (8)：101-108.

② 王建軍. 人口城市化、第三產業發展與消費需求擴張 [J]. 經濟與管理，2006 (8)：13-16.

業發展在人口城市化整個進程中與人口城市化其他過程發生交互作用,並在人口城市化中后期成為繼續推進人口城市化總體進程的主要力量。

6.3 人口城市化的經濟發展過程的影響因素

6.3.1 人口變遷過程的影響

如上所述,在人口城市化發展初期工業化與人口城市化存在相互促進的關係,其中,人口城市化的人口變遷過程對經濟發展過程的影響主要表現在人口生產方式由農業向非農轉變、生活方式由傳統農村型向現代城市型轉變兩個方面。

一方面,人口城市化的人口變遷過程通過在生產要素市場為非農經濟提供非農勞動力推進經濟發展過程。在其他條件不變的前提下,人口城市化的人口變遷過程意味著城市人口比重上升,越來越多的人口居住在城市。在新進入城市的人口中,大多數有就業意願和條件,且已經或希望進入非農部門就業。就非農產業發展而言,勞動力資源是必不可少的生產要素。特別是在中國經濟轉型和人口城市化中前期階段,工業發展以勞動密集型行業為主導,建築業急需大量建築工人,第三產業的初級服務行業也對勞動力有較大需求,充足的勞動力供給為非農產業快速發展奠定了基礎,也為整個非農經濟增加了活力。一般認為,生產函數描述產出和投入要素之間的關係,而從生產函數研究和討論的歷程來看,在討論生產過程時,勞動力都是必要的生產要素,而關於人力資本對經濟增長的作用也被討論和重視[1]。這說明勞動力對經濟發展的影響不限於數量方面,也反應了勞動力要素對生產以及相應產業發展和演化的重要影響。中國自改革開放以來,非農產業就業和產出都顯著增加,且表現出強相關性。據中國統計年鑒數據顯示,1978—2011 年,中國第二產業和第三產業就業人員總數由 11,835 萬人增加至 49,826 萬人,第二產業和第三產業增加值合計由 2,617.7 億元增加至 42.5 萬億元,由此計算得到的非農產業就業和非農產業產出相關係數達到 0.855。進一步看,非農產業的發展也會改善以往的經濟產出結構。通過勞動力增加及資本累積,越來越多的工業品被生產出來,更多種類的生產和生活性服務被提供。這些都為居民生活水平的提高提供了條件。

---

[1] MISHRA S. A brief history of production functions [J]. SSRN Electronic Journal, 2007, Ⅷ(4): 6-34.

另一方面，人口城市化的人口變遷過程通過在產品市場為非農經濟創造消費需求推進經濟發展過程。一般情況下，傳統農村生活方式下居民對消費品或服務的需求與現代城市生活方式下居民的需求是有明顯差異的。因為種種原因，前者對工業品和服務的需求較小，而后者對工業品和服務的需求較大。如圖 6-4 所示，自 1978 年以來，中國城鄉居民消費水平均有所增加，但城市居民消費水平增加幅度更大，且城市居民消費水平始終保持在農村居民消費水平的 3 倍左右。在其他條件不變時，人口城市化的人口變遷過程意味著在城市定居的人口增多。他們的生活方式已經或正逐步轉變為現代城市類型，因此為整個社會帶來更多的非農產品及服務需求。按照凱恩斯經濟理論，正是需求在發揮作用並最終帶動經濟增長。①② 以中國為例，根據《中國統計年鑒》相關數據，1978 年中國最終消費支出對國內生產總值的貢獻率為 39.4%，2011 年貢獻率為 55.5%。儘管期間有所起伏，但是總體而言，中國在人口城市化過程中的最終消費對國內生產總值的貢獻率有所提升。

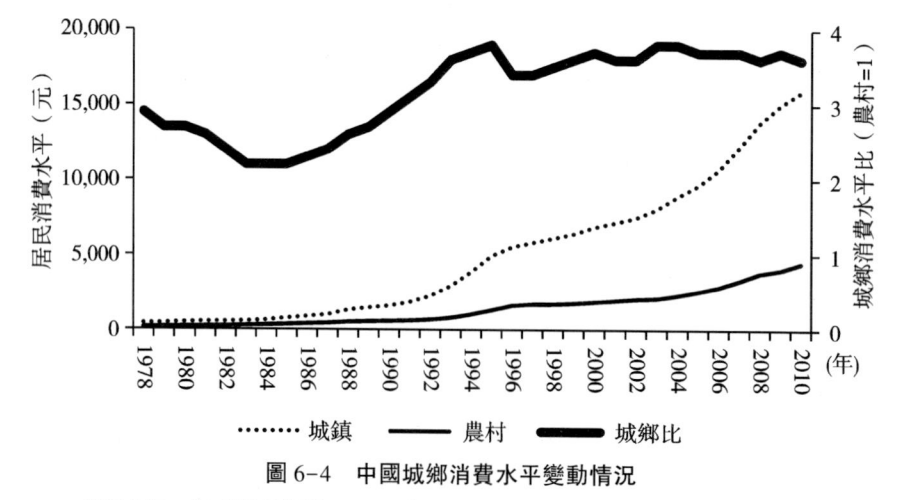

圖 6-4　中國城鄉消費水平變動情況

數據來源：《中國統計年鑒（2012）》。

總之，人口城市化的人口變遷過程對產業發展和演化的影響，主要表現在人口變遷過程為非農產業發展提供勞動力生產要素。后者直接作用於生產過程，最終促進非農產業發展和演化。

---

① TOBIN J. Keynesian models of recession and depression [J]. The American Economic Review, 1975, 65 (2): 195-202.

② BARBOSA-FILHO N H. A note on the theory of demand-led growth [J]. Contributions to Political Economy, 2000, 19 (1): 19-32.

6.3.2 空間變動過程的影響

人口城市化的空間變動過程是指區域空間類型由農村型向城市型轉變以及城市型空間集聚。它主要通過為非農生產提供條件以及聚集經濟效應兩個方面影響人口城市化經濟發展過程。

一方面，農村類型空間向城市類型空間轉變為非農生產提供了必要條件。無論是工業、建築業還是服務業，它們的發展都必須依託於城市類型空間之上。這與農業對農村類型空間的依賴截然不同。正是人口城市化過程中區域空間類型逐步由農村類型向城市類型轉變，才給非農產業發展提供了必要的生產條件。也就是說，城市是支撐非農生產的必備條件。中國近年來的高速人口城市化也顯示出城市類型空間擴大與非農產業同步發展的特徵。如表6-1所示，2002—2010年，中國城市建成區面積由25,972.6平方千米增加至40,058平方千米，增加幅度約54.3%；同期中國規模以上工業企業單位數由約18.2萬個增加至約45.3萬個，工業總產值由11.1萬億元增加至69.9萬億元，從業人員數由3,729萬人增加至9,544.7萬人。可見，中國城市建成區面積的增加與工業發展表現出強協同性。這也反應了人口城市化過程中城市類型空間對非農產業發展的支持作用。

表6-1　　中國工業部分指標和城市建成區面積指標的變化情況

指標	2002	2006	2010
規模以上工業企業單位數（個）	181,557.0	301,961.0	452,872.0
工業總產值（億元）	110,776.5	316,589.0	698,591.0
從業人員數（萬人）	3,729.0	7,358.4	9,544.7
建成區面積（平方千米）	25,972.6	33,659.8	40,058.0

註：2002年規模以上工業企業單位數包括國有及規模以上非國有工業企業。數據來源於各年度《中國統計年鑒》。

另一方面，城市類型空間的集聚促使產業發展受益於聚集經濟效應。聚集經濟是1909年由Weber第一次系統提出的。無論從理論還是實證角度，這都為工業區位相關研究帶來了重要影響。[1] 其後，關於聚集經濟的討論更為廣泛，但總體來看，聚集經濟是指行業或企業因向城市特定區域集中而獲得發展利益，其所

---

[1] PARR J B. Agglomeration economies: ambiguities and confusions [J]. Environment and Planning A, 2002, 34 (4): 717-732.

表達的是區位因素對經濟發展的一種影響。就同行業的企業向同一區域集中而言，該區域可能因行業進入而產生更大規模的市場，行業內勞動分工與合作生產能力被強化，行業生產效率也因信息和競爭因素的存在而提高；就不同行業的企業向同一區域集中而言，企業或行業受益的原因可能包括上下游產品鏈條完整性增強、資本週轉效率提高、商品流通成本下降等。有研究表明，勞動力市場、知識溢出、作為生產要素的自然資源投入等都在不同程度上強化規模經濟。① 針對中國的實證研究也表明城市類型空間集聚為經濟發展帶來聚集經濟效應，如製造業的聚集程度與工業增長表現出較強的相關性②，產業集聚顯著促進經濟增長③。可見，城市空間類型集聚對人口城市化的經濟發展過程具有正面影響。

6.3.3　自然變化過程的影響

人口城市化的經濟發展過程所受自然變化過程的影響主要在於資源環境壓力方面。非農產業特別是工業生產對自然資源具有依賴性且對生態環境具有不可避免的消極影響，而非農就業規模和結構所受人口城市化自然的變化過程的影響並不明顯。從生產角度看，人口城市化過程中非農產業發展受到自然資源供需矛盾和生態環境保護壓力的雙重影響。

無論是作為生產要素，還是作為機械動力來源，非農產業的發展始終離不開自然資源的投入。例如，一些加工製造行業在對自然資源進行再加工時，需要自然資源作為原材料，建築行業需要鋼筋、水泥、木材，交通倉儲等行業需要能源資源等。自然資源實際是由人類從自然系統取得的，而自然系統對自然資源的提供卻是有限的。一方面，人類目前無法完全掌控自然系統所能提供的自然資源，各種礦產的開採只能在人類所掌握的範圍內取得，水資源的使用也受氣候變化等人為無法掌控因素的影響；另一方面，非可再生自然資源一旦消耗則永久消失，但人類文明的演進包含了對石油、天然氣等非可再生資源進行掠奪式索取和不計後果消耗的過程。目前來看，人類發展已經消耗大量的自然資源。聯合國一份報告顯示，在 20 世紀，世界每年取得的建築材料增長 34%，礦石礦物增長 27%，化石能源增長 12%，生物資源增長 3.6%，總體資源獲取

---

① ROSENTHAL S S, STRANGE W C. The determinants of agglomeration [J]. Journal of Urban Economics, 2001, 50 (2): 191-229.
② 羅勇, 等. 中國製造業集聚程度變動趨勢實證研究 [J]. 經濟研究, 2005 (8): 106-127.
③ 劉軍, 徐康寧. 產業聚集、經濟增長與地區差距——基於中國省級面板數據的實證研究 [J]. 中國軟科學, 2010 (7): 91-102.

增長約8%。同時，人類消耗的資源構成正由可再生資源向非可再生資源轉變。① 儘管程度不同，但是無論是發達國家還是發展中國家，都共同面臨著自然資源短缺的問題，如相關報告顯示，世界上許多河流由於過度取水而干涸，全球生物多樣性在1970—2008年間下降了28%，熱帶地區下降了60%。全球有27億人口生活在每年至少有一個月嚴重缺水的流域。② 鑒於非農生產對自然資源的剛性需求以及自然資源供給的有限性，人口城市化經濟發展過程中的自然資源供求關係需受到足夠重視。

與農業生產不同，非農產業發展過程對自然生態環境會造成較大的負面影響。如一個國家或地區在處於從農業社會向工業社會轉變或者工業快速發展的階段時，由於生產技術水平和環保技術水平的限制，往往不得不以粗放型方式進行生產，由此在生產過程中向大氣、河流等排放大量污染物，生態環境質量下降。生態環境質量下降不但對人類健康不利，而且對經濟發展產生負面影響。以城市空氣污染為例，據UNEP數據，每年全世界有超過10億人暴露在室外空氣污染之中。城市空氣污染與一百萬人提前死亡和一百萬原生性死亡有關，且因城市空氣污染發達國家每年損失GDP的2%，發展中國家的損失達到5%。正是由於注意到生態環境質量下降的危害，可持續發展的概念從20世紀80年代直到現在都被廣泛討論。同時，許多國家也採取了相應措施。在20世紀90年代初期，中國參與籌備聯合國環境與發展大會，並提交《中華人民共和國環境與發展報告》，提出中國實現環境與經濟協調發展的戰略措施，其後又積極參與國際社會各項環境保護行動，直至中國提出並深入開展生態文明建設，以實際行動履行發展中大國對生態環境保護的責任。事實上，也是因為發展和環境保護的壓力同時存在，一些發展中國家身處兩難境地。為了防止對生態環境造成過大負面影響，一些可能帶來較大污染的項目或行業發展受到限制。需要說明的是，環境保護行業却也可能受益於可持續發展的實踐。

總之，人口城市化的自然變化過程對經濟發展過程的負面影響主要在於自然資源供給限制、生態環境質量下降對經濟增長造成損失以及環境保護對某些行業發展造成壓力等方面。

---

① FISCHER-KOWALSKI M, SWILLING M. Decoupling: natural resource use and environmental impacts from economic growth [J]. Nairobi: United Nations Environment Programme, 2011.
② 世界自然基金會. 地球生命力報告 [R]. 格朗: 世界自然基金會, 2012.

6.4 生態文明與中國人口城市化的經濟發展過程

6.4.1 中國人口城市化的經濟發展過程發展現狀

改革開放以來，中國人口城市化的經濟發展過程持續推進。1978—2012年，中國國內生產總值由3,645.2億元增加至636,463億元，產業結構由28.2：47.9：23.9轉變為9.2：42.6：48.2；總就業人數由40,152萬人增加至77,253萬人，三次產業間的就業結構由70.5：17.3：12.2轉變為29.5：29.9：40.6（見圖6-5）。對中國人口城市化的經濟發展過程發展現狀有如下四點判斷。

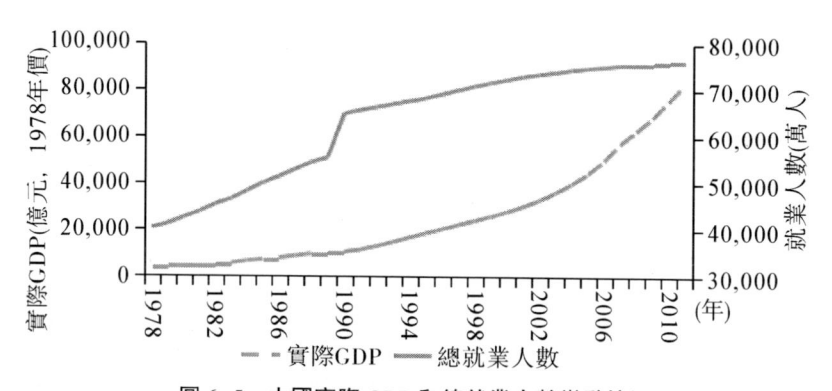

圖6-5 中國實際GDP和總就業人數變動情況

數據來源：《中國統計年鑒（2012）》。

第一，經濟產出規模增加，產業結構升級。用實際GDP來反應經濟規模，1978—2011年，中國實際GDP持續增加，由期初的3,645.22億元增加至期末的82,031.43億元（1978年價）；同期第一產業比重總體呈下降態勢，第二產業比重基本穩定，第三產業比重呈增加態勢（見圖6-5、圖6-6）。綜合來看，在人口城市化進程中，中國經濟總體規模顯著擴大。在整個經濟體系中第一產業相對萎縮的同時，以工業為主的第二產業穩定發展，第三產業則逐步發展壯大。目前，第三產業產出占比已超過第二產業，第一產業產出占比已經非常小。

第二，就業人數增加，就業結構變化。如圖6-5所示，1978—2011年中國總就業人數總體呈增長態勢。同期，第一產業就業比重顯著下降，第二產業

图6-6 中国产业结构变动情况

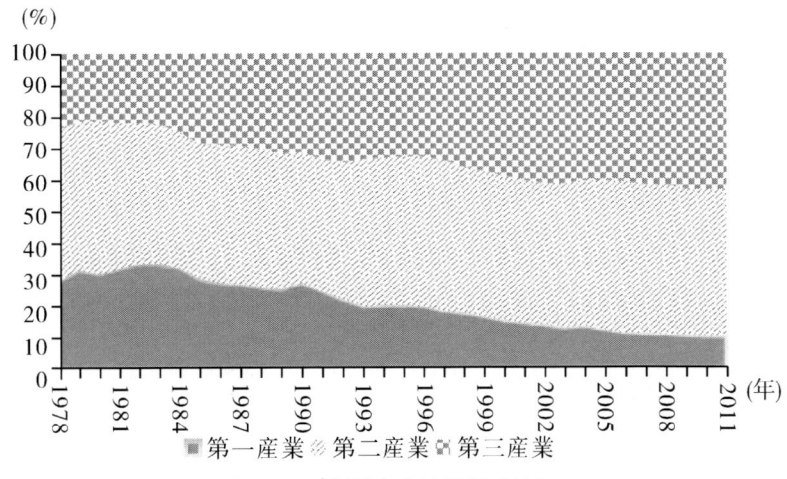

数据来源:《中国统计年鉴(2012)》。

就业比重略微增加,第三产业就业比重明显增加。综合来看,随著总人口增加和经济总规模的扩大,中国就业总人数总体呈增加态势。在中国人口城市化进程中,与第一产业产出比重下降和第三产业比重上升几乎同步,第一产业就业比重和第三产业就业比重也分别明显下降和上升,而第二产业就业比重小幅增加。除新增劳动力外,第一产业大量劳动力向第二和第三产业转移。目前,三次产业就业比重相差不大。与产业结构相对照而言,第一产业仍聚集了相对过多的劳动力。如图6-7所示。

第三,因为中国目前处于人口城市化中期阶段,所以工业化对人口城市化过程的带动作用依然重要,工业化与人口城市化互相促进;第三产业发展对人口城市化的影响力将逐步增大,对人口城市化的带动作用将逐步增强。1978年以来,中国的人口城市化率逐年增加,特别是1996年起人口城市化率开始快速上升。2014年,中国人口城市化率达到54.77%,人口城市化已经进入发展的中期阶段;同年工业增加值和第二产业增加值分别达到228,122.9亿元和271,764.5亿元,占比分别为35.9%和42.7%,工业化也仍未完全进入后期发展阶段。也就是说,目前中国人口城市化过程的推进还要依靠工业发展的带动。同时,人口城市化发展也会促进工业化。需要说明的是,由图6-7可以看出,30多年来中国第二产业比重基本保持稳定,而第三产业比重确有明显增加。这也从侧面反应了第三产业发展对中国人口城市化过程的影响在逐渐增大。总之,在目前中国人口城市化加速发展的阶段,人口城市化与工业化互相

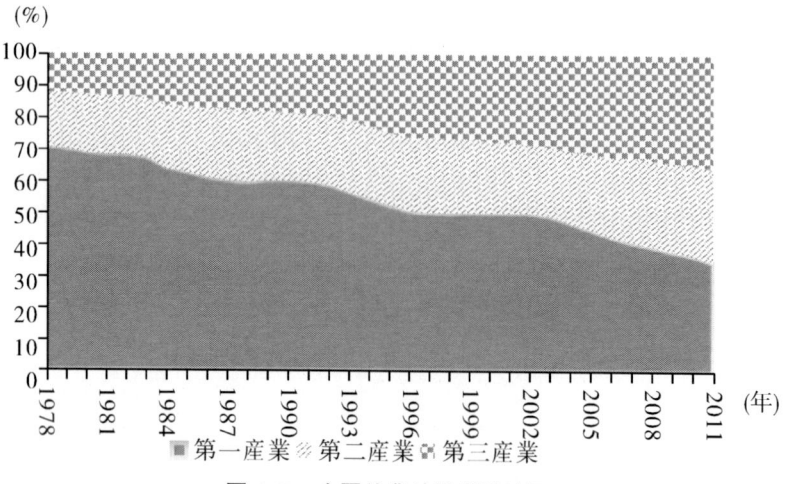

圖 6-7　中國就業結構變動情況

數據來源：《中國統計年鑒（2012）》。

促進、協同發展仍然至關重要。同時可以預期，未來第三產業發展將對推進中國人口城市化發展起到越來越重要的作用，第三產業發展最終將取代以工業為主的第二產業成為人口城市化發展的動力。

　　第四，對人口城市化總體進程是否滯后的判斷，關係到人口城市化發展戰略的制定和實施，因此至關重要。人口城市化總體進程是否滯后，往往以經濟發展為參考標準，也就是說人口城市化經濟發展過程中的工業發展、第三產業發展以及總體經濟發展常被作為標準來推斷人口城市化總體進程是否滯后。

　　一直以來，有很多聲音認為中國人口城市化滯后於經濟發展。如有研究指出 20 世紀 70 年代以來中國經濟發展對城市化有帶動作用，但城市化滯后於經濟發展；[1] 有研究通過國際比較認為中國城市化嚴重滯后；[2] 有研究在討論城市化與工業化關係的基礎上得出結論，除 20 世紀最后幾年城市化與工業化發展基本適度以外，中國城市化滯后於工業化。[3] 儘管方法不同，但是這些研究幾乎都認為中國城市化發展滯后，也就是說，主張應加大力度推進人口城市化率的提升。

---

[1]　施建剛, 王哲. 中國城市化與經濟發展水平關係研究 [J]. 中國人口科學, 2012 (2)：36-46.

[2]　熊俊. 對中國城市化水平國際比較中若干問題的探討——兼論中國城市化水平的滯后性 [J]. 中國人口科學, 2009 (6)：32-40.

[3]　李林杰, 王金玲. 對工業化和城市化關係量化測度的思考——兼評中國的工業化與城市化過程 [J]. 人口學刊, 2007 (4)：31-35.

然而，中國人口城市化水平是否滯后，却是一個難以簡單回答的問題，也即對中國人口城市化滯后與否的判斷，需在更加深入和系統的研究基礎上進行。中國人口城市化滯后與否不能單以經濟發展為參考標準。人口城市化是一個重複過程，涉及因素遠不止經濟發展一個方面，單純以經濟發展為參考標準來討論中國人口城市化實際上是忽略了人口城市化過程中的其他方面，如人口城市化的自然變化過程、人口城市化的空間變動過程等，因此難以得出具有全局性意義的結論，那麼以這樣的結論為基礎制定人口城市化發展戰略便容易走彎路。一直以來中央和地方政府都在強調推進人口城市化的重要性，而且也採取了相應措施，但在人口城市化率提升的過程中却仍要面對城市擁擠、自然資源供需矛盾、生態環境惡化等一系列對人類社會發展具有重大影響的問題。這些實質上都是片面推進人口城市化率提升的負效應。

作為人口城市化有機結構的一部分，人口城市化的經濟發展過程在人口城市化進程中與人口城市化其他過程發生交互作用，最終影響人口城市化總體進程。人口城市化水平會受到包括經濟發展過程在內的眾多因素的共同影響，是「經濟發展水平與結構的一種外在表現形式」。[①] 因此，中國人口城市化是不是滯后，其實是一個很難回答的問題，甚至是一個無法回答也沒有必要回答的問題。

6.4.2 中國人口城市化的經濟發展過程存在的問題及原因

中國產業的發展和演化與中國人口城市化總體進程有緊密聯繫。作為人口城市化過程有機結構的一部分，人口城市化的經濟發展過程在人口城市化總體進程中扮演著重要角色。然而，中國人口城市化的經濟發展過程也存在一些問題。

一是經濟產出規模擴大而發展中却存在諸多結構性問題。改革開放以來中國經濟保持高速增長，國內生產總值迅速提升。經濟產出規模擴大無疑有利於人們經濟福利的增加。於是，在很長一段時間內中國享受並沉浸在經濟高速增長所帶來的成就之中，增長成為了最直接的目標。然而，中國經濟發展過程中的經濟增長却無法掩蓋一些結構性問題。這些結構性問題從一些差異上表現出來，如農業和非農產業的發展和從業人員收入的差異、城鄉發展和居民收入的差異、區域發展和居民收入的差異、行業間勞動者收入差異、貧富差距等。中國經濟發展過程中的結構問題如不妥善解決，其負效應很可能在很大程度上抵

---

① 黃敏. 農村勞動力轉移影響因素的研究綜述 [J]. 生產力研究，2009（23）：248-250.

消掉經濟增長的成果。二是第二產業內部結構失衡。中國重化工業粗放發展對資源和環境的影響大。重化工業中的落後產能限制了能源使用效率的提高。同時，重化工業對環境造成嚴重污染。重化工業中的過剩產能導致浪費和潛在的效益損失。「據統計，中國煉鐵、煉鋼、電解鋁、焦炭、水泥、化纖等 18 個行業中落後產能占總產能的比例達到 15%～25%。」① 同時，一些新型行業如高新技術產業、新能源行業等在中國才剛剛起步，信息技術行業儘管容易做大但很難做強。三是第三產業比重低，第三產業發展不夠充分。2011 年中國第三產業比重為 43.4%。儘管在人口城市化發展進程中第三產業逐漸發展且比重持續增加，但是仍發展不足。據有關研究表明，20 世紀 80 年代末世界 22 個高收入國家只有 5 個第三產業比重低於 60%，48 個中等收入國家和地區第三產業比重平均達到 50%。第三產業發展的問題還包括行業發展失衡、地域佈局不合理、規模結構「逆產業化」和服務市場結構不完善等方面。② 中國工業容納新增就業的能力非常有限，而第三產業容納就業的空間很大。③ 由於中國未來第三產業發展將逐步成為人口城市化發展的主要動力，因此第三產業發展不夠充分的弊端可能不局限於經濟產出方面，而可能對包括未來人口城市化過程在內的更多方面產生更深遠的影響。四是第一產業就業比重過高，第二產業對勞動力的吸納作用未得到充分發揮。儘管在中國人口城市化過程中第一產業比重明顯且持續下降，但是目前仍有約三成就業人員參與第一產業生產。1950—2010 年美國人口城市化率由 64% 上升至 82.1%，期間第一產業就業比重由 2.3% 下降至 1.3% 左右。這也就是說，在美國人口城市化率提升至 64% 之前，第一產業就業比重已下降至很低的水平。而中國 2010 年人口城市化率為 49.95%，第一產業就業比重為 36.7%，第一產業容納的就業人員超過總數的三分之一。若以美國 64% 的人口城市化率時 2.3% 的第一產業就業比重為參考標準，則在 2010 年基礎上中國人口城市化率提升約 14 個百分點需要求第一產業轉移出勞動力約 34 個百分點。由此可以判斷，中國第一產業就業比重仍然過大。五是產業結構變動和就業結構變動失衡。有研究通過中國勞動生產率、結構偏離度的分析發現，中國就業結構與產業結構的變動關係失衡，就業結構的變動顯著滯后於產業結構的變動，且勞動力的產業轉移具有超越第二產業直

---

① 金碚，呂鐵，鄧洲. 中國工業結構轉型升級：進展、問題與趨勢 [J]. 中國工業經濟，2011（2）.

② 賀愛忠. 中國第三產業結構的現狀、問題與調整思路 [J]. 科學・經濟・社會，2001（1）：35-38.

③ 潘筱川. 城市化、第三產業發展與就業 [J]. 生產力研究，2002（5）：133-142.

接向第三產業轉移的特徵。[1]

造成中國人口城市化經濟發展過程出現問題的主要原因,有以下幾個方面:第一,特殊的發展基礎。首先,中國工業發展基礎薄弱。新中國成立之前,中國基本可以說仍是一個農業國家。根據有關部門的統計,1949年前的100年裡,中國工業發展累積下來的固定資產只有100億元[2]。儘管從新中國成立到改革開放中國大力推進重工業發展,但是過度倚重重工業的發展戰略導致資源配置效率低、發展質量和效益低。直到改革開放以後以市場需求為導向,中國工業才步入發展的快車道,因此工業發展中仍存在各種問題。其次,人口數量多。中國人口規模龐大,而且起初多數人生活在農村,導致第一產業勞動力剩餘,而且多數人勞動技能單一。這就造成第一產業產出結構與就業結構嚴重失衡的現實。第二,市場經濟體制仍有待進一步完善。儘管改革開放以後中國市場經濟體制逐步趨於完善,但是歷史因素導致改革中存在不少障礙,改革的阻力從來都不小。因此,市場經濟配置資源的功能還有待進一步加強。完善的市場經濟體系有助於將勞動力在產業間更加合理地配置,有助於產業結構和就業結構協調發展。第三,資源約束。儘管中國國土面積不小,但是可用土地相對有限,可以稱得上良田的農耕用地堪稱稀缺,同樣其他資源的人均擁有量也極為有限。嚴重的資源約束不但限制發展,而且是發展過程中諸多結構性問題的影響因素。第四,發展的價值觀念偏頗。由於急功近利,在發展過程中忽略了諸多結構性問題,希望在經濟增長過程中讓這些問題逐步消解,或者說事后再來解決。對於一個國家或地區發展的價值判斷而言,並非經濟規模大發展速度快就意味著發展好。只有經濟總量增加的同時,結構趨於優化的可持續發展才應被看作合理的發展價值判斷標準。第五,技術水平限制。中國科技水平提升遲緩成為經濟發展的限制因素。技術水平的提升不但可以促進高新技術產業發展,優化行業和產業結構,而且可以從總體上促進生產效率提升,而這有助於經濟長期穩定發展。總之,中國人口城市化的經濟發展過程存在的問題不但影響經濟發展本身,而且會影響人口城市化總體進程。認真審視並妥善解決相關問題有助於中國人口城市化健康發展。

---

[1] 陳楨. 產業結構與就業結構關係失衡的實證分析 [J]. 山西財經大學學報, 2007 (10): 32-37.

[2] 劉菊花, 樊曦, 何宗渝. 凱歌壯行60年——中國工業發展述評 [EB/OL]. [2009-08-14]. http://news.xinhuanet.com/politics/2009-08/14/content_ 11883089.htm.

6.4.3　生態文明與中國人口城市化的經濟發展過程

儘管中國人口城市化的經濟發展過程對人口城市化總體進程的推進起到重要作用，但是其發展過程中的問題仍然可能成為人口城市化的消極因素。生態文明要求人類對其發展過程中存在的問題加以重視和妥善解決。

首先，生態文明視角下的中國人口城市化的經濟發展過程是產業和經濟可持續人類發展的演進過程。在中國經濟高速增長的同時，各種結構性問題對可持續發展的影響越來越大。若繼續粗放地追求經濟增長而忽略其他，則這樣的發展是不可持續的。生態文明要求放棄單純追求數量上發展的觀念，更加重視發展的質量和綜合效益。因此，生態文明視角下的中國人口城市化的經濟發展過程，應不再以簡單追求經濟增長為首要發展目標，徹底放棄以 GDP 論好壞的價值判斷標準，將發展的重心放到各種結構優化，居民福祉提升，以及人口、資源環境與經濟協調性上來，確保發展的可持續性。目前，關於新常態的討論以及供給側改革的實施，對於長期發展過程中形成的結構性問題的解決而言是難得的機遇。

其次，生態文明視角下的中國人口城市化的經濟發展過程是產業結構和就業結構協調發展的過程。雖然中國產業結構處於不斷優化的趨勢中，但是其發展變化與就業結構的協調程度卻不高。產業結構與就業結構的失調不利於勞動力從農業部門向非農部門轉移，也不利於勞動力在三次產業間的合理配置。生態文明強調發展的協調性，即在生態文明視角下的中國人口城市化的經濟發展過程中，當產業結構優化升級就業結構隨之合理變動。第一產業相對過多的勞動力繼續向第二產業和第三產業轉移，勞動力在二、三產業間的流動和配置不斷優化，就業結構和產業結構兩者協同發展並最終促進產業可持續發展和演進的過程。

另外，生態文明視角下的中國人口城市化的經濟發展過程是有助於推進中國人口城市化過程可持續發展的過程。產業發展和演化是人口城市化過程有機結構的一部分。人口城市化的經濟發展過程的可持續性不足以代表人口城市化總體進程的可持續發展，更不足以代表居民生活福祉的提升。經濟只是人類社會的一個方面。生態文明還要求人與自然協調發展，即人類社會的經濟發展不能以犧牲自然為代價，要求達到人類社會與自然可持續發展的狀態。由於人口城市化經濟發展過程是人口城市化四個過程中最重要的，因此生態文明視角下的中國人口城市化的經濟發展過程則必須以中國人口城市化總體進程中人類社會內部、人與自然的協調發展為基本目標，而不應將發展的眼光局限於經濟發

展自身。

6.5　本章小結

　　人口城市化的經濟發展過程是指人口城市化總體進程中產業發展和演化的動態過程。它在產出規模和產業結構變動、就業規模和就業結構的變動中得以體現。發達國家的人口城市化經濟發展過程的歷史經驗表明，在產業的發展演化過程中，第二產業首先對人口城市化總體進程的推進起到決定性影響，隨後第二產業影響減弱，第三產業影響加強。基於人口城市化過程的有機結構，人口城市化的經濟發展過程對人口變遷過程、空間變動過程和自然變化過程產生影響的同時也受到來自每個過程的相應影響。目前中國經濟產出規模和就業人數增加，產業結構和就業結構相應發生變化。可以說，目前中國人口城市化的經濟發展過程正處在工業化對人口城市化過程的帶動作用依然重要但第三產業發展對人口城市化影響力將逐步增大的階段。由於特殊的發展基礎、不夠完善的市場經濟體系、資源約束、發展價值觀偏頗以及技術水平限制等因素的影響，中國人口城市化的經濟發展過程存在第二產業內部結構失衡、第三產業發展不夠充分、第一產業就業比重過高、產業結構和就業結構變動失衡等問題。儘管中國人口城市化的經濟發展過程對人口城市化總體進程起到重要推動作用，但是生態文明要求人類對其發展過程中存在的問題加以重視和妥善解決。

7 人口城市化的自然變化過程

7.1 人口城市化的自然變化過程概述

7.1.1 人口城市化的自然變化過程及其表現形式

人口城市化既需消耗自然資源，又會影響生態環境。無論是在農業社會還是工業社會，人類發展對資源的依賴是必然的，包括土地、水資源、各種礦產以及能源等，而人口城市化發展則很大程度上加速了對各種資源的消耗。儘管仍有許多人類目前不能完全掌握和利用的資源，如深海中的石油、地殼中的礦產、核能和太陽能等新能源，但是毫無疑問，只要發展繼續，資源消耗就將持續，即人口城市化進程將始終伴隨著自然資源的消耗。同時，由於工業生產對生態環境的消極影響，人口城市化過程難以迴避工業生產所造成的生態環境惡化的必然階段。而且人口城市化還意味著更大比重的人口的生活方式轉變為現代城市生活方式。這造成對物質和能源消費量的提升，同時加劇了生態的負面影響。雖然在人口城市化末期生態環境可能趨於好轉，但是人口城市化進程始終伴隨生態環境變化的事實不會改變。

根據本書上述內容對人口城市化的定義以及對人口城市化過程的分解，人口城市化的自然變化過程可以理解為在人口城市化總體推進的時空背景下，區域範圍內自然資源不斷消耗及生態環境發生變化的動態過程。也就是說，人口城市化的自然變化過程實際反應的是人類社會系統之外的自然系統的變化過程，而非人類社會系統自身或其子系統的變化。即使沒有人類社會發展對自然所產生的影響，自然系統也會隨時間而演化，但是人類社會發展特別是進入快速發展時期的人口城市化對自然的影響非常明顯。不但如此，自然的變化還可能對未來人口城市化過程產生影響，如資源供需矛盾或生態承載力限制等。因此，將人類社會系統之外的自然系統的發展變化納入人口城市化過程的研究框

架具有現實意義。

人口城市化的自然變化過程即自然資源的消耗和生態環境的變化不僅是人口城市化的有機組成部分，而且具有最深遠的影響，無論是對人類社會還是對自然世界。就人類社會而言，在一定技術條件下自然資源依舊不是取之不盡、用之不竭的。人類的發展無法離開自然資源支撐而獨立存在。自然資源的匱乏甚至枯竭將極大程度制約甚至阻礙人類發展。同時，人類生存需以特定的生態環境為載體。若生態環境惡化至一定程度則可能不再利於人的發展甚至生存，如容易導致疾病、影響人類整體壽命等。就自然世界而言，地球上許多資源是不可再生的。人口城市化的自然變化過程導致部分資源永久性消失。同時，若生態環境惡化到一定程度，則可能永久性損害生態的自我修復能力，即使之後人為改善生態環境也無法挽回。總之，人口城市化的自然變化過程有著較人口城市化其他過程更深遠的影響。如果最初關於人口城市化發展的討論未予以充分考慮，那麼要探討生態文明視角下的人口城市化發展，則必須給予人口城市化的自然變化過程充分的重視。

人口城市化的自然變化過程的實質是自然系統的變化，且這些變化必須與人口城市化發展緊密聯繫。因此從表現形式上看，人口城市化的自然變化過程包括人口城市化總體進程中自然資源的消耗以及生態環境的變化兩個方面。在人口城市化總體進程的不同階段，這兩個方面變化具有不同的特徵，但其始終伴隨人口城市化發展而存在。

人口城市化的自然變化過程的表現之一是區域自然資源的不斷消耗。在人口城市化過程中，工業發展需要源源不斷的原材料和能源，包括各種礦產資源、水資源以及能源資源等；城市興建和基礎設施建設對土地等資源有強烈的需求；城市居民日常生活需要消耗水和能源；城市服務行業發展以及城市營運也需要消耗各種資源……可以說，只要人類在生存和發展，由此造成的對各種資源的消耗就不會停止，人口城市化的推進自然也不例外。需要說明的是，即使無法否定沒有人口城市化的存在人們依然需消耗資源，但是由上文相關數據可見，人口城市化與資源消耗的相關性非常明顯。人口城市化的自然變化過程所強調的自然資源消耗則主要指與人口城市化直接或間接相關而產生的動態過程。

人口城市化的自然變化過程的另一個表現是區域生態環境的變化。無論是人類的生產還是生活，都會影響生態環境。工業化在帶動人口城市化發展的同時，也對生態環境持續產生消極影響。這是由工業生產的本質所決定的，如工業廢渣、廢水和廢氣等若未妥善處理，都會造成生態環境不同程度地惡化。人

口城市化過程中城市居民比重越來越大。現代城市生活方式下無論是飲食、娛樂還是住房、交通，都比傳統農村生活方式下對生態的消極影響更大。此外，城市型空間越來越大，越來越集聚，對自然環境的擠壓也越來越嚴重，這不利於生態環境的自我恢復。總之，人口城市化對生態環境的影響將是一個持續的過程。同樣需要說明的是，科技水平的提升以及更多的投入有利於人類保護生態環境的實踐，因此人口城市化發展未必與生態環境惡化存在簡單的正線性關係。更可能的情況是，在人口城市化發展初期或中期，人口城市化總體而言對生態環境產生消極影響；而在人口城市化中期到末期，人口城市化對生態環境的這種消極影響則不再顯著。

7.1.2 人口城市化的自然變化過程對人口城市化其他過程的影響概述

如前所述，本書將人口城市化過程分解為四個相互聯繫、相互影響的動態過程。人口城市化的自然變化過程表現在區域自然資源的不斷消耗以及區域生態環境的變化。它對人類社會和自然系統都將產生深遠的影響。人口城市化的自然變化過程對其他過程也具有直接和間接兩方面影響。

一方面，直接影響。人口城市化的自然變化過程分別對人口城市化的人口變遷過程、人口城市化的空間變動過程和人口城市化的經濟發展過程產生直接影響。第一，在人口城市化過程中，自然資源持續消耗可能導致區域資源供給和需求的失衡，這將對人口城市化人口變遷過程產生阻礙。在人口城市化初期和中期，區域特別是人口集聚程度較高的城市或地區的生態環境惡化，也會對人口城市化的人口變遷過程產生消極作用。第二，由於城市類型空間規模的擴張也依賴自然資源，因此自然資源過度消耗不利於人口城市化的空間變動過程發展。同時，生態環境變化特別是人口城市化初期和中期的生態環境惡化，要求人們加大對環境保護的重視。這對人口城市化的空間變動過程中城市類型空間擴張產生壓力。第三，人口城市化過程中的經濟生產對自然資源的依賴程度更高，自然資源過度消耗必然對人口城市化的經濟發展過程產生壓力。在既定技術水平下，部分行業生產方式粗放，對環境的負面影響大，而人口城市化過程中生態環境惡化的事實以及生態環境保護則要求限制粗放型的生產。這對經濟生產造成一定限制。可見，人口城市化的自然變化過程對人口城市化其他過程均產生直接影響。

另一方面，間接影響。由於人口城市化四個過程相互影響，因此人口城市化的自然變化過程對任一過程的影響，都會向人口城市化其他兩個過程傳導。因此，人口城市化的自然變化過程分別通過對人口變遷過程、空間變動過程和

經濟發展過程的直接影響，又間接影響其他幾個過程。

總之，人口城市化過程本身的有機結構以及由此而產生的系統特徵決定了人口城市化的自然變化過程對其他過程影響的重複性。

7.1.3 人口城市化自然變化過程與人口城市化水平變化的關係

如上文所述，本書將城市人口數量占總人口比重所表示的人口城市化率作為反應人口城市化水平的指標。與人口城市化的空間變動過程和經濟發展過程與人口城市化率的關係類似，人口城市化的自然變化過程並不直接影響人口城市化水平的變化。然而，作為人口城市化過程有機結構的一個部分，人口城市化的自然變化過程通過對人口變遷過程的直接影響和經由其他過程傳導的間接影響，最終影響人口城市化水平的變化。比如若兩個不同區域的城市或地區的自然資源稀缺程度存在明顯差異，且市場化程度較高，這樣的差異會以市場價格差異的形式體現，則兩地居民生活成本也將大幅不同。這可能影響居民的定居或遷移決策，最終影響兩地城鄉人口分佈。又如由於某區域人口迅速集聚或發展諸項對環境破壞嚴重的工業項目，以及由此帶來的各種衍生影響，包括空氣質量等在內，因此該地區生態環境特別是城市的環境迅速惡化。這可能導致居民外遷，最終導致人口城市化率變動。

人口城市化自然變化過程直接反應的是自然系統的發展變化，而不直接反應人類社會系統的發展變化。這是人口城市化的自然變化過程的重要特徵。如前文所述，人口城市化的自然變化過程由持續消耗自然資源及生態環境變化來表現，那麼無論是自然資源的消耗，還是生態環境惡化或好轉，都僅僅是自然系統變化的反應。只不過這些變化一定會向人類社會系統內部傳導而對人類社會產生各種影響。

正是由於人口城市化的自然變化過程具有僅直接反應自然系統發展變化這一特徵，因此它與人口城市化水平變化之間的關係還可從另一個視角觀察。事實上，儘管人口城市化的自然變化過程對人口城市化水平變化的間接影響與空間變動過程、經濟發展過程類似，但是自然變化過程對人口城市化水平變化所產生的影響可能更深遠。其實，包括人口城市化在內的人類社會發展都必須附著於一定的自然系統之上。從這個意義上看，自然系統的絲毫變化都可能對發展本身產生質的影響。人口城市化的人口變遷過程、空間變動過程和經濟發展過程都可能直接或間接影響區域城鄉人口分佈進而影響人口城市化率，但在人口城市化自然變化過程所表徵的自然系統的變化對人口城市化其他過程產生直接或間接的影響進而影響人口城市化率的同時，也意味著人口城市化過程發生

所依附的環境的變化。這可能導致人口城市化本身發展模式和發展空間的變化。例如，如果將植物園中一棵樹木逐漸生長粗壯的過程看作人口城市化水平的提升，樹木附著在植物園自然系統之中，那麼植物園自然系統的變化則意味著植物園中溫度、濕度、水、土壤質量等要素的變化。這些變化不但影響樹木的生長過程本身，在極端情況下可能導致樹木生長畸形甚至死亡。如果樹木畸形或死亡，那麼無法再討論樹木的生長；如果人口城市化模式變化或發展空間不再繼續，那麼也無法再討論人口城市化率的變化。因此，人口城市化的自然變化過程也意味著人口城市化過程本身賴以存續的環境的變化。這會影響人口城市化的發展模式和發展空間等。人口城市化率指標只有在既定的人口城市化發展模式和可以預見的人口城市化發展空間的前提下討論才有現實意義。

總之，人口城市化的自然變化過程與人口城市化水平變化也具有密切聯繫，而分析人口城市化的自然變化過程則需把握區域自然資源消耗及生態環境變化的影響因素及其可能產生的效應。由於考慮到中國人口數量龐大、自然資源稀缺，且在高速發展過程中生態環境發生著劇烈的變化，因此在研究發展路徑時更應將自然系統的發展變化納入人口城市化的整體分析框架。

7.2 人口城市化的自然變化過程的發展模式

7.2.1 人口城市化的自然變化過程的歷史考察

人口城市化的自然變化過程通過區域自然資源的持續消耗和生態環境的變化得以體現，那麼自然資源消耗和生態環境變化的模式是否具有一定規律呢？這可通過對發達國家歷史數據的考察進行分析。

就資源的消耗而言，以美國和英國的能源消費量為例，見圖7-1。1960—2011年，美國能源消耗量總體呈增加態勢，由期初的1,019,297.9kt油當量增加至期末的2,202,715.9kt油當量，且這個增加過程並非是簡單線性的，在能源消費量增加過程中能源消費量有時也會較之前有所減少。同樣，雖然期間有所起伏，但是英國能源消費量1960—2011年也保持總體增長態勢，從期初的158,917.7 kt油當量增加至期末的189,004.1kt油當量。因為能源的根本源泉是自然資源，所以可以看出，一個國家或地區在發展進程中始終需要消耗自然資源，但就自然資源的消耗量而言在不同發展階段可能存在不同。

就環境變化而言，以美國1940年到20世紀末的一氧化碳排放量為例觀察美國環境變化的情況，見圖7-2。自1940年以來，美國一氧化碳排放量呈先

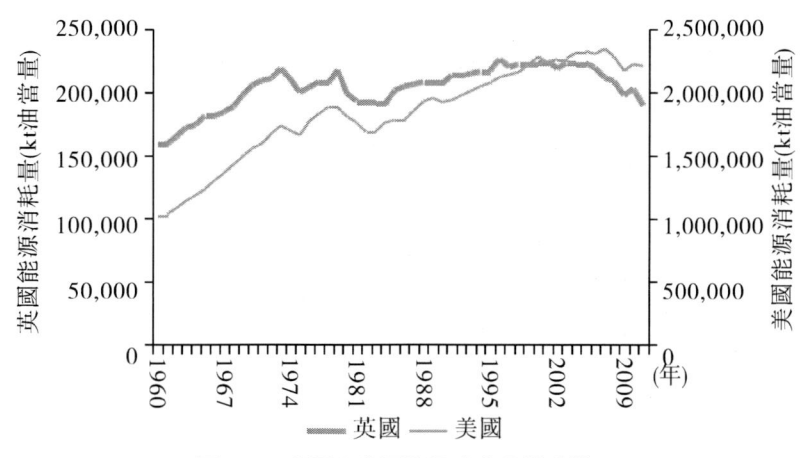

图 7-1 美國和英國能源消費量變動情況

數據來源：世界銀行數據庫。

增后減態勢，1940 年排放 93,616 千美噸①，之后逐步增加，到 1,970 增加至 129,444 千美噸，隨后排放量逐步回落，到 1998 年排放量降至 89,455 千美噸，已經低於 1940 年水平。儘管一氧化碳排放量僅是反應環境變化的一個指標，但是這可以在一定程度上說明一個國家或地區的生態環境可能大體會呈現隨著發展進程先惡化后好轉的變動趨勢。

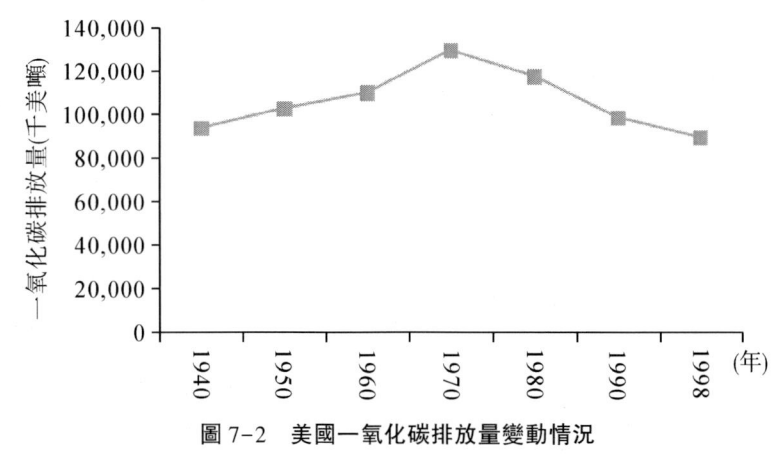

圖 7-2 美國一氧化碳排放量變動情況

數據來源：美國環境保護署報告《NATIONAL AIR POLLUTANT EMISSION TRENDS, 1900—1998》。

---

① 1 美噸 = 907.184,74 千克。

總之，在一個國家或地區的發展歷程中，自然資源的持續消耗以及生態環境的變化是客觀存在的，且總體而言表現出一定的趨勢性。更可能的情況是，自然資源的消耗和生態環境的變化與一個國家或地區的發展階段有關。如果將發展具體到人口城市化的視野之中，那麼可以說，自然資源的持續消耗及生態環境的變化也可能與人口城市化過程有一定聯繫。這也反應了研究人口城市化的自然變化過程的重要性。

7.2.2 人口城市化過程中的自然資源消耗

由上文可知，一個國家或地區在發展過程中的資源消耗是必然的。只不過在發展的不同階段，資源消耗量以及資源消耗的模式可能有所不同。同時，一個國家自然資源消耗量的變化呈現出一定的趨勢性。由圖7-1所反應的英、美兩國能源消費情況是，消費量總體而言首先增加，在21世紀初期呈現回落態勢。儘管英、美兩國的案例暫時還不完全能夠總結出一般性，但是這兩個高度發達國家的情況具有一定代表性。可以預期一個國家或地區的能源消費量在發展過程中會總體增加，但當發展程度達到一定階段后有可能能出現回落，其原因是多方面的，可能包括人口數量變動、能源使用效率提升、節能技術進步、人均能源消耗降低等。

由於自然資源消耗量與一個國家或地區的發展階段有關，因此自然資源消耗量變動與人口城市化水平變動也具有一定的內在聯繫。以美國19世紀20年代以來的數據為例，如圖7-3所示。1920—2009年，美國人口城市化率變動與石油消費量的變動有很強的相關性。在人口城市化率上升速度較快時期石油消費量也增加較快，在人口城市化率基本穩定時期能源消費量也出現起伏。同時，人口城市化率和石油消費量的相關係數達到0.973，說明兩者在統計上表現出很強的相關關係。儘管無法判斷人口城市化水平與自然資源消費量之間是否具有直接的因果關係，但是人口城市化水平與自然資源消耗兩者變動在一定程度上表現出的同時變動特徵卻是由人口城市化過程有機結構決定的。

在人口城市化快速發展時期，城市大量興建住房及相關基礎設施。這是能源消費的一個重要通道。在人口總量基本穩定的前提下，越來越多的人居住在城市。無論是由於交通參與程度提高還是由於消費方式變化等，人均能源消費都較以前有所增加。此外，與人口城市化同時發展的非農經濟快速發展，這也導致更大的能源消費需求產生。因此，人口城市化水平快速提高時期的能源消費量一般也會增加。當人口城市化水平、城市人口數量和比重基本穩定，城市新建速度放緩以及非農經濟進入結構調整主導階段后，由於能源結構改善、能源使用效率提

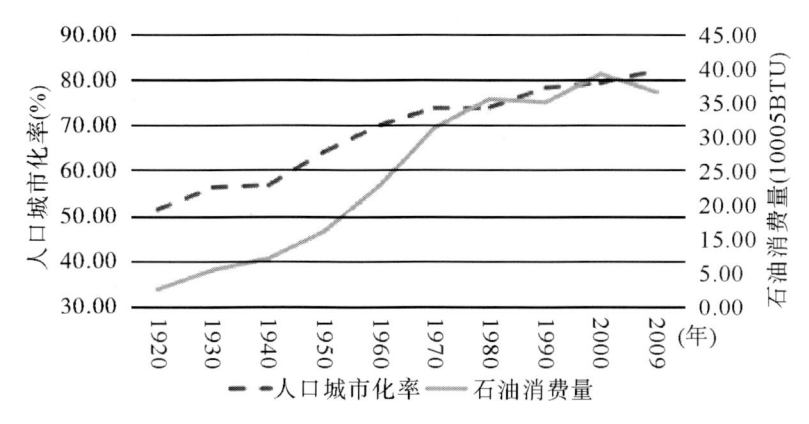

图 7-3 美國人口城市化率與石油消費量變動趨勢

數據來源：人口城市化率數據來自 U. S. Census Bureau（1993）；2000 年數據來自 U. S. Census Bureau（2004）；石油消費量數據來自 U. S. Energy Information Administration。

升等原因，能源消費量增速也可能相應放緩甚至出現下降。由此可見，人口城市化過程中的自然資源消耗與人口城市化過程本身具有緊密聯繫，人口城市化的人口變遷過程、空間變動過程和經濟發展過程都可能成為能源消費量增加的動力；而當人口城市化過程發展到一定階段，人口城市化人口變遷過程、空間變動過程和經濟發展過程也可能產生能源消費量不再持續增加甚至減少的作用力。

總之，人口城市化過程中的自然資源消耗是客觀存在的，並且表現出與人口城市化過程在一定程度上同時變動的態勢。這是由人口城市化過程的有機結構決定的。人口城市化過程中自然資源消耗量增加的動力和壓力都產生於人口城市化過程系統內部。

7.2.3 人口城市化過程中的環境變化

由上文可知，一個國家或地區在發展過程中的生態環境變化也是必然存在的。只不過在發展的不同階段環境變化所表現出的特徵可能不同，而且一個國家或地區生態環境變化也呈現出一定的規律性。若以一氧化碳排放情況作為生態環境質量下降的一方面指標來看，圖 7-2 所示的美國一氧化碳排放變動情況反應了美國生態環境經歷了先惡化后好轉的變動軌跡，即在 20 世紀 70 年代美國生態環境質量最差，其后情況逐步好轉。儘管一氧化碳排放量不能完全表示環境質量的下降，但是美國的案例也可在一定程度上代表發達國家所經歷的且發展中國家未來很可能經歷的環境變化歷程。可以預期，一個國家或地區在發展過程中生態環

境會因發展需要而呈現惡化趨勢，但當發展程度達到一定階段后，生態環境也可能好轉，其原因可能包括總能耗降低、減排技術進步等。

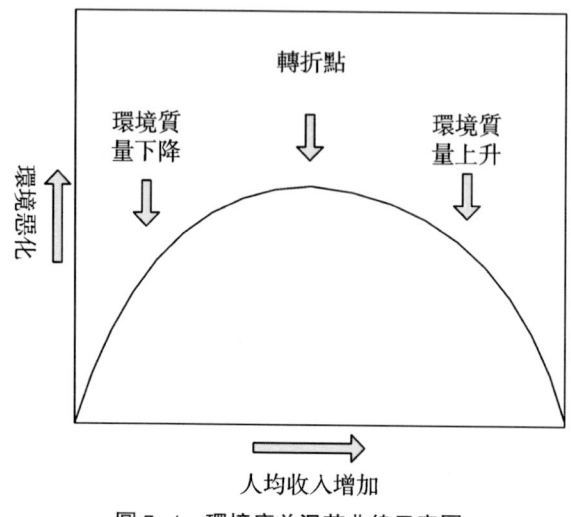

圖7-4　環境庫茲涅茨曲線示意圖

經濟學家 Simon Kuznets 提出，隨著人均收入的增加，收入不平等程度首先會加劇，但當人均收入達到一定水平后，收入不平等程度會下降，隨后這種發展與收入不平等之間的「倒U」形關係被稱作庫茲涅茨曲線。[①] 而在1991年，庫茲涅茨曲線成為描述生態環境質量與人均收入之間關係的工具，環境質量下降與人均收入兩者之間也呈現出「倒U」形曲線所表示的關係。[②] 由於與庫茲涅茨曲線類似，環境質量下降與人均收入之間的這種「倒U」關係被稱為環境庫茲涅茨曲線，如圖7-4所示。環境庫茲涅茨曲線的邏輯是：在人均收入水平低時，即在前工業時期或農業經濟時期，經濟活動對環境的影響很小，環境質量較好；伴隨著經濟發展和工業進程，自然資源消耗加劇，能源使用效率和環保技術水平低，污染物排放增多，環境破壞加劇；隨著發展的繼續，人類對清潔環境的需求也增加，人們更願意為保護生態環境付出而努力，加之后工業時期科技水平提升，故環境質量逐步改善。儘管環境庫茲涅茲曲線無法反應所有國家或地區的所有情況，並且對此也有一些討論，但是仍有許多研究對環

---

① KUZNETS S. Economic growth and income inequality [J]. The American economic review, 1955, 45 (1): 1-28.
② YANDLE B, BHATTARAI M, VIJAYARAGHAVAN M. Environmental Kuznets curves: a review of findings, methods, and policy implications [J]. Research study, 2004, 2: 1-16.

境庫茲涅茨曲線所表示的發展與環境變化之間的關係進行了實證支持。[1][2][3]

環境庫茲涅茨曲線可以反應一個國家或地區發展進程中生態環境的大體變化軌跡，即在發展中生態環境首先惡化，隨後好轉。同時，從人口城市化過程的視角來審視生態環境變化也可看出類似軌跡。圖7-5是1800—2008年美國化石能源排放與人口城市化率變動趨勢圖。由圖7-5可見，從19世紀末期到21世紀初期，美國化石能源排放量的變動與人口城市化率的提升表現出同時運動的態勢，化石能源排放大幅增加的階段也正是人口城市化率顯著提高的階段。在此期間兩者的相關係數達到0.91，也從統計上表現出由化石能源排放所反應的生態環境變化與人口城市化水平提升有顯著的相關關係。事實上，人口城市化水平與生態環境變動在一定程度上表現出的協同特徵也是由人口城市化過程所特有的有機結構決定的。

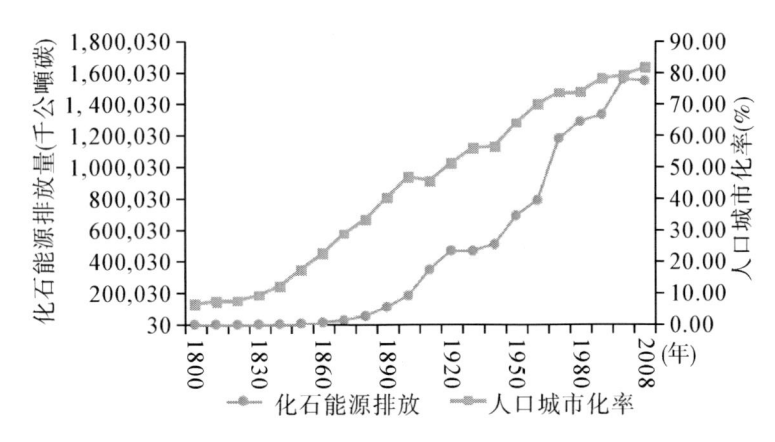

圖7-5 美國化石能源排放與人口城市化率變動趨勢圖

數據來源：1790—1990年人口城市化率數據來自U. S. Census Bureau (1993)；2000年人口城市化率數據來自U. S. Census Bureau (2004)；2008年人口城市化率數據來自世界銀行World Development Indicators (2012)；化石能源排放數據來自美國能源署Carbon Dioxide Information Analysis Center, 2011。

---

[1] ROCA J, PADILLA E, FARRÉ M, et al. Economic growth and atmospheric pollution in Spain: discussing the environmental Kuznets curve hypothesis [J]. Ecological Economics, 2001, 39 (1): 85-99.

[2] SONG T, ZHENG T, TONG L. An empirical test of the environmental Kuznets curve in China: a panel cointegration approach. China Economic Review, 2008, 19 (3): 381-392.

[3] WATA H, OKADA K, SAMRETH S. Empirical study on the environmental Kuznets curve for CO_2 in France: The role of nuclear energy [J]. Energy Policy, 2010, 38 (8): 4057-4063.

與人口城市化過程中能源消耗的邏輯類似，人口城市化的人口變遷過程、空間變動過程和經濟發展過程都通過消耗能源產生排放，進而影響生態環境。在人口城市化初期和中期，各種促使能源消費增加的因素導致相關排放量增加，生態環境質量趨於惡化；但當人口城市化發展至中後期，促使能源消費減少的因素的作用增強，加之減排技術進步及居民環保意識增強，生態環境質量又可能趨於好轉。

　　總之，人口城市化過程中生態環境變化與人口城市化過程本身具有緊密聯繫。在人口城市化特定階段，人口城市化的人口變遷過程、空間變動過程和經濟發展過程都可能是生態環境質量下降的推動力，之後也可能轉變成為生態環境質量好轉的作用力。人口城市化過程的有機結構決定了生態環境變化的推動力和靜止力也都產生於人口城市化過程系統內部。

7.3　人口城市化的自然變化過程的影響因素

　　儘管自然資源消耗量的變動、生態環境質量的變化分別與人口城市化水平提升表現出很強的相關性，但是在人口城市化過程中自然資源消耗及生態環境變化所受的影響因素却是錯綜重複的。也就是說，人口城市化的自然變化過程不但會受人口變遷過程、空間變動過程和經濟發展過程的影響，還可能受其他因素的影響。事實上，自然資源的消耗和生態環境變化最直接的影響因素不外乎人口發展、空間集聚和經濟活動。因此，基於上述研究框架，本節僅著重討論人口城市化其他各過程對人口城市化的自然變化過程的影響。

7.3.1　人口變遷過程的影響

　　人口城市化的人口變遷過程包括了人口在生存空間、生產方式以及生活方式三個方面的轉變。這些就個體而言微觀層面的轉變，在宏觀層面都會對人口城市化的自然變化過程即能源消耗和生態環境變化產生影響。由於人口生活方式由傳統農村類型向現代城市類型轉變發生的作用最明顯，且生存空間和生產方式轉變所帶來的影響可由人口城市化的空間變動過程和經濟發展過程體現，因此這裡主要討論人口生活方式的轉變及其效應。

　　在人口城市化過程中，在人口總量仍在增加的階段，越來越多的人由農村移居城市，傳統農村生活方式逐漸向現代城市生活方式轉變，其中，消費行為的變化對自然資源消耗和生態環境變化的影響最顯著。由於消費行為是指對產

品及服務的選擇和處置過程,那麼從城鄉居民物品消費情況的差異可以看出城鄉生活方式之間的差異。由於城鄉在居民收入、消費品和服務獲得難易程度、生活習慣等方面存在固有差異,因此農村人口和城市人口的消費行為也顯著不同。由表7-1可見,儘管差距在逐漸縮小,但是中國一些主要家庭耐用消費品擁有量在城市和農村之間的差異依然明顯,城市居民比農村居民更普遍地使用這些耗能家用產品。儘管這裡以能耗產品為例,但是能源歸根究柢來源於自然資源。由此可見,相比農村居民而言,城市居民在生活當中對自然資源的需求和消耗都更多,對生態環境的影響也更大。

表7-1　中國城鄉居民家庭平均每百戶年底耐用消費品擁有量

單位:臺

指標	城鄉類型	1990年	1995年	2000年	2005年	2010年
洗衣機	農村	9.12	16.9	28.58	40.2	57.32
	城鎮	78.41	88.97	90.5	95.51	96.92
電冰箱	農村	1.22	5.15	12.31	20.1	45.19
	城鎮	42.33	66.22	80.1	90.72	96.61
空調	農村	–	0.18	1.32	6.4	16
	城鎮	0.34	8.09	30.8	80.67	112.07
彩色電視機	農村	4.72	16.92	48.74	84.08	111.79
	城鎮	59.04	89.79	116.6	134.8	137.43

數據來源:《中國統計年鑒(2012)》。

在中國當前總人口發展態勢下,人口城市化的人口變遷過程意味著人口城市化率逐步提高和城市人口越來越多。總體而言,城市居民對自然資源的消耗也隨之增多。中國人口城市化率的提高與生活能源消耗量及生活用水量的增加有緊密聯繫。圖7-6反應了2000—2010年中國生活用水和生活能源消費量隨人口城市化率提升而變動的趨勢,氣泡大小表示人口城市化率。由圖7-6可見,21世紀前十年中國人口城市化率大幅提升,同期生活用水總量與生活能源消費量也隨之明顯增加。2000—2010年,中國人口城市化率由36.22%提升至49.95%,期間生活用水總量由574.9億立方米增加至765.8億立方米,生活能源消費量由15,614萬噸標準煤增加至34,558萬噸標準煤。需要說明的是,2000—2010年,中國人均生活用水量由435.4立方米/人增加到450.2立方米/人,增長了3.39%,而同期生活用水總量由574.92億立方米增加到765.83億立方米,增長了33.21%。可見,人均生活用水量增加對

生活用水總量增加的影響有限。同時，中國人均生活能源消費量增長了1.09倍而中國生活能源消費總量增長了1.21倍，人均生活能源消費總量增幅也小於生活能源消費總量增幅。可見，由於現代城市生活方式較傳統農村生活方式對水資源和能源的需求和消耗更多，因此越來越多農村居民移居城市對生活中自然資源消耗量增長的影響不容忽視。

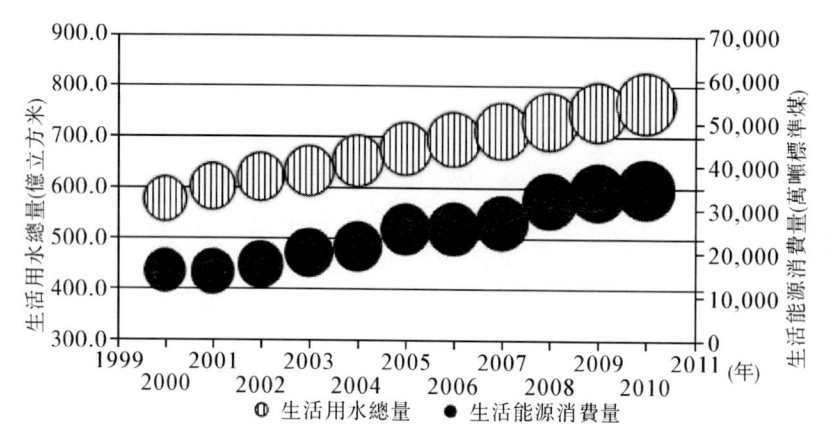

圖7-6　中國生活用水總量、生活能源消費量隨人口城市化率變動趨勢圖
數據來源：《中國統計年鑒（2004）》《中國統計年鑒（2008）》《中國統計年鑒（2012）》。

除對能源消費量變化產生影響之外，人口城市化的人口變遷過程還會影響生態環境，其中仍然以移居城市居民的生活方式特別是消費行為的轉變影響最重要。一方面，消費自然資源的城市居民數量的增加會影響生態環境。以能源消費為例，生活能源消費影響環境主要體現在能源生產過程中生態破壞以及能源使用過程中有害氣體排放等。生活能源消費增加則意味著生產和供應能源時對生態有更大的負面影響，居民在能源使用過程中排放更多對環境有負面影響的氣體。圖7-7是中國1990—2009年生活二氧化碳排放量隨人口城市化率提升變動趨勢圖，氣泡大小表示二氧化碳排放量。假定期間生活二氧化碳排放量占二氧化碳排放總量的比重不變，按照2000年生活二氧化碳排放量為382萬噸及當年二氧化碳排放總量340,518萬噸估算各年度生活二氧化碳排放量。如圖7-7所示，1990—2009年中國人口城市化率由26.41%提高至48.34%，同期生活二氧化碳排放量由276萬噸增加至862萬噸。圖7-7所示的生活二氧化碳排放量增加與人口城市化率的提升存在同時變化的態勢。這在一定程度上說明中國人口城市化過程中城市居民逐漸增多與生活二氧化碳排放量增加不無關係，即人口城市化的人口變遷過程與生態環境變化存在一定的內在聯繫。另一

方面，城市居民增加意味著更多生活垃圾的產生，2005—2011年中國人口城市化率由42.99%提升至51.27%，而同期中國城市生活垃圾清運量由15,576.8萬噸增加至16,395.3萬噸。儘管生活垃圾無害化處理率也在同時提高，但是更多人口參與城市生活也必然對環境質量產生影響。

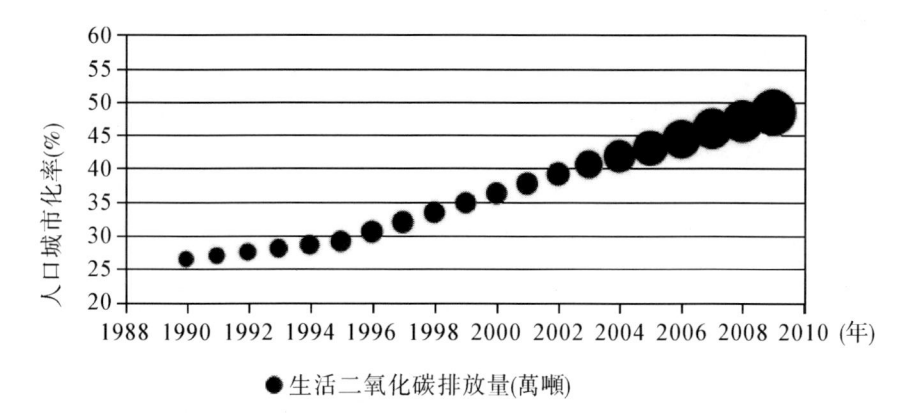

圖7-7 中國生活二氧化碳排放量隨人口城市化率變動趨勢圖

註：生活二氧化碳排放量根據歷年二氧化碳排放量及2000年生活二氧化碳排放量估算而得。二氧化碳排放數據來自世界銀行數據庫，人口城市化率數據來自《中國統計年鑒（2012）》。

總之，人口城市化的人口變遷過程對自然資源消耗和環境變化產生的影響主要通過越來越多城市居民更多的能源消費及相關生活方式的變化得以體現，而要減少這種負面影響，則城市居民消費行為由高能耗、高污染向低能耗、低污染的轉變顯得尤為重要。

7.3.2 空間變動過程的影響

城市類型空間的規模擴大和集聚本身就是需要消耗資源的過程。人口城市化的空間變動過程不但意味著更多的自然資源消耗，而且也會間接或直接對生態環境產生影響。

第一，城市建設、公共設施建設和營運等大量消耗自然資源。其一，人口城市化過程中城市類型空間規模的大幅度擴大，是基礎設施、商業建築、住宅、廠房等各種用途建築建設並完成的結果。這些建築的建設過程本身就消耗自然資源，並對生態環境產生影響。其中，資源消耗如鋼筋、水泥、石灰等建築材料本身的消耗以及材料運輸、建設施工過程的能源消耗等，對環境產生負面影響如建築廢料排放等。其二，城市公共設施的營運也產生大量能源消耗。城市類型空間的公共設施完

善城市的一些基本功能，而大部分農村類型空間則不具備這些功能。因此，城市類型空間規模擴大導致基礎設施營運對資源的需求增加。以城市道路照明燈為例，2000年中國約有城市路燈473萬盞，到2005年增加至1,207萬盞，到2011年進一步增加至1,949萬盞，六年增幅達61.5%。哪怕路燈每天只保持打開狀態幾小時，其用電量也不容小覷。其三，城市存在對自然資源的基本需求，城市類型空間規模的擴大加劇資源消耗及相關污染。城市集中供熱情況的變化可反應城市能耗的變動。據中國統計年鑒數據顯示，2005年中國城市集中供應熱水總量為139,542萬吉焦，到2011年增加至229,251萬吉焦。集中供熱是城市類型空間對自然資源的基本需求。這樣的需求在農村地區尚不明顯，且不易操作。

　　第二，城市類型空間增加和集聚導致區域生態自我修復能力下降。一般而言，區域自然系統具有一定的生態環境自我修復能力，即當生態環境受到損害時，在一定條件下可能自我修復。自然系統較少受到人為因素影響，則更易於保持較好的區域生態環境自我修復能力。農村類型空間區域廣闊，一般承載著農業生產，各項基礎設施也相對薄弱，人為因素對自然系統的影響較小，因此農村類型空間的生態環境自我修復能力也較強。在中國的城市中，特別是大中型城市，儘管存在城市綠化等希望增強生態環境自我修復能力的措施，但是實際上城市中的自然生態系統已經遭到很大程度的破壞，城市裡已經很難再看到未經人為因素影響的自然元素。極端地說，城市裡生態環境的自我修復能力可謂基本喪失。因此，城市類型空間規模的擴大和集聚將致使城市區域和大中型城市特別是市中區的自然生態系統受到人為因素的影響，區域生態環境的自我修復能力下降甚至喪失，而且這一趨勢很難逆轉。

　　第三，城市交通系統有害氣體排放對環境產生負面影響。城市的發展離不開交通系統的支持，反之亦然。也就是說，人口城市化的空間變動過程與城市交通發展相互支撐。城市類型空間規模擴大和集聚的過程同時也是城市交通系統不斷發展和完善的過程。以城市道路為例，據中國統計年鑒數據顯示，2000年年末中國城市實有道路長度為159,617千米，到2005年增加至247,014.9千米，到2014年進一步增加至352,333千米。中國城市公共交通營運汽車數量的變化也可以反應人口城市化的空間變動過程中的城市交通發展情況。據中國統計年鑒數據顯示，2000年年末中國公共交通車輛營運數和出租汽車數量分別為22.6萬輛和82.6萬輛，到2005年分別增加至31.3萬輛和93.7萬輛，到2014年分別進一步增加至47.6萬輛和107.4萬輛。除城市公共營運車輛的大量增加外，因個人及家庭收入增加，中國的私人汽車擁有量也大幅增加。汽車作為目前城市主要交通工具，汽車嚴重依賴石油、天然氣等能源，而且包含一氧化碳、二氧化硫和一些

重金屬等在內的汽車尾氣排放也會對生態環境造成較大消極影響。

總之，人口城市化的空間變動過程在導致自然資源消耗增加的同時，在資源獲取、保存、運輸、消費各個環節當中都相應地產生對生態環境的消極影響。由於農村類型空間向城市類型空間轉變的過程幾乎是不可逆的，因此要想削弱人口城市化的空間變動過程對環境變化過程的負面影響，就必須更加重視節能環保技術水平提升、新型和清潔能源的開發使用，或者對人口城市化空間變動過程本身進行反思和限制。

7.3.3 經濟發展過程的影響

在人口城市化進程中，農業經濟為主體的經濟體系向非農經濟為主體的經濟體系轉變，即就業結構和經濟結構向非農為主體轉變。無論是自然資源消耗還是生態環境變化，農業經濟向非農經濟轉變的作用都很大。

儘管人為因素如水利設施、機械化等能有效增加農業經濟產出，但是總體來說，人工因素對農業經濟的影響有限，農業為主的經濟體系對自然系統的依賴程度仍很重，且對不可再生自然資源的消耗是有限的。以種植業為例，除人力外，土地、陽光、雨水等自然因素對經濟產出具有決定性作用。同時，這些自然因素都可重複使用，依託於這些自然因素的經濟生產不但不會對生態環境產生消極影響，反而有利於自然生態系統。與之相對應，對於非農經濟特別是工業經濟，除部分可再生自然資源和農產品外，經濟生產還需要大量不可再生自然資源（如礦產、化石能源等）作為原材料。同時，經濟生產常有各種廢氣、廢水、固體廢棄物等向自然系統排放，其中一部分可以被無害化處理，還有一部分無法處理或暫時沒有條件處理。這給生態環境帶來較大的消極影響。

人口城市化的經濟發展過程正是經濟體系由農業經濟為主體向非農經濟為主體轉變。這帶來自然資源消耗的大幅增加和生態環境質量的下降。在既定技術水平下，基於工業的非農經濟發展既離不開資源消耗，也無法避免污染環境，這是由工業生產的本質決定的。就資源消耗而言，如表7-2所示，1980—2010年，中國農、林、牧、漁、水利行業耗能量占能源消耗總量比重由5.76%下降至1.99%，工業耗能占比卻由68.04%上升至71.12%。三十年間農、林、牧、漁、水利行業耗能量增加不到一倍，而工業耗能量增加了4.64倍。同期，第一產業生產總值占比由30.2%下降至10.1%，降幅達20.1個百分點。可見，人口城市化的經濟發展過程不但意味著工業等非農產業的不斷發展，也意味著更多的自然資源消耗。就環境污染而言，如圖7-8所示，1995—2010年，中國工業廢氣排放總量由123,407億標立方米增加至519,168億標立

方米，呈上升趨勢；同期，第一產業比重由 19.96% 降至 10.10%，呈下降趨勢。可見，人口城市化的經濟發展過程對生態環境具有顯著的負面影響。

表 7-2　　　　中國第一產業比重變動及相關行業能耗變動情況

單位：萬噸標準煤，%

年份	農、林、牧、漁、水利行業耗能	占比	工業耗能	占比	第一產業比重
1980	3,471	5.76	41,010	68.04	30.2
1985	4,045	5.28	51,068	66.60	28.4
1990	4,852	4.92	67,578	68.47	27.1
1995	5,505	4.20	96,191	73.33	20
2000	3,914	2.69	103,774	71.31	15.1
2005	6,071	2.57	168,724	71.49	12.1
2010	6,477	1.99	231,102	71.12	10.1

數據來源：1980 年、1985 年能耗數據來自《中國統計年鑒（1996）》，其他數據來自《中國統計年鑒（2012）》。

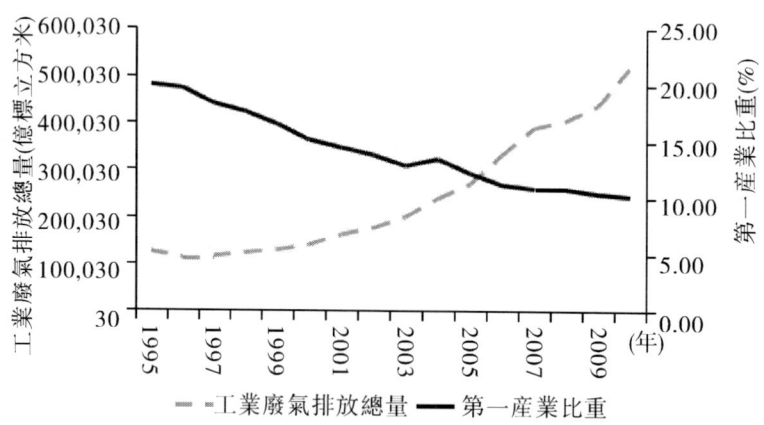

圖 7-8　中國第一產業比重及工業廢氣排放量變動趨勢

數據來源：歷年《中國統計年鑒》。

除工業外，建築業和第三產業也具有資源消耗多、環境影響大的特徵。非農經濟發展帶來大量能源消耗和嚴重的環境損害，人口城市化的經濟發展過程對自然變化過程的影響相當顯著。鑒於未來一段時間內非農經濟特別是工業經

濟仍將是中國國民經濟的重要構成部分，且工業生產消耗能源、污染環境的特徵又無法改變，提升技術水平、優化經濟結構、發展環保產業等方面可能將對未來減少能耗和提升環境質量發揮重要作用。

7.4 生態文明與中國人口城市化的自然變化過程

7.4.1 中國人口城市化的自然變化過程發展現狀

人口城市化的自然變化過程包括自然資源消耗和生態環境變化兩個方面。綜合來看，對中國當前人口城市化的自然變化過程發展現狀的判斷主要有以下三個方面：

第一，自然資源消耗隨人口城市化水平快速提升而迅速增加。以能源資源為例，中國能源消費總量和人均生活能源消費量增加。約在1996年中國人口城市化進入快速發展階段。1996—2010年，人口城市化率由30.48%上升至49.95%，人口城市化水平顯著提升。在此期間，中國能源消費量和人均生活能源消費均持續增加，如圖7-9所示。1996—2010年中國能源消費總量和平均每人生活能源消費量增加，分別由期初的135,192萬噸標準煤和120.51千克標準煤增加至324,939萬噸標準煤和258.34千克標準煤，增幅明顯。中國人口城市化過程中用水總量和人均用水量也呈增加態勢。2000—2010年，中國用水總量和人均用水量均有所增加，分別由期初的5,497.6億立方米和435.4立方米增加至6,022億立方米和450.2立方米，分別增長了9.54%和3.39%。此外，人口城市化過程中的城市建設和擴張也消耗了大量土地資源。

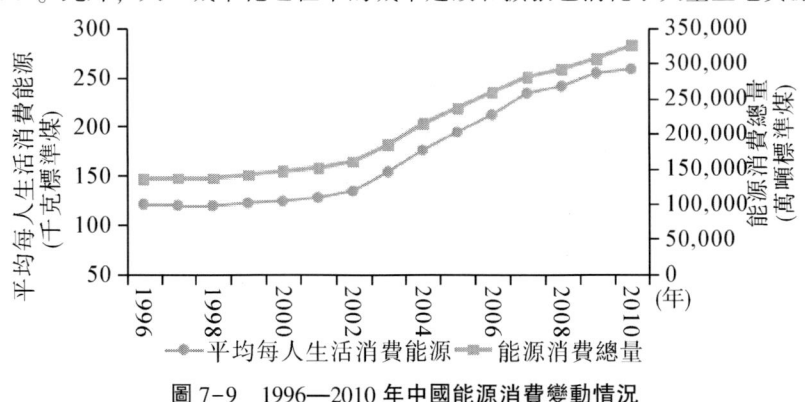

圖7-9　1996—2010年中國能源消費變動情況

數據來源：《中國統計年鑒（2012）》。

第二，自然資源消費結構特徵明顯。以能源為例，中國人口城市化過程中能源消費結構趨於優化，但依然嚴重依賴煤炭。能源是區域社會經濟發展和人口城市化的重要支撐。能源消費結構及其變動是資源消費的一方面反應。中國人口城市化過程中能源消費結構呈優化態勢，對生態環境污染少的非化石能源消費的比重在一定程度上上升。如表 7-3 所示，1985—2010 年，中國能源消費量中煤炭所占比重總體降低，石油所占比重變化不大，天然氣、水電、核電、風電等非化石能源所占比重呈上升態勢。儘管中國能源消費結構優化趨勢明顯，但是能源消費對化石能源特別是煤炭的依賴依然嚴重。由表 7-3 可見，2010 年煤炭占能源消費總量的 68%，接近七成。作為化石能源，煤炭的消費不但會產生溫室氣體並影響氣候變化，也會產生雜質、烟塵等並影響空氣質量。

表 7-3　　　　　　　　　　中國能源消費結構變動情況

年份	能源消費總量（萬噸標準煤）	占能源消費總量的比重（%）			
		煤炭	石油	天然氣	水電、核電、風電
1985	76,682	75.8	17.1	2.2	4.9
1990	98,703	76.2	16.6	2.1	5.1
1995	131,176	74.6	17.5	1.8	6.1
2000	145,531	69.2	22.2	2.2	6.4
2005	235,997	70.8	19.8	2.6	6.8
2010	324,939	68	19	4.4	8.6

數據來源：《中國統計年鑒（2012）》。

第三，隨著人口城市化過程的推進，生態環境總體趨於惡化，且「倒 U」形曲線的拐點還遠未到來。如上文所述，在人口城市化不同階段，生態環境質量變化的方向可能不同，人口城市化過程中的環境質量可能先下降後好轉。中國人口城市化剛剛經歷了從穩定到加速的發展階段。在此過程中，生態環境總體而言質量下降，這從持續增加的主要污染物得以反應。一是廢氣排放顯著增加。2000 年到 2010 年間，中國工業廢氣排放總量由 138,145 億立方米增加到 519,168 億立方米，累計增幅達 276%；二氧化硫排放總量由 1,995.1 萬噸增加至 2,185.1 萬噸。二是水污染區域嚴重。據世界銀行相關數據顯示，2003—2007 年，中國水中每日有機污染物排放量由 7,066.1 噸增加至 9,428.9 噸，增幅明顯。此外，快速人口城市化給城市環境帶來壓力，城市生態環境質量下

降。如有研究指出，全國90%的城鎮水域和65%的飲用水源受到不同程度的污染，而全國城市污水處理率只有36%；全國城市年產生活垃圾約1.5億噸，在50%的垃圾處理率中只有10%達到無害化處理標準。① 總之，中國的環境質量正處於下行通道中，環境轉變拐點尚未到來。如有研究指出，人均GDP達到5,000~8,000美元時環境質量發生變化，而目前中國經濟發展水平遠未達到這一水平。②

無論是自然資源消耗還是生態環境變化，都是中國人口城市化自然變化過程的表現。對其發展現狀的把握以及發展過程中存在問題的分析和解決，有助於對中國總體人口城市化過程有更深入的理解，以促進其可持續發展。

7.4.2 中國人口城市化的自然變化過程存在的問題及成因

中國人口城市化的自然變化過程存在以下主要問題。這些問題對人口城市化總體可持續發展可能產生消極影響。

一方面，自然資源存在供需矛盾。一是能源供需矛盾存續。在中國人口城市化過程中，長期以來能源消費量超過一次能源生產量，能源供給對進口的依賴程度逐步加深，如表7-4所示。從1995—2010年部分年度數據來看，雖然中國一次能源生產量穩定增長，由1995年的129,034萬噸標準煤增加至2010年的296,915萬噸標準煤，但是各年度數量均小於能源消費總量。1995年消費與生產之差為5,219萬噸標準煤，而2010年這一差值達到28,023萬噸標準煤。同期能源進口量卻呈增加態勢，由期初的5,456萬噸標準煤，增加至期末的55,736萬噸標準煤。也就是說，在人口城市化快速發展進程中中國能源供需存在矛盾，供給小於需求，部分能源消費需依靠能源進口。可以預期，未來中國能源供需矛盾將長期存在。如有研究表明，雖中國未來能源生產能力可保持穩定增長，但受制於資源約束，能源產量增速不會太高，而能源需求因城市化強力拉動而大幅增加，中國能源供應對外依存度越來越高，能源安全問題顯現。③ 二是水資源形勢嚴峻。無論人口城市化發展、生產還是生活，水資源都必不可少。儘管中國總體水資源比較豐富，但是人均水資源極為稀缺，可以說

---

① 李雙成，趙志強，王仰麟. 中國城市化過程及其資源與生態環境效應機制 [J]. 地理科學進展，2009（1）：063-070.
② 李建新. 環境轉變論與中國環境問題 [J]. 北京大學學報：哲學社會科學版，2000（6）：105-111.
③ 高文永，單葆國. 中國能源供需特點與能源結構調整 [J]. 華北電力大學學報：社會科學版，2010（5）：1-6.

中國水資源形勢嚴峻。中國水資源的人均佔有量為 2,200 立方米，約為世界人均水平的四分之一，排在世界第 110 位，中國被列為世界十三個貧水國家之一。同時，目前中國有 16 個省（市、區）人均水資源量低於嚴重缺水線，有 6 個省（市、區）人均水資源量低於 500 立方米，到 2030 年預計中國人均水資源量將下降至 1,750 立方米。① 三是土地和耕地資源稀缺。推進人口城市化必然要占用土地，這由城市建成區面積的變化可以看出。2002 年中國城市建成區面積為 25,972.6 平方千米，到 2010 年達到 40,058 平方千米，八年間增幅顯著。人口城市化占用土地，總體而言土地資源逐步減少。同時，原用於農業的耕地被侵占，耕地資源也相應減少。事實上，中國耕地資源減少已是事實。有研究指出，中國耕地資源數量自 20 世紀 80 年代起緩慢下滑，1999 年後更因生態退耕迅速減少。② 在耕地資源數量減少的同時，耕地質量也存在一定問題，如耕地部分質量要素和局部區域耕地質量惡化問題突出③。這進一步加劇耕地資源的稀缺程度，嚴重時可能危及中國糧食安全。

表 7-4　　　　　　　　　中國能源綜合平衡表　　　　單位：萬噸標準煤

項目	1995 年	2000 年	2005 年	2010 年
可供消費的能源總量	129,535	142,604.8	232,225.1	339,687
一次能源生產量	129,034	135,047.6	216,218.5	296,915.7
回收能源量	2,312	1,759.74	2,938.812	5,143.081
進口量	5,456	14,334	26,952	55,736
出口量	6,776	9,633	11,448	8,846
年初、年末庫存差額	-491	1,096.68	-2,436.47	-9,262
能源消費總量	131,176	145,530.9	235,996.7	324,939.2

數據來源：《中國統計年鑒（2012）》。

另一方面，生態環境問題已經成為人口城市化及區域可持續發展的制約因素。一是城市生態環境惡化。儘管有工業發展、居民生活水平提升、科技發展等多方面因素的積極影響，但是中國人口城市化過程中生態環境質量下降已是不爭的事實，如城市空氣污染嚴重，水體受到污染，城市垃圾堆積，生態系統

---

① 張利平，夏軍，胡志芳. 中國水資源狀況與水資源安全問題分析 [J]. 長江流域資源與環境，2009（2）：116-120.

② 封志明，劉寶勤，楊艷昭. 中國耕地資源數量變化的趨勢分析與數據重建：1949-2003 [J]. 自然資源學報，2005（1）：35-43.

③ 陳印軍，等. 中國耕地質量狀況分析 [J]. 中國農業科學，2011，44（17）：3557-3564.

越發脆弱。有研究指出，中國城市空氣中的主要污染物二氧化硫、可吸入顆粒物（PM10）等普遍超標，城市的空氣質量長期處於不健康的狀態。全國三分之一河流遭受嚴重污染，超過一半城市的市區地下水污染嚴重。在 113 個環保重點城市中，14%的城市飲用水水質全部不達標，20.1%的飲用水源地水質不達標。全國城市每年產生垃圾 1.6 億噸，占世界總量四分之一以上，且每年以 8%~10%的速度增長。多數城市生態足跡和生態承載力比值低於世界 1.22 的平均值。① 一個地區生態環境惡化可能導致人口外遷。中國人口城市化過程中的種種環境問題，已經成為制約人口城市化和區域可持續發展的不利因素。二是環保、新能源等行業發展不充分。一般情況下，環保、新能源等行業既能促進經濟發展又有利於環境保護。然而由於行業起步晚、市場公平程度不足、發展資金受限等原因，中國的環保、新能源等有利於生態環境的行業發展程度離發達國家還有較大差距。在經濟發展和生態環境的矛盾日益加劇的當前，這些行業的發展對促進人口、經濟、資源和環境可持續發展的意義是顯而易見的。

　　造成上述中國人口城市化的自然變化過程出現問題的原因是多方面的。綜合來看，主要有以下三點：第一，扭曲的發展觀念。中國改革開放以來，經濟建設成為核心發展目標。中國經濟三十多年高速增長，震驚世界。儘管經濟增長的效益明顯，但是由此帶來的發展觀念的扭曲也存在弊端。中國經濟增長造就了 GDP 的快速增加，但這是以能源的過度消耗和環境的嚴重破壞為代價的。當 GDP 成為地方政府考核的首要指標之後，地區間拼項目上馬、拼經濟增速、拼生產總值，早已將自然資源約束和生態環境惡化放在極不重要的位置。中國的經濟高速增長沒能完全擺脫經濟高增長、環境高負荷的發展模式。② 就人口城市化而言，部分地區盲目推進人口鄉城遷移，進行城市擴容，大型和特大型城市不斷出現，但沒有足夠重視城市病、城市大氣污染、水污染、空氣污染等。這導致人口城市化率指標數值提升的同時，城市居民生活質量卻出現下降等問題。這些問題越發嚴重，在一定程度上抵消了城市化發展帶來的效益。③ 2005 年時任中國環境保護總局副局長的潘岳就曾指出，「我們一直有一個思想上的誤區，認為單純的經濟增長就等於發展。只要經濟發展了，就有足夠的物質手段來解決現在與未來的各種政治、社會和環境問題。然而現實是，如果政治文明不跟進、社會發展不協調，環境保護不落實，經濟發展將會受到更大制

---

① 金賢鋒，等. 中國城市的生態環境問題 [J]. 城市問題，2009（9）：5-10.
② 陳楨. 產業結構與就業結構關係失衡的實證分析 [J]. 山西財經大學學報，2007（10）：32-37.
③ 信欣. 城市化過程中的生態問題與生態補償 [J]. 城市問題，2009（8）：66-70.

約,因為經濟發展取得的大部分效益是在為所欠的生態債而付帳,為滯後的體制而付帳,為加重的社會矛盾而付帳。」① 可見,當前中國之所以面臨資源供需矛盾和環境惡化問題,發展觀念扭曲難辭其咎。

第二,特定的發展階段。無論是經濟發展還是人口城市化,都需要以一定的工業發展為基礎。中國的人口城市化不是在很好的工業發展基礎上推進的。中國的人口城市化與工業化是同時發展的,這是由中國當時特定的發展階段決定的。在人口城市化發展初期,中國工業基礎相當薄弱,完全無法與發達國家在工業革命這一工業發展黃金時期相提並論。既然中國的人口城市化與工業化共同發展,那麼鑒於工業生產的本質,工業快速發展必然消耗大量自然資源,並且相應地有較多的污染物排放,對生態環境會產生較大程度破壞。因此,人口城市化過程中自然資源過度消耗以及生態環境惡化也就在情理之中。中國特定的發展階段也是中國的資源和環境問題產生的原因之一。

第三,科技水平限制。由於工業化起步晚、發展資金限制等原因,中國的科技水平較低,對發展進程中的資源節約和環境保護能力產生限製作用。這也是中國人口城市化過程中存在資源供需矛盾以及環境惡化的原因之一。就資源消耗而言,較高的科技水平則可能產生較小的浪費,比如能源轉換和使用效率、能源傳輸過程中的損耗等方面,又比如節水、節能等技術。就環境污染而言,較高科技水平有利於減少污染物排放,有助於改善甚至恢復已經受到破壞的生態環境,如工業生產中的廢氣回收再利用技術,又如污水處理和空氣淨化技術等。此外,更先進的技術有利於如核能等污染小的新能源的開發和利用。總之,落後的科技水平限制了中國緩解資源供需矛盾以及解決環境惡化問題的能力的提升。

7.4.3 生態文明與中國人口城市化的自然變化過程

生態文明給予資源和環境問題充分的重視,而中國人口城市化的自然變化過程中存在的資源過度消耗、環境惡化等問題,不利於生態文明視角下人口城市化的推進。

一方面,生態文明視角下的中國人口城市化的自然變化過程是自然資源有序開發並合理消費、生態環境得到保護的過程。中國過分追求速度的發展模式導致包括能源、土地等在內的自然資源的無序開發和無度消費。這對於人均資源極度稀缺的中國而言意味著發展的不可持續。相應地,資源的無序開發和無

---

① 潘岳. 中國環境問題的根源是我們扭曲的發展觀——在財富論壇上的講話 [EB/OL]. [2005-05-20]. http://env.people.com.cn/GB/1072/3401137.html.

度消費必然導致環境質量下降甚至生態環境惡化，則發展的質量顯然無法令人滿意。生態文明意味著發展要重質量輕數量，並且秉承可持續發展的理念。也就是說，在生態文明視角下的中國人口城市化的自然變化過程中，自然資源的開發應是有序的，資源的消費應是合理且高效的。人類應提倡節約和減少資源消費，並將發展帶給生態環境的消極影響減弱甚至消除，保證生態環境的自我修復功能不被破壞，最終促進可持續發展。

另一方面，生態文明視角下的中國人口城市化自然變化過程是人類社會與自然資源、生態環境協同發展的過程。中國的人口城市化過度看重人類發展，而或多或少忽略了自然資源和生態環境變化。這導致人類發展與自然發展失調。中國近年來取得了顯著的發展成就，但不得不同時承受著資源壓力和環境傷痛。自然資源的供需矛盾成為制約未來發展的因素，環境惡化也在一定程度上抵消了發展帶來的效益。生態文明強調人與自然協調發展，即推進人口城市化總體進程的同時應注意人與自然的協調，在資源和環境的約束下合理推進人口城市化，否定以往導致自然遭受嚴重破壞的人口城市化，推進水平適度、人口資源和環境協調發展的人口城市化。

7.5 本章小結

人口城市化的自然變化過程是指人口城市化過程中自然資源不斷消耗、生態環境發生變化的動態過程。人口城市化過程的有機結構決定了人口城市化過程中自然資源消耗客觀存在，並且與人口城市化過程在一定程度上同時變動。自然資源消耗量增加的動力和壓力都產生於人口城市化過程系統內部。在人口城市化的不同階段，生態環境質量變化方向可能不同。一般而言，生態環境質量的下降隨人口城市化的推進呈現「倒 U」形變動態勢。同樣基於人口城市化過程的有機結構，人口城市化的自然變化過程對人口變遷過程、空間變動過程和經濟發展過程產生影響的同時也受到來自每個過程的相應影響。中國自然資源的消耗隨人口城市化總體進程的推進而迅速增加，且自然資源消費具有一定的結構特徵，生態環境也總體趨於惡化。由於扭曲的發展觀念、特定的發展階段以及科技水平限制等因素的影響，中國人口城市化的自然變化過程存在自然資源供需矛盾、生態環境惡化等不利於人口城市化及可持續發展的問題。生態文明給予資源和環境問題充分的重視，而中國人口城市化的自然變化過程中存在的資源過度消耗、環境惡化等問題，不利於生態文明視角下人口城市化的推進。

8 基於生態文明視角的中國人口城市化：系統思維與實證

8.1 生態文明、人口城市化與系統思維

8.1.1 生態文明視角下的人口城市化系統

生態文明與人口城市化之間有內在的邏輯聯繫，因此應將人口城市化過程置於生態文明視角之下來探討。從橫向來看，人口城市化涉及人口、空間、經濟、資源和環境等眾多方面，其發展變化是由各方面的發展變化及其過程中的交互作用共同決定的；從縱向上看，儘管各地略有差異，但是總體而言人口城市化過程有其內在發展規律。因此，以生態文明理念來審視人口城市化過程，不但要求用生態文明的價值判斷標準衡量和評價人口城市化發展，而且要充分尊重人口城市化過程本身的有機結構和發展規律。

系統性思維強調事物之間的相互關係以及事物的綜合與集成，重視事物的結構及其整體功能。本書討論了人口城市化過程的發展規律和有機結構，從橫向上將人口城市化過程分解為人口變遷過程、空間變動過程、經濟發展過程和自然變化過程四個子過程，並對每個過程的發展規律及其與其他過程之間的相互影響進行了討論；在縱向上探討了人口城市化四個子過程各自的發展規律以及人口城市化總體進程的初期、中期和末期三個發展階段。可以看出，正是由於人口城市化過程有特定的有機結構和發展規律，以及生態文明對全面、協調的強調，因此基於生態文明視角探討人口城市化過程，有必要借助系統性思維。

在思維形式方面，人口城市化過程可以被看作一個系統。它由四個子系統即人口變遷子系統、空間變動子系統、經濟發展子系統和自然變化子系統構成。各子系統之間交互影響、共同發展，從整體上表徵人口城市化的總體進

程。在研究方法方面，可以借助系統動力學方法研究和討論人口城市化系統的發展變化趨勢。因此，本書在人口城市化過程理論研究的基礎上利用系統動力學的建模和仿真方法來研究中國人口城市化發展道路問題，以期對基於生態文明視角的人口城市化有更直觀的理解。

需要說明的是，使用系統動力學方法需要對人口城市化系統進行建模，而模型並不可能完全複製客觀世界，因此它具有各種局限性。正如馬爾薩斯在當時社會經濟背景下做出悲觀預期，並沒有預料到工業革命帶來的巨大變化。本書所建人口城市化系統模型及對其的分析也不可避免地受到當前社會經濟背景的制約。因此，只要模型符合中國當前社會經濟背景的總體情況，並且各預置條件合理，那麼可以認為可以用來對相關問題進行分析。

8.1.2 問題、系統的邊界和結構

建模的目的往往是為了對特定問題進行分析而不是模擬世界。本書也不例外，事實上沒有任何一個模型可以完全模擬客觀世界。只要有助於解決特定問題的模型即被認為是好的。本書建立中國人口城市化系統模型所希望解決的問題是：生態文明視角下中國人口城市化過程具有怎樣的結構，它的發展變化規律如何，在生態文明的要求下中國人口城市化應走怎樣的發展道路。

基於研究目的，建立中國人口城市化系統模型，需要界定系統邊界，即確定系統包括的內容和變量等。本章對系統結構進行描述，並分別對內生和外生變量進行選擇。

本書對中國的人口城市化系統進行建模。人口城市化系統由人口變遷子系統、空間變動子系統、經濟發展子系統、自然變化子系統及各子系統之間的交互關係構成，如圖 8-1 所示。人口變遷子系統主要反應城鄉人口發展變化以及鄉城人口遷移，其變量包括農村人口、城市人口和鄉城遷移人口，並由其可得總人口以及用以反應人口城市化水平的城市人口占總人口比重即人口城市化率指標。鄉城遷移人口數量是最重要的內生變量。空間變動子系統主要反應城鄉空間格局的變化，其變量包括城市建成區面積、農業用地面積等。城市建成區面積和農業用地面積是重要的內生變量。經濟發展子系統主要反應非農生產和農業生產。前者通過固定資產累積和勞動力投入體現。後者通過農用土地面積和單位面積產出變化體現，經濟發展子系統包括固定資產、勞動力、非農產出、農業產出等變量，其中，非農產出和農業產出是最重要的內生變量。自然變化子系統分別以能源消費、廢水和工業廢氣排放為例反應自然資源和生態環境的變化。它包括能源消費總量、非農生產能源消費量、農業生產能源消費

量、城鄉生活能源消費、非農生產廢氣排放、生活和非農生產廢水排放等變量。能源消費量、廢水排放量以及工業廢氣排放量都是重要的內生變量。

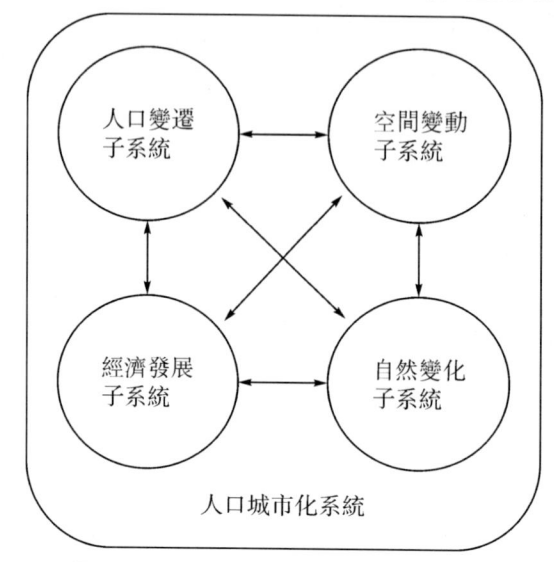

圖 8-1　人口城市化系統和子系統示意圖

8.2　子系統概述

人口城市化系統由人口變遷子系統、空間變動子系統、經濟發展子系統和自然變化子系統構成。每個子系統包含若干變量。通過變量間的邏輯關係，子系統間相互影響。這裡首先闡述人口城市化各子系統之間的邏輯關係，其次分別對四個子系統相關變量的選擇、參數預設、變量間的邏輯關係等進行描述。詳細變量和模型文檔請見附錄。模型建立和仿真所需數據來自《新中國 60 年統計資料匯編》、歷年《中國統計年鑒》、歷年《中國環境統計年鑒》、「五普」和「六普」數據資料等。

8.2.1　人口城市化子系統間的關係

如上所述，人口城市化人口變遷過程、空間變動過程、經濟發展過程和自然變化過程四個子過程之間相互聯繫並相互影響，對外共同表徵為人口城市化總體進程的推進。與人口城市化四個過程之間的邏輯關係相對應，當將人口城市化視作一個由人口變遷子系統、空間變動子系統、經濟發展子系統和自然變

化子系統構成的大系統時，人口城市化系統各子系統之間也具有相應的聯繫。以人口變遷子系統為例，人口城市化人口變遷子系統表徵人口變遷過程。空間變動子系統、經濟發展子系統和自然變化子系統對人口變遷子系統的影響分別通過城市建成區人口密度變化、非農和農業產出比率變動以及廢氣廢水排放量體現。與此類似，人口城市化經濟發展子系統、空間變動子系統和自然變化子系統均受其他子系統的影響（見圖3-12）。

人口城市化系統的有機結構由四個子系統之間互為因果的相互關係構成。第一，人口變遷子系統與經濟發展子系統之間的主要反饋路徑是：城市人口規模擴大——非農勞動力增加——非農產出增加——城鄉經濟差異擴大——鄉城遷移人口增加——城市人口規模增大。第二，人口變遷子系統與空間變動子系統之間的主要反饋路徑是：城市人口規模增大——城市建成區面積增加——城市建成區人口密度減小——鄉城人口遷移增強——城市人口規模擴大。第三，人口變遷子系統與自然變化子系統之間的主要反饋路徑是：城市人口規模縮小——廢水排放減少——鄉城人口遷移增強——城市人口規模增加。第四，空間變動子系統與經濟發展子系統之間的主要反饋路徑是：城市建成區面積增加——農業用地減少——農業產出減少——城鄉經濟差異變大——鄉城人口遷移增強——城市人口規模增大——城市建成區面積增加。第五，經濟發展子系統與自然變化子系統之間的主要反饋路徑是：非農產出減少——廢水、廢氣排放減少——鄉城人口遷移增強——城市人口規模增大——非農勞動力供給增加——非農產出增加。人口城市化系統的主要因果回路圖如圖8-2所示。

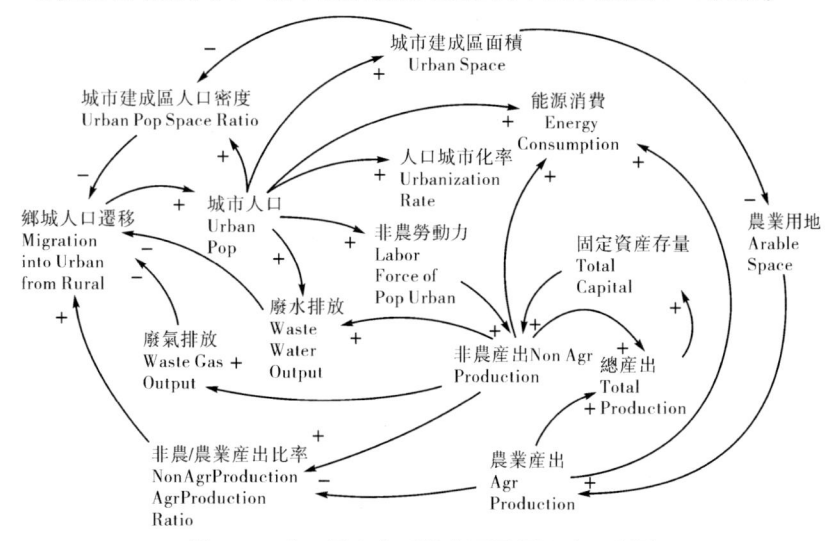

圖8-2 人口城市化系統主要因果回路示意圖

8.2.2 人口變遷子系統

人口變遷子系統的存量流量圖如圖 8-3 所示（變量名解釋見附錄）。子系統主要變量包括：

(1) 農村人口和城市人口：分別以 2000 年農村人口和城市人口為基礎，由農村出生人口及死亡人口、城市出生人口和死亡人口確定，具體參數請見系統文檔。假定農村人口和城市人口的出生率和死亡率相同，將其設置為外生變量，根據聯合國人口預測方案中隨時間變化的出生率和死亡率確定，在模型中由表函數給出。

(2) 鄉城遷移人口：由 2000 年的鄉城遷移人口數和鄉城人口遷移率確定。鄉城人口遷移率以 2000 年鄉城人口遷移率（2000 年由農村遷入城市人口數量佔農村人口數量比例）為基礎，在環境變化、城市空間規模變化、經濟因素的共同影響下確定。本書以非農產業廢氣排放量、生活和非農生產污水排放量反應環境變化，以城市建成區人口密度反應城市空間規模變化的影響，以非農產出和農業產出比率反應經濟因素的影響。各因素對鄉城人口遷移率的影響由表函數給出，具體請見系統文檔。鄉城人口遷移率隨污水排放的增加而緩慢下降、隨廢氣排放的增加而下降、隨城市建成區人口密度的增加而先快後慢下降、隨非農農業產出比率的提高而上升隨后保持穩定。

(3) 總人口和人口城市化率：總人口由農村人口和城市人口之和確定；人口城市化率反應人口城市化水平，由城市人口佔總人口比重確定。

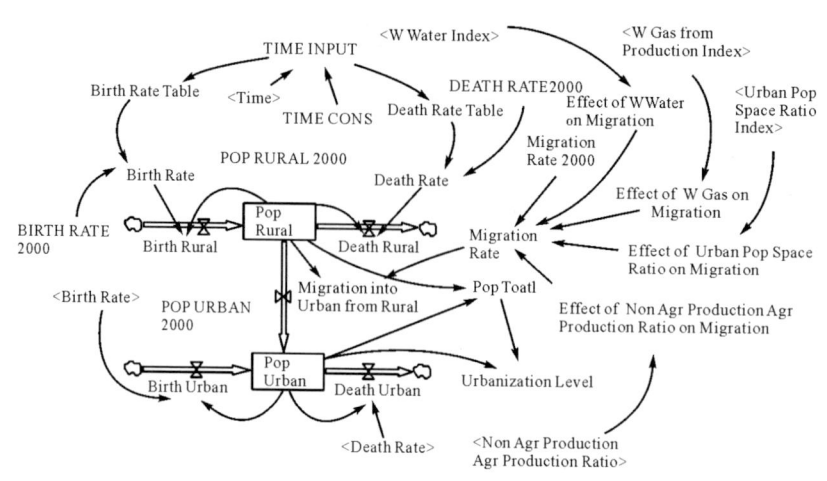

圖 8-3　人口變遷子系統存量流量圖

8.2.3 空間變動子系統

空間變動子系統的存量流量圖如圖 8-4 所示（變量名解釋見附錄）。子系統主要變量包括：

（1）城市建成區面積：以 2000 年城市建成區面積為基礎，由新增城市建成區面積確定；新增城市建成區面積由新建城市建成區占非城市建成區國土面積比例和非城市建成區國土面積確定，前者由表函數給出並假定其隨時間推移不斷降低。

（2）城市建成區人口密度：城市建成區人口密度由城市人口與城市建成區面積的比值確定；以 2000 年城市建成區人口密度為參照值確定城市建成區人口密度指數，該指數對鄉城人口遷移率產生影響。

（3）農業用地面積：用農業用地面積反應第一產業生產的土地要素投入，具體以耕地面積指標體現；農業用地面積由農業用地面積占國土總面積比例的變化確定，由表函數給出，假定后者隨時間推移緩慢降低。

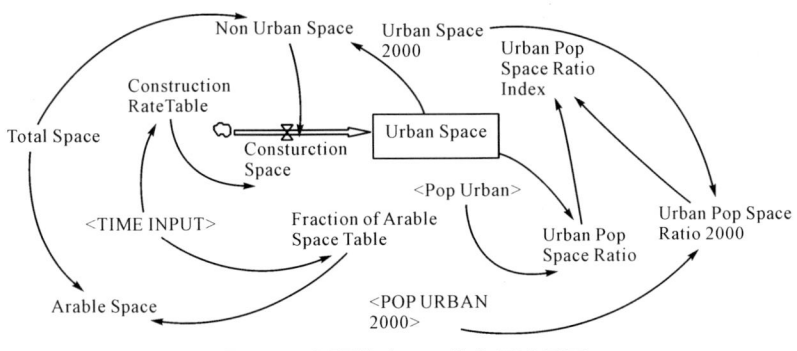

圖 8-4 空間變動子系統存量流量圖

8.2.4 經濟發展子系統

經濟發展子系統的存量流量圖如圖 8-5 所示（變量名解釋見附錄）。子系統主要變量包括：

（1）固定資本存量：固定資本存量以 2000 年基數[①]為基礎，由固定資本存量的增加以及固定資本折舊率確定；固定資本存量的增加由固定資本存量增加率與總產出之積確定；固定資本存量的增加率由固定資本形成總額占總產出

---

① 張軍，等. 對中國資本存量 K 的再估計 [J]. 經濟研究，2003（7）：35-43.

的比例確定，由表函數給出，假設這一比例基本保持穩定；固定資本折舊率假定為10％。

（2）非農勞動力數量：非農勞動力數量由城市經濟活動人口與失業率確定；城市經濟活動人口由城市經濟活動人口占城市人口比例與城市人口數量共同決定，前者為城市勞動年齡人口比例與勞動參與率之積，由表函數給出；失業率假定為基本穩定。

（3）非農產出：由固定資本存量和非農勞動力數量共同確定；假定非農生產函數為柯布-道格拉斯函數形式，由1978—2008年實際數據擬合確定非農生產函數參數。

（4）單位土地面積農業產出：以2000年單位耕地面積的第一產業產值為基礎，由單位土地面積農業產出的增量確定；單位土地面積農業產出的增量由表函數給出，假定隨時間的推移逐漸減小。

（5）農業產出：由單位土地面積農業產出和農業用地面積之積確定。

（6）非農產出與農業產出比率：由非農產出與農業產出的比值確定，這一比值對鄉城人口遷移率產生影響。

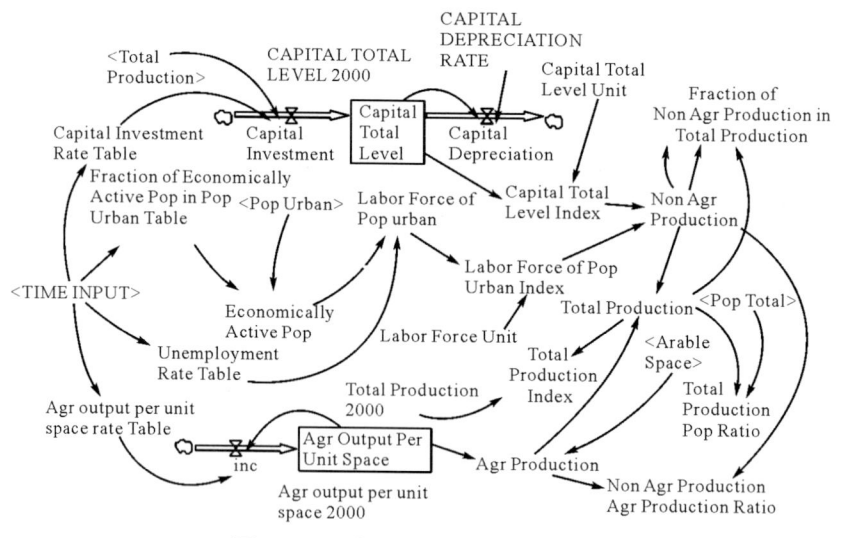

圖8-5　經濟發展子系統存量流量圖

另外需要說明的是，由於經濟發展子系統涉及經濟產出的計算，因此為避免價格因素的干擾，本模型中相關指標採用經價格指數換算后的1952年價的數值。

8.2.5 自然變化子系統

自然變化子系統的存量流量圖如圖8-6和圖8-7所示（變量名解釋見附錄）。子系統主要變量包括：

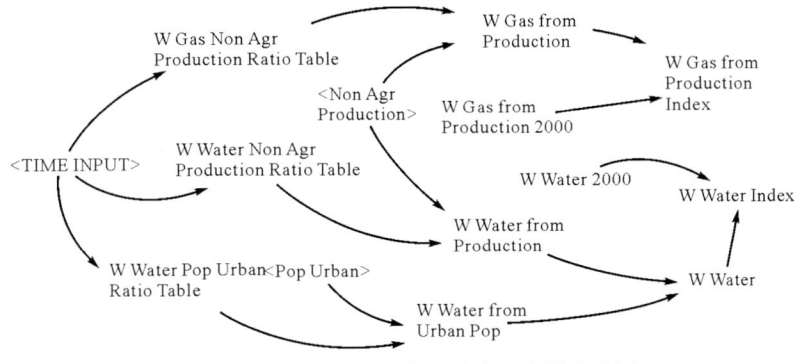

圖8-6 自然變化子系統（環境）存量流量圖

（1）廢水排放量：由工業廢水排放量與城市生活廢水排放量之和確定；前者由非農產出、工業產業廢水排放量與非農產出比率之積確定，這一比率由表函數給出；后者由城市人口數量、城市生活廢水排放量與城市人口比率之積確定，這一比率由表函數給出。

（2）非農產業廢氣排放量：由非農產出、工業廢氣排放量與非農產出比率確定，這一比率由表函數給出。

（3）能源消費量：由農業能源消費量、非農產業能源消費量和生活能源消費量之和確定。農業能源消費量由農業產出、農業能源消費與農業產出比率確定，后者由表函數給出。非農產業能源消費量由非農產出、非農產業能源消費與非農產出比率確定，后者由表函數給出。生活能源消費量由城市生活能源消費量和農村生活能源消費量之和確定。參考相關文獻①②並結合實際統計數據，假定城鄉生活能源消費量比率從2000年的2.5逐步降至2010年的1.5。城市生活能源消費量由城市人口、城市生活能源消費與城市人口比率確定，這一比率由表函數給出。農村能源消費量由農村人口、農村生活能源消費與農村人口比率確定，這一比率由表函數給出。

---

① 張馨，等. 城鄉居民家庭生活能源消費需求的實證分析 [J]. 中國人口·資源與環境，2013（5）：1-5.

② 李科. 中國城鄉居民生活能源消費碳排放的影響因素分析 [J]. 消費經濟，2013（4）：74-80.

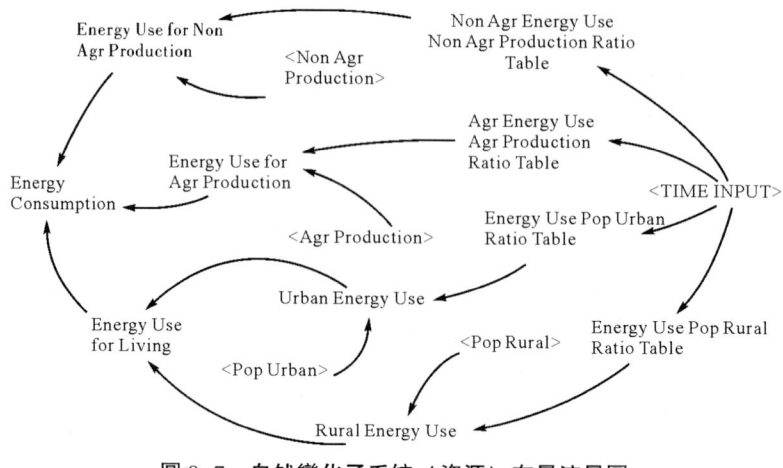

圖 8-7　自然變化子系統（資源）存量流量圖

8.3　場景分析

　　系統行為除與系統結構有關外，還與系統參數的取值有關。因為在特定系統結構下各變量相互影響，所以當改變某一變量的取值時，系統的行為可能發生明顯變化。本模型的部分外生變量用以對系統行為進行控制和仿真，進而對不同場景下中國人口城市化發展模式進行預期。系統仿真依託 Vensim 軟件進行。有關參數的 2000—2010 年取值均以現實統計數據或其計算所得數值為準。2010 年之後各參數取值根據不同場景分析需要預設，仿真週期為 2010—2050 年。此外，所有有關經濟產出的變量的產出值均以 1952 年價數值計算。經檢驗，模型運行所得的 2000—2010 年各變量數值與實際統計數值誤差很小，模型質量令人滿意。

8.3.1　場景一：當前發展模式

　　為理性審視人口城市化發展道路，可以對當前發展模式下未來中國人口城市化發展有所預期。中國人口城市化未來發展的場景一假定為在當前發展模式下推進人口城市化過程，即人口自然變動模式不發生突變，以固定資本和勞動力為生產要素的非農生產函數不變，單位產出能源消費和城鄉生活能源消費、單位城市人口生活對環境的消極影響按既有模式變動，單位非農產出的廢水、廢氣排放保持既有水平。具體參數設置如下：

　　第一，在人口變遷子系統中，根據聯合國人口預測方案，假設人口出生率

和死亡率到2020年變化為15.9‰和7.7‰，到2030年變化為13.7‰和8.8‰，到2040年變化為13.7‰和11‰，到2050年變化為14.2‰和15‰。

第二，在空間變動子系統中，新建城市建成區面積占非建成區面積比例由2010年的0.020,4%逐年下降，到2050年降至0.001,316%；農業用地占國土面積比重小幅下降，由2010年的12.68%降至2030年的11.12%、2050年的9.75%。

第三，在經濟發展子系統中，固定資本形成總額占GDP比重2010年為45.45%，假定之后穩定在45%；單位面積耕地第一產業產值增長率由2008年的6.4%緩慢下降，到2050年降至3.38%；失業率2010年為2.91%，假設之後穩定在2.2%；考慮到城市勞動年齡人口比例和勞動參與率的變化，假定城市經濟活動人口占城市人口比重由2010年的74.08%逐年下降，到2050年降至62%。

第四，在自然變化子系統中，生活污水排放與城市人口比率由2010年的0.005,67億噸/萬人，開始以2000—2010年該比率的平均增速增加，到2020年達到0.007,91億噸/萬人，到2050年達到0.011億噸/萬人；工業廢水排放量與非農產出比率2010年為0.000,658億噸/億元，假定之后穩定在此水平；工業廢氣排放量與非農產出比率2010年為1.439億標立方米/億元，假定之后穩定在1.5億標立方米/億元水平。非農產業能源消費與非農產出比率2010年為5.226萬噸標準煤/億元，假定其后穩定在5.746萬噸標準煤/億元水平；農業能源消費與農業產出比率2010年為1.089萬噸標準煤/億元，假定其后穩定在1.141萬噸標準煤/億元水平；城市生活能源消費與城市人口比率2010年為0.309,0萬噸標準煤/萬人，假定其后以2000—2010年平均增幅0.006,7繼續增加，到2050年達到0.576,1萬噸標準煤/萬人；農村生活能源消費與農村人口比率2010年為0.206萬噸標準煤/萬人，假定其后以2000—2010年平均增幅0.015,1繼續增加，到2022年左右約達到與城市能源消費與城市人口比率相同水平0.39，其后各年份保持與城市能源消費與城市人口比率相同，到2050年達到0.576,1萬噸標準煤/萬人。

模型主要輸出變量見圖8-8~圖8-12。從指標定義來看，人口城市化率由城市人口和農村人口的相對變化直接決定。當前模式下中國城市人口繼續增加且最終趨於穩定（見圖8-8中曲線2），農村人口則呈迅速減少態勢且最終減速放緩（見圖8-8中曲線3）。由此，當前模式下中國人口城市化率將繼續上升，最終逐步趨於穩定（見圖8-8中曲線1），且中國人口城市化率的變動是在人口變遷、空間變動、經濟發展、自然變化各系統的共同作用下發生的。當前模式下中國人口城市化率的變動趨勢符合縱向上看人口城市化具有初期、中期、后期三個發展階段的觀點，且當前及未來一段時間內中國人口城市化總體

進程仍處於中期發展階段，到2035年左右中國人口城市化發展進入后期階段。

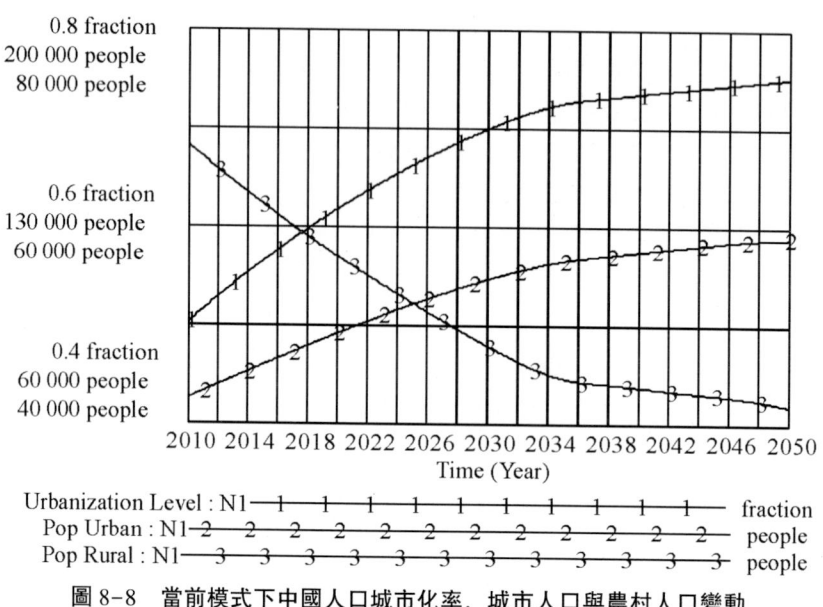

```
0.8 fraction
200 000 people
80 000 people

0.6 fraction
130 000 people
60 000 people

0.4 fraction
60 000 people
40 000 people
     2010 2014 2018 2022 2026 2030 2034 2038 2042 2046 2050
                         Time (Year)

Urbanization Level : N1 —1— 1— 1— 1— 1— 1— 1— 1— 1— 1— fraction
Pop Urban : N1 —2— 2— 2— 2— 2— 2— 2— 2— 2— 2— people
Pop Rural : N1 —3— 3— 3— 3— 3— 3— 3— 3— 3— 3— people
```

圖8-8 當前模式下中國人口城市化率、城市人口與農村人口變動

在中國當前模式下，隨著人口城市化率的上升（見圖8-9中曲線1），城市建成區面積在未來一段時間內仍會明顯增加，最終隨著人口城市化率的穩定而趨於穩定（見圖8-9中曲線3），同時耕地面積則逐漸減少（見圖8-9中曲線2）。如果以城市建成區反應城市類型空間，以耕地面積反應農村類型空間，那麼從相關變量的變化趨勢可以看出，當前模式下中國未來人口城市化的空間變動過程體現出城市類型空間規模不斷擴大並最終穩定、農村類型空間規模逐步縮小的變動態勢，城市類型空間的集聚無法從面積變動上得以體現。農村類型空間規模逐步縮小，對中國糧食安全帶來威脅，並且意味著自然生態系統所依賴的空間載體逐步消失，對人與自然和諧發展產生不利影響。

在中國當前模式下，隨著人口城市化率的上升，非農產出不斷增加，並且呈現指數型增長態勢（見圖8-10中曲線2）；每萬人總產出同樣呈現指數型增長態勢（見圖8-10中曲線1）；同時非農產出占總產出比重不斷上升，但增幅逐步減小並最終趨於穩定（見圖8-10中曲線3）。由此可見，與對人口城市化經濟發展過程的相關判斷相符，中國人口城市化的經濟發展過程體現出非農產出規模持續擴大、非農產業占比逐漸上升並最終趨於穩定的發展態勢。需要說明的是，雖然非農產出規模的指數型增長有助於居民總體生活水平的提升，但是由於非農生產消耗資源並污染環境的本質特徵，這種指數型增長很可能導致

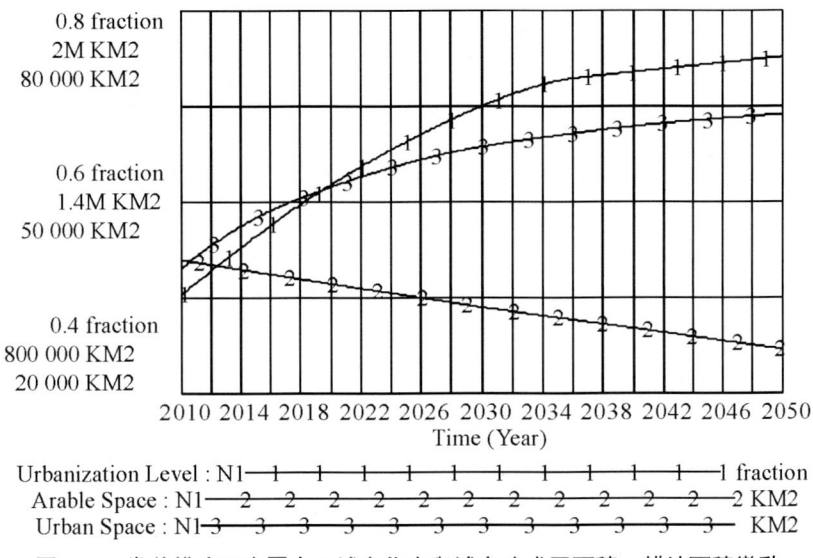

```
0.8 fraction
2M KM2
80 000 KM2


0.6 fraction
1.4M KM2
50 000 KM2


0.4 fraction
800 000 KM2
20 000 KM2
         2010 2014 2018 2022 2026 2030 2034 2038 2042 2046 2050
                              Time (Year)
Urbanization Level : N1—1—1—1—1—1—1—1—1—1—1 fraction
Arable Space : N1—2—2—2—2—2—2—2—2—2—2 KM2
Urban Space : N1—3—3—3—3—3—3—3—3—3—3 KM2
```

圖 8-9　當前模式下中國人口城市化率與城市建成區面積、耕地面積變動

嚴重的資源和環境問題，對可持續發展構成威脅。

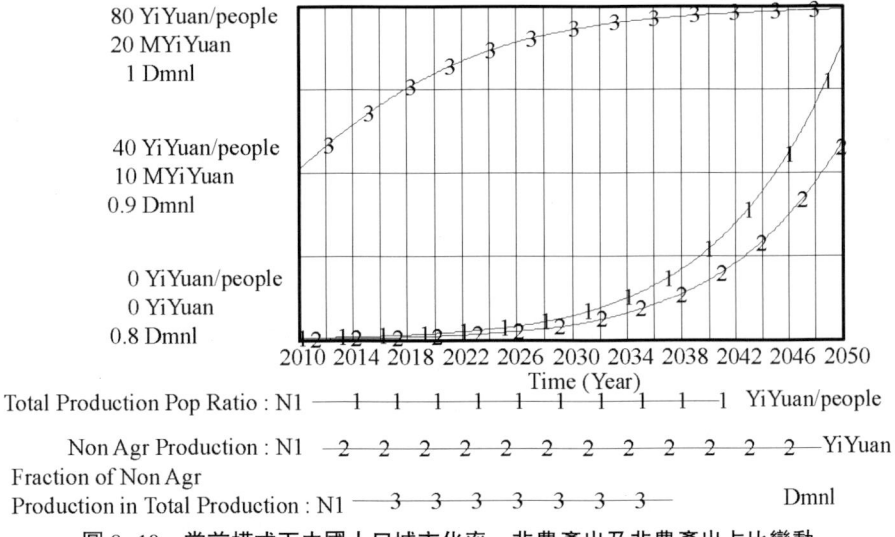

```
80 YiYuan/people
20 MYiYuan
1 Dmnl


40 YiYuan/people
10 MYiYuan
0.9 Dmnl


0 YiYuan/people
0 YiYuan
0.8 Dmnl
        2010 2014 2018 2022 2026 2030 2034 2038 2042 2046 2050
                              Time (Year)
Total Production Pop Ratio : N1 —1—1—1—1—1—1—1—1—1—1 YiYuan/people
Non Agr Production : N1 —2—2—2—2—2—2—2—2—2—2—YiYuan
Fraction of Non Agr
Production in Total Production : N1 —3—3—3—3—3—3—3—                   Dmnl
```

圖 8-10　當前模式下中國人口城市化率、非農產出及非農產出占比變動

在中國當前模式下，隨著人口城市化率的上升（見圖 8-11 中曲線 1），中國工業廢氣排放量和污水排放量均持續增加，並且體現出與非農產業產出的變化趨勢類似的指數型增長（見圖 8-11 中曲線 2 和曲線 3），中國能源消費量也

呈現指數型增長態勢（見圖8-12中曲線2）。正如前所述，資源過度消耗和生態環境惡化與非農生產的本質特徵有關，且在當前生產模式下不易改變，若不進行適當調整，可能對自然進而對人類帶來難以挽回的后果。當前模式下中國人口城市化的自然變化過程體現出資源消耗的持續增加、生態環境繼續惡化的發展趨勢。這不符合人與自然和諧、可持續發展的生態文明理念。

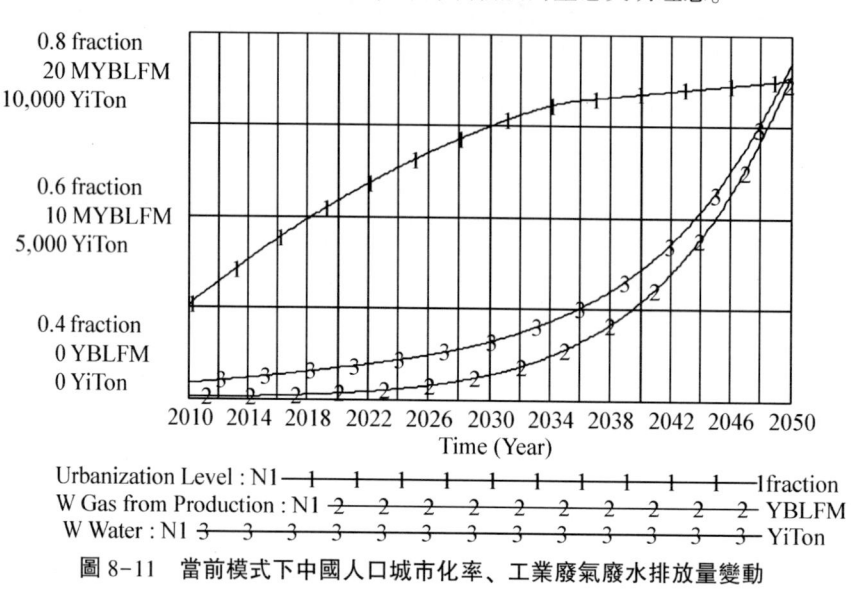

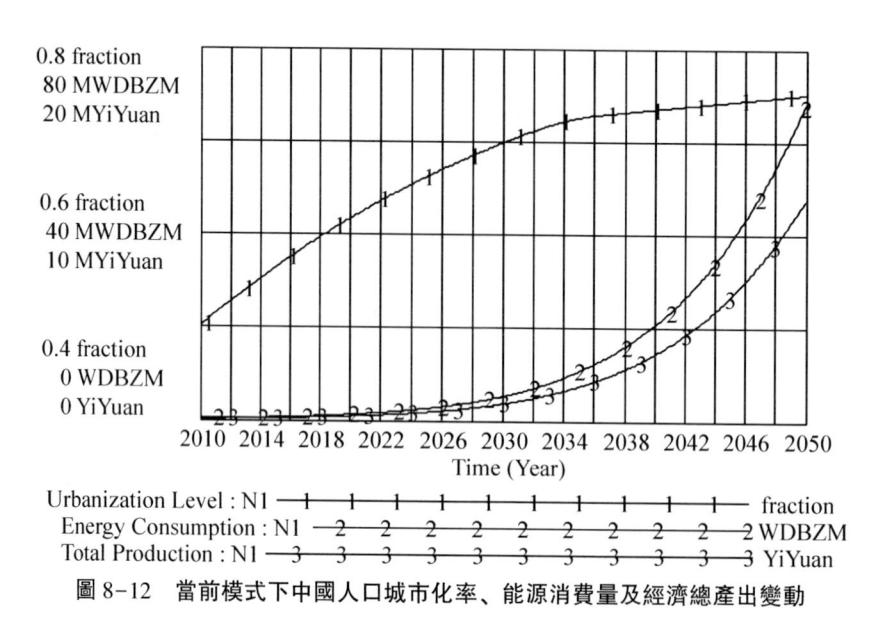

圖8-11 當前模式下中國人口城市化率、工業廢氣廢水排放量變動

圖8-12 當前模式下中國人口城市化率、能源消費量及經濟總產出變動

總之，當前發展模式下中國未來人口城市化的人口變遷過程、空間變動過程、經濟發展過程、自然變化過程以及以人口城市化率反應的中國未來人口城市化總體進程的發展態勢符合相關預期。總體而言，人口城市化的人口變遷過程和經濟發展過程本身並未表現出不妥，且在一定程度上反應出人類社會本身的發展，但與其緊密相連的意味著人類社會之外自然系統變化的人口城市化的空間變動過程和自然變化過程則表現出明顯不利於自然系統可持續發展的運動態勢，即當前模式下中國未來人口城市化可能導致人類社會發展與自然系統發展不協調，無法滿足生態文明的要求。

8.3.2 場景二：集約發展模式

既然當前發展模式下的中國未來人口城市化過程將出現資源過度消耗、環境所受負面影響持續加重的狀況，那麼在思考發展道路時自然會聯想到集約化發展模式。簡而言之，集約化發展是指更高效益的發展，放在人口城市化過程中來說，即在相同產出或相同城市人口數量的前提下，更高效和節約地消費自然資源，同時在生產和生活中減少對環境的負面影響。中國未來人口城市化發展的場景二假定為集約發展模式，即在人口城市化總體進程中城市建設速度進一步下降，單位面積農業產出持續穩定增長，單位人口生活污水排放和單位城鄉人口生活能源消費量不再增加而保持現有水平穩定，單位產出的工業廢水、廢氣排放以及單位產出的能源消費量持續降低。具體參數設置如下：

新建城市建成區面積占非建成區面積比例由 2010 年的 0.020,4% 逐年下降，到 2050 年降至 0.000,877%；單位面積耕地第一產業產值增長率在 2008 年之後始終保持每年 6.4% 的增長比率。生活污水排放與城市人口比率始終保持在 2010 年的 0.005,67 億噸/萬人的水平。工業廢水排放量與非農產出比率從 2010 年的 0.000,658 億噸/億元開始按照 2000—2010 年平均下降速率逐年降低，到 2020 年降至 0.000,189,98 億噸/億元後保持穩定。工業廢氣排放量與非農產出比率從 2010 年的 1.439 億標立方米/億元開始按照 2000—2010 年平均下降速率逐年降低，到 2050 年降至 0.895,1 億標立方米/億元。非農產業能源消費與非農產出比率 2010 年為 5.226 萬噸標準煤/億元，假定之後開始按照 2000—2010 年平均下降速率逐年降低，到 2050 年降至 2.874,7 萬噸標準煤/億元水平。農業能源消費與農業產出比率從 2010 年的 1.089 萬噸標準煤/億元開始小幅下降，到 2020 年降至 1.05 萬噸標準煤/億元，到 2050 年降至 1.01 萬噸標準煤/億元。城市生活能源消費與城市人口比率 2010 年為 0.309,0 萬噸標準煤/萬人，假定其後穩定在此水平。農村生活能源消費與農村人口比率 2010 年

為0.206萬噸標準煤/萬人，假定其后穩定在此水平。

在集約發展模式下，中國未來人口城市化率也將不斷提升而后趨於穩定（見圖8-13中曲線2）。集約模式和當前模式下中國人口城市化水平變動趨勢差異很小，集約模式下人口城市化率在最終趨於穩定時略高於當前模式（圖8-13中曲線1表示當前模式，曲線2表示集約模式）。由於減慢了空間上的城市建設速度，因此與當前模式下情形相比，集約模式下的城市建成區面積增幅略小（圖8-13中曲線3表示當前模式，曲線4表示集約模式），但差異不大。

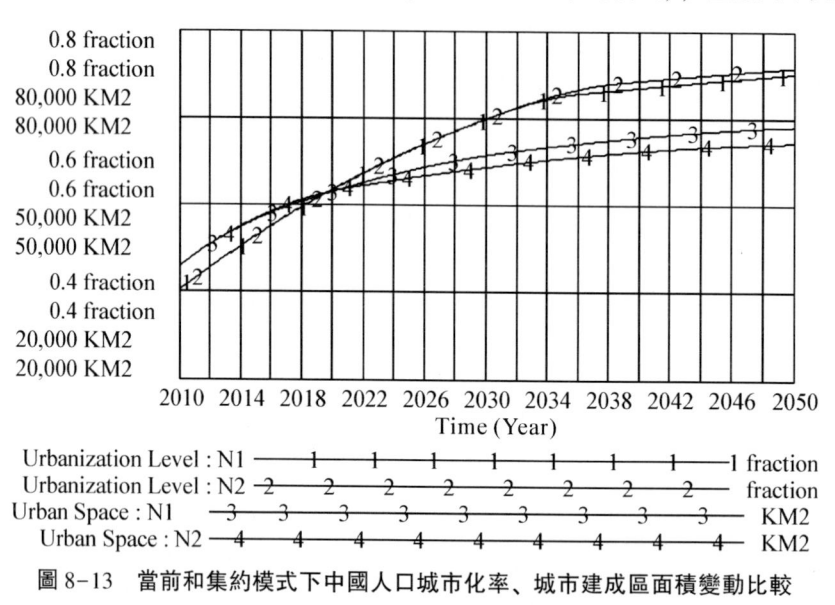

圖8-13 當前和集約模式下中國人口城市化率、城市建成區面積變動比較

在集約發展模式下，中國未來人口城市化過程中非農產出規模（見圖8-14中曲線2）、每萬人總產出（見圖8-14中曲線6）也將持續增加，非農產出占比也將繼續增加其后趨於穩定（見圖8-14中曲線4）。集約發展模式下中國人口城市化的經濟發展過程的變動趨勢與當前發展模式非常接近（圖8-14中曲線1、3和5表示當前模式，曲線2、4和6表示集約模式），非農產出規模和每萬人總產出仍表現出指數型增長趨勢。

與當前發展模式相比，在集約發展模式下，儘管能源使用更高效，生產和生活對環境的負面影響更小，但是最終對資源和環境的影響沒有產生趨勢性變化。第一，雖然在2040年前后集約模式下的廢水排放量增速將低於當前模式（圖8-15中曲線1表示當前模式，曲線2表示集約模式），但是總體仍呈指數型增長；第二，雖然總體上集約模式下的工業廢氣排放量增速將低於當前模式（圖8-15中曲線3表示當前模式，曲線4表示集約模式），但是總體也呈指數

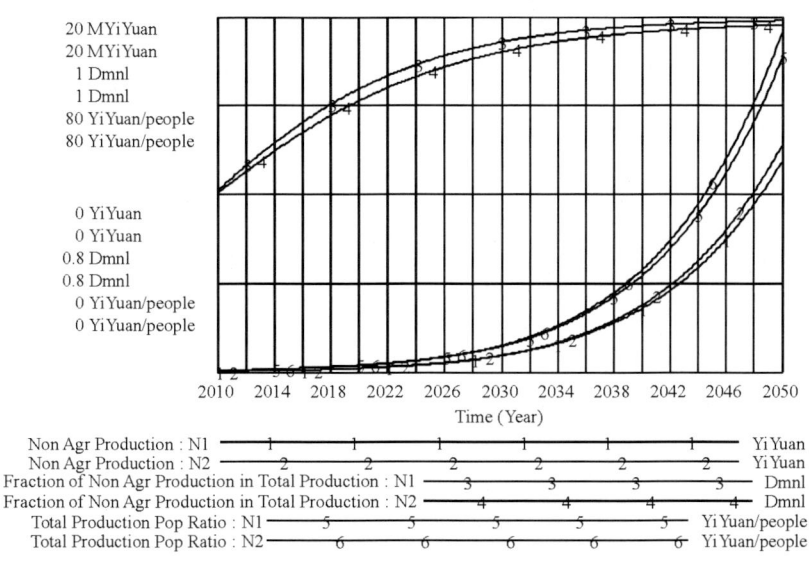

圖 8-14 當前和集約模式下中國非農產出、非農產出占比變動比較

型增長；第三，集約模式和當前模式下能源消費量的變化差異非常小（圖 8-15中曲線 5 表示當前模式，曲線 6 表示集約模式），在兩種情形下都呈現指數型增長。

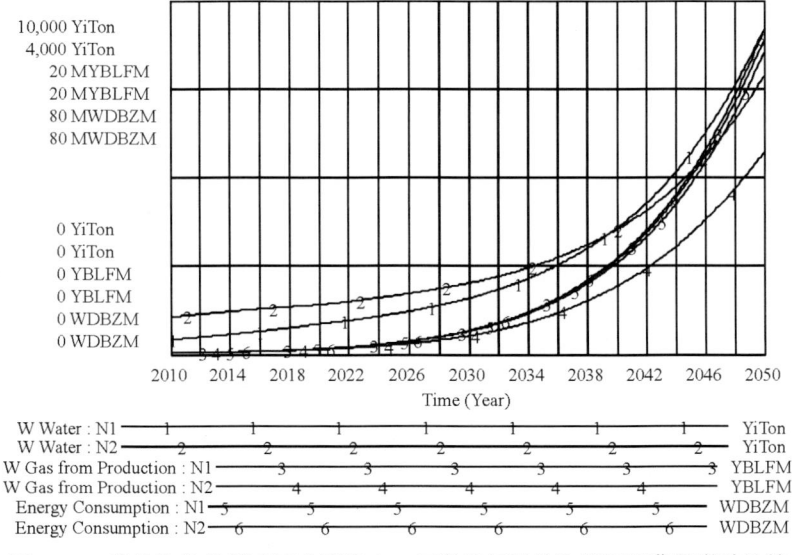

圖 8-15 當前和集約模式下中國廢水、工業廢氣排放和能源消費量變動比較

8 基於生態文明視角的中國人口城市化：系統思維與實證 | 165

总之，在比较当前模式和集约模式下中国未来人口城市化的发展进程后可以看出，尽管资源使用更高效，并且在生产和生活中不再加大甚至减弱对环境的消极影响，但是集约模式下的发展进程并未表现出期望的结果。也就是说，由于非农生产消费资源且污染环境、人口的现代城市类型生活方式消耗资源并对环境产生消极影响的本质特征没有改变，因此相关变量如非农产出、能源消费量、废水和废气排放量等不会改变指数型增长模式，最终依然导致资源过度消耗和生态环境恶化。在这样的情况下，无法依靠集约式发展来达到人类社会与自然协调并最终实现全面可持续人口城市化发展。集约模式的人口城市化发展道路也难以满足生态文明的要求。

8.3.3 场景三：新型发展模式

在不改变其他条件情况下，在集约发展模式场景中，中国未来人口城市化发展仍表现出不可持续性。这体现在人口城市化过程中自然资源过度消耗以及生态环境所受消极影响加重。生态文明不但强调人与自然协调及全面可持续发展，而且强调发展观念的彻底转变，即不以数量来判断优劣，要求发展的数量和质量并重。于是，生态文明理念为中国未来人口城市化发展带来的启示是：若要实现人口城市化过程中人与自然协调的可持续式的发展，则必须彻底改变发展理念，不再以物质资料生产和累积的数量和速度来衡量发展。于是根据生态文明理念，中国未来人口城市化发展的场景三假定为新型发展模式，即主动调控非农生产增长的发展模式。主动调控非农生产实际上是对非农生产增速的合理控制，是对以往追求量的发展的一种反思和否定。具体来说，降低固定资本累积的速度。就变量而言，将固定资本形成总额占 GDP 比重随时间推移而降低，假定以 2010 年 45.45% 为基础不断下降，到 2020 年降至 39%，到 2030 年降至 32%，到 2040 年降至 24%，到 2050 年降至 15%。系统其他参数与当前发展模式下的参数设置完全相同。

在新型发展模式下，由于主动降低固定资本累积速度，因此人口城市化过程中经济发展过程受到的影响最直接。具体而言，非农产出的增加不再呈现指数型的增长态势，而呈现先增速后减速的「S形」增长态势（见图 8-16 中曲线 2），而且数量上远低于当前模式和集约模式。由于降低资本累积速度，因此在既定生产函数形式下非农产出的增长受到限制，并且彻底改变了数量上无限增长的发展趋势。同样，每万人总产出也呈「S形」发展趋势，在经历加速增长后增速逐步放缓（见图 8-16 中曲线 3）。新型发展模式下人口城市化水平依然呈逐步增加趋势，人口城市化率仍将趋于稳定（见图 8-16 中曲线 1）。

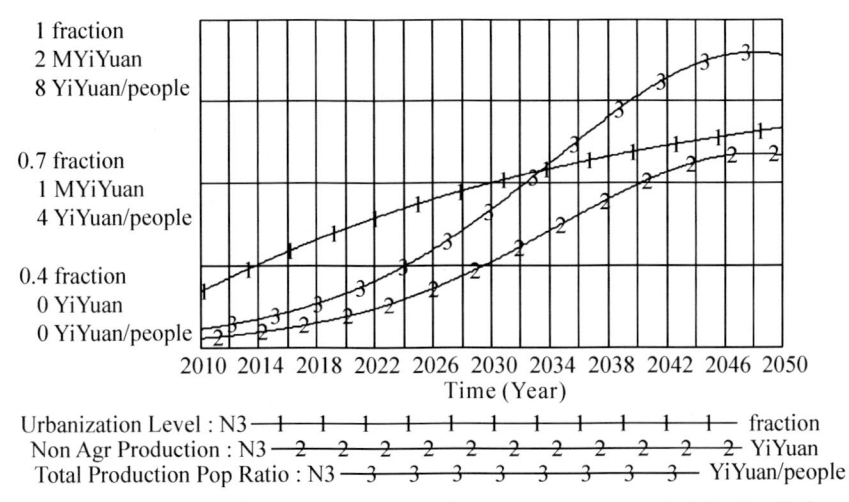

```
1 fraction
2 MYiYuan
8 YiYuan/people

0.7 fraction
1 MYiYuan
4 YiYuan/people

0.4 fraction
0 YiYuan
0 YiYuan/people
```

            2010 2014 2018 2022 2026 2030 2034 2038 2042 2046 2050
                                    Time (Year)

Urbanization Level : N3 ——1—1—1—1—1—1—1—1—1—1—— fraction
Non Agr Production : N3 ——2—2—2—2—2—2—2—2—2—2— YiYuan
Total Production Pop Ratio : N3 ——3—3—3—3—3—3—3—3—— YiYuan/people

圖 8-16　新型發展模式下中國人口城市化率、非農產出、人均非農產出變動

在新型發展模式下，隨著人口城市化率的提升，由於經濟產出規模的變動改變了指數型無限增長的運動態勢，能源消費量（見圖 8-17 中曲線 4）、廢水排放量（見圖 8-17 中曲線 2）以及工業廢氣排放量（見圖 8-17 中曲線 3）的變化無一例外地也改變了以往指數型增長態勢，轉變為平緩增長並最終趨於穩定甚至下降的運動態勢。由此可以看出，新型發展模式下人口城市化的自然變化過程的發展最符合生態文明的要求。隨著人口城市化率的提升，自然資源的消耗合理增長後趨於穩定，並且環境所受消極影響得到控制。

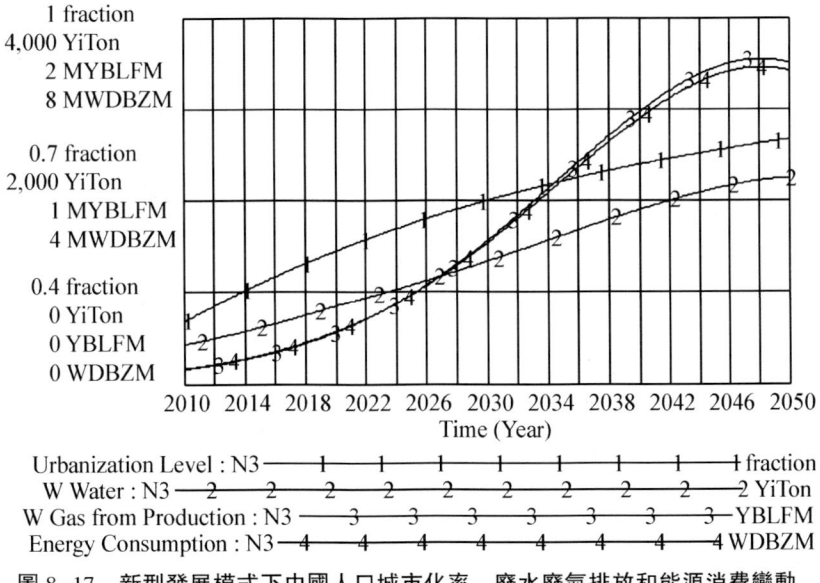

```
1 fraction
4,000 YiTon
2 MYBLFM
8 MWDBZM

0.7 fraction
2,000 YiTon
1 MYBLFM
4 MWDBZM

0.4 fraction
0 YiTon
0 YBLFM
0 WDBZM
```

            2010 2014 2018 2022 2026 2030 2034 2038 2042 2046 2050
                                    Time (Year)

Urbanization Level : N3 ——1—1—1—1—1—1—1—1—1—1—— fraction
W Water : N3 ——2—2—2—2—2—2—2—2—2—2— YiTon
W Gas from Production : N3 ——3—3—3—3—3—3—3—3—— YBLFM
Energy Consumption : N3 ——4—4—4—4—4—4—4—4—4—4— WDBZM

圖 8-17　新型發展模式下中國人口城市化率、廢水廢氣排放和能源消費變動

需要說明的是，本模型為體現非農生產增長減緩而設置了相關參數，使得人口城市化過程中非農經濟產出變動軌跡呈現出「S形」。但不可否認，非農生產增長速度過快下降也可能導致非農經濟產出增加至某一水平後迅速下降並最終導致經濟衰退。由於本模型仿真週期為 2010—2050 年，因此仿真結果並未對更長遠時間週期內系統中各變量的行為予以體現。儘管如此，生態文明視角下中國人口城市化道路的發展思路是確定的，即在人口城市化過程中對非農生產的增長進行合理調控來實現人類社會與自然和諧且可持續的人口城市化發展。

8.4 基於生態文明視角的中國人口城市化模式選擇

中國與許多發展中國家一樣，當前面臨著未來人口城市化發展道路的路徑選擇問題。鑒於以往人類發展消耗了太多自然資源，並且對生態環境產生了無法恢復的負面影響，因此中國未來人口城市化發展路徑的選擇需要在重新理性思考發展進程中人與自然關係的基礎上進行。生態文明為中國人口城市化的路徑選擇帶來啟發，即可以用生態文明的理念來指導中國未來人口城市化發展。

生態文明要求協調發展，即在中國人口城市化過程中不能只看重某一個方面的發展，而應全盤考慮，如不能只考慮鄉城人口遷移而忽略經濟發展，也不能只考慮經濟發展而忽略城市空間的擴張，更不能考慮了鄉城人口遷移和城市空間擴張卻忽略了資源、環境等自然系統的發展變化。因此，本書將人口城市化過程劃分為人口變遷過程、空間變動過程、經濟發展過程和自然變化過程並分析其交互影響正是在生態文明的指導思想下進行的。本書通過人口城市化過程的理論分析的要求對生態文明關於協調發展的要求進行詮釋。

在對人口城市化過程和結構進行理論探討的基礎上，本書就不同發展模式下中國未來人口城市化道路進行場景分析，發現只有主動降低固定資產累積速度即對非農生產的增長進行合理調控才有可能在未來人口城市化過程中實現經濟適度發展、資源合理消耗、環境影響可控且城市人口比重適度降低的可持續發展。由於生態文明要求丟棄以往以量的增加為首要價值判斷標準的發展觀念，轉而對發展的質和量同時進行強調，因此從這個意義上看，對非農生產增速進行合理調控也正是將質和量協同發展作為衡量發展的首要標準這一思想的具體實踐。

從場景三新型發展模式下中國人口城市化過程的仿真結果看，在對非農生產增速進行合理調控的條件下，即使現有其他條件保持不變，中國未來人口城

市化過程中的資源過度消耗、環境持續惡化問題也有可能得到解決。生態文明要求人與自然的協調，因此場景三模式下的中國未來人口城市化發展道路符合生態文明的要求。

場景三僅在當前發展模式下降低了固定資產累積的速度，將中國未來人口城市化道路置於生態文明理念的指導下，並且使中國未來人口城市化發展滿足生態文明的要求。場景二則在當前發展模式下提高資源使用效率並在生產和生活過程中減弱對環境的負面影響。此模式無法滿足生態文明對中國未來人口城市化的發展預期。事實上，若在減緩非農生產增速的必要條件下，在推進中國人口城市化過程的同時提高資源使用效率，減弱生產和生活中的環境影響，則此種發展模式也是符合生態文明的發展理念和要求的，資源節約和減弱環境影響終究有利於生態文明視角下的中國人口城市化發展。如圖 8-18 和圖 8-19 所示，暫且將加入集約發展模式相關參數的新型發展模式稱為新型集約混合模式，則新型發展模式和新型集約混合模式下中國未來人口城市化率變動趨勢幾乎無差異（圖 8-18 中曲線 1 表示新型發展模式，曲線 2 表示新型集約混合模式）。新型集約混合模式下非農產出（圖 8-18 中曲線 4 表示新型集約混合模式，曲線 3 表示新型發展模式）和每萬人總產出（圖 8-18 中曲線 6 表示新型集約混合模式，曲線 5 表示新型發展模式）均高於新型發展模式。

新型集約混合模式下的工業廢氣排放量（圖 8-19 中曲線 4 表示新型集約混合模式，曲線 3 表示新型發展模式）明顯低於新型發展模式；新型集約混合模式下的能源消費量（圖 8-19 中曲線 6 表示新型集約混合模式，曲線 5 表示新型發展模式）與新型發展模式下無明顯差異；新型集約混合模式下的污水排放量（圖 8-19 中曲線 2 表示新型集約混合模式，曲線 1 表示新型發展模式）在前一段時間高於新型發展模式，其后會降至較低水平。可以看出，新型發展模式下減緩非農生產增速是實現生態文明視角下中國人口城市化發展的必要手段，而在此基礎上增加集約發展的思路和措施則對在生態文明視角下推進中國人口城市化過程具有積極作用。

總之，要使中國未來人口城市化發展符合生態文明的要求，不但要對鄉城人口遷移這一直接影響人口城市化水平變動的因素進行合理調節，在生產和生活過程中適當採取集約措施以減弱對自然的不利影響，還必須主動對非農生產的無限增長進行合理控制，促進理性、合理的生產和消費。

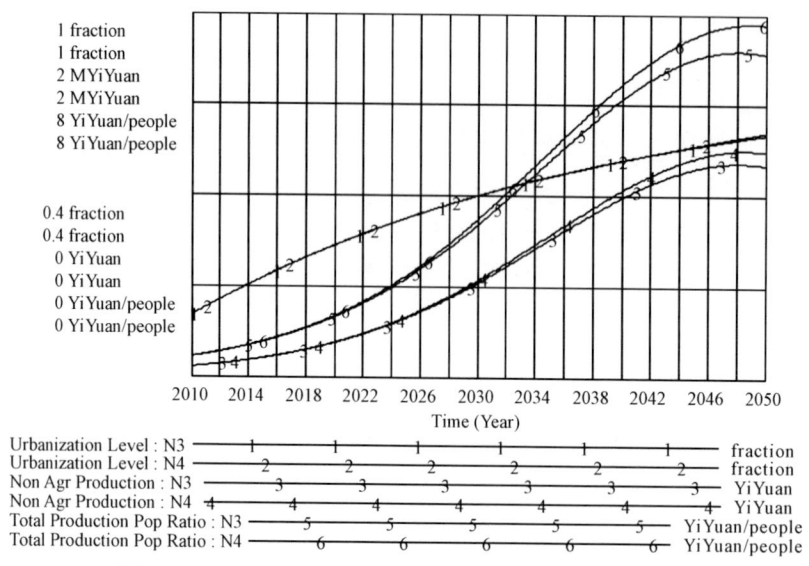

圖 8-18　新型發展模式、新型集約混合模式下中國人口
城市化率、非農產出及每萬人總產出變動比較

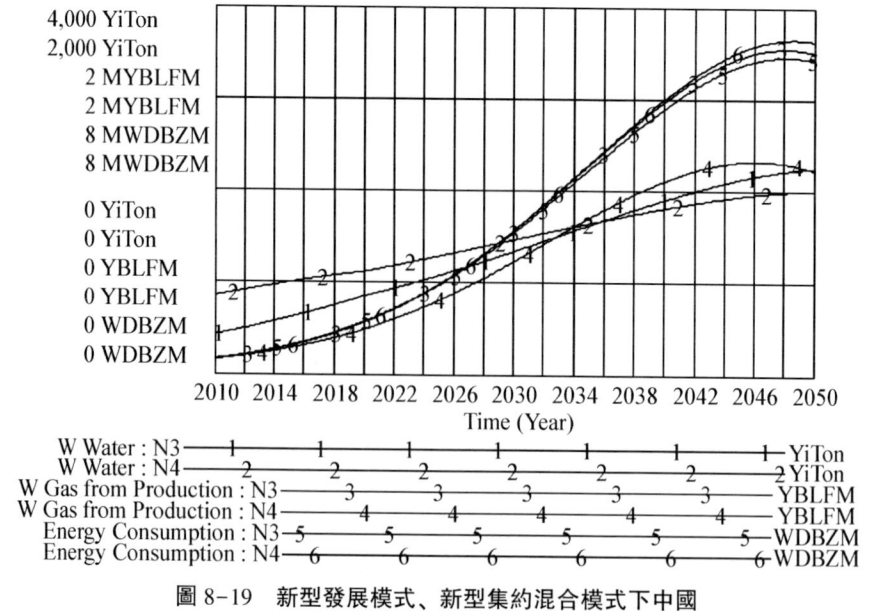

圖 8-19　新型發展模式、新型集約混合模式下中國
廢水、工業廢氣排放及能源消費量變動比較

8.5 本章小結

　　生態文明要求注重人口城市化過程中各子過程之間的交互作用和協調發展，以系統思維審視人口城市化過程則為此提供幫助。基於人口城市化過程的有機結構，在系統思維下，人口城市化可以被看作一個由人口變遷子系統、空間變動子系統、經濟發展子系統和自然變化子系統通過相互聯繫、相互影響構成的大系統。同時，借助系統動力學方法進行仿真，探討生態文明視角下中國未來人口城市化發展道路的選擇問題。模型仿真結果顯示，在當前發展模式和集約發展模式場景中，中國未來人口城市化過程都無法擺脫人口城市化率提升和經濟產出增加的同時資源過度消耗且環境不斷惡化的境況。只有主動降低固定資產累積速度，對非農生產增長進行合理調控，才有可能使中國未來人口城市化過程中的資源消耗適度、環境受到的負面影響可控，進而實現生態文明所要求的人口城市化過程中人類社會與自然的協調發展。儘管集約模式有助於解決資源和環境問題，但是對非農生產增長的合理調控是生態文明視角下人口城市化道路發展的必要條件，故對其重視程度應提至戰略高度。

9 結論和討論

9.1 基於生態文明視角的人口城市化過程

人口城市化是人類發展不可逾越的過程之一。任何國家和地區都不會例外。人口城市化進程在人類社會發展進程中推進，反過來也無時無刻不對人類社會的方方面面產生影響。從這種意義上說，人口城市化與人類發展的關係極為密切，可以被看作人類社會發展的一種體現。工業文明下人口城市化實踐在增加人類生存福祉的同時，卻對大自然產生了不利影響。自然資源短缺、生態環境惡化等問題已經開始成為影響人類發展的消極因素。由此，生態文明被逐漸認識並用於指導人類發展。生態文明是一種理念。它重視量與質的協調，強調人與人、人與自然之間的協調，強調發展的可持續性。生態文明是對人類幾百年發展模式的徹底反思，也是對未來人類發展道路的理性思考，因此關於生態文明的探索也具有非凡的意義。人口城市化歸根究柢是發展問題，而生態文明用於指導發展，因此將人口城市化置於生態文明的視野之下思考、以生態文明理念指導和選擇人類未來人口城市化道路則更是關乎人類發展的一項偉大實踐。生態文明從發展的價值取向、發展的過程以及發展的目標等多個角度為未來人口城市化道路帶來啟發，要求人口城市化發展不單以高城市化率為發展標準，要求在發展進程中注重人口、資源、環境、空間、經濟等多方面協調發展，要求同時推進人類社會內部、人與自然的協調發展，為人類指出一條與現有道路徹底不同且更有利於人類長期可持續發展的道路。

在生態文明視野下審視人口城市化需要深入把握人口城市化過程的有機結構。人口城市化過程可以說是人類發展歷程的一個方面，因此涉及面廣且影響因素眾多，對外也體現出重複性。人口城市化過程所表現出的這種特徵正是由其固有的有機結構決定的。人口城市化涉及人口、空間、經濟、自然等多系統

的交互作用和協調發展，因此人口城市化過程可被分解成為人口變遷過程、空間變動過程、經濟發展過程和自然變化過程。人口城市化總體進程則可以由這四個過程交互影響、協同發展的動態演化予以表徵。人口城市化的人口變遷過程是指人口城鄉屬性的轉變，包括生存空間、生產方式和生活方式三個維度的變化。它與城鄉人口自然變動的相對速度一同影響人口城市化率的變化，並且在人口城市化四個過程中占據最核心的位置。人口城市化的空間變動過程是人口城市化總體進程中城市類型空間規模擴大和比重提升及城市類型空間集聚的動態過程。它是人口城市化四個過程中最直觀的。人口城市化的經濟發展過程是人口城市化總體進程中產業發展和演化的動態過程。它從產出規模和產業結構變動、就業規模和就業結構的變動中得以體現，是人口城市化四個過程中最重要的過程。人口城市化的自然變化過程是人口城市化進程中自然資源不斷消耗、生態環境發生變化的動態過程。它是人口城市化四個過程中影響最深遠的。人口城市化的人口變遷過程、空間變動過程、經濟發展過程和自然變化過程兩兩相互影響，同時變化，最終推進人口城市化總體進程向前發展。

在生態文明視野下審視人口城市化進程還需要把握城市化的階段特徵。從發達國家走過的人口城市化道路可以看出，人口城市化總體進程會先後經歷初期、中期和后期三個發展階段。如果以城市人口占總人口比重即人口城市化率指標作為人口城市化發展水平的一種反應，那麼人口城市化率一般會經歷由起步到緩慢提升再到快速提升，而后升速減緩並最終趨於穩定的過程，人口城市化率變動曲線也表現出「S形」運動軌跡。人口城市化率的此種變動趨勢與人口城市化四個過程各自的發展變動不無關係。人口城市化的人口變遷過程從邏輯上包含「鄉城」和「城城」兩個發展層次。第一個發展層次主要指農村居民向城市居民的轉變；第二個發展層次指城市居民在城市間的再分佈，「逆城市化」可被認為屬於人口城市化人口變遷過程的第二發展層次。人口城市化的空間變動過程一般包括零散發展、緩慢發展、快速發展和擴散蔓延四個發展階段。在人口城市化的經濟發展過程中，第二產業首先對人口城市化總體進程的推進起到決定性影響，隨後第二產業影響減弱，第三產業影響加強。人口城市化的自然變化過程則表現出隨人口城市化總體進程推進自然資源消耗量不斷增加的趨勢以及生態環境質量下降程度先提高后降低的「倒U形」變動態勢。在人口城市化四個過程同時發展和演化的同時，各自分別從不同側面對鄉城人口遷移產生影響，最終影響人口城市化率的變動。

總之，生態文明為發展中國家的人口城市化發展指出一條不同於以往的道路，而對人口城市化過程的有機結構以及人口城市化過程階段特徵的研究，是

構建基於生態文明視角的人口城市化發展理論以及在現實中以生態文明為指導推進人口城市化發展的基礎。

9.2 中國當前模式下人口城市化發展的不可持續性

從起步到快速推進，中國的人口城市化實踐取得了舉世矚目的成就。目前過半數人口居住在城市而享受城市文明。然而，無論是分別審視人口城市化的四個過程還是對中國人口城市化整體進行觀察，都可以發現中國當前模式下的人口城市化發展仍存在一些問題。這些問題直接或間接阻礙著中國人口城市化的健康發展，甚至可能導致中國未來人口城市化的發展不可持續。以對中國人口城市化的人口變遷過程、空間變動過程、經濟發展過程和自然變化過程所存在問題的討論為基礎，綜合來看，中國當前模式下人口城市化發展所存在問題的三大根源性因素是：

第一，過於看重速度的發展觀。發展觀往往涉及價值判斷，是諸多行為準則或規範的基礎。如果發展觀念存在偏誤，那麼發展的路徑難免出現問題。改革開放以來中國現代化水平大幅提升，但過於看重速度的發展觀念可以經常被察覺。就人口城市化而言，過於看重速度表面上帶來的是城市類型空間的大幅增加和集聚，是城市人口數量的大幅增加以及比重的大幅提高，是 GDP 的連續高增長。然而，這些光鮮背後的問題一直存在，解決的難度也越來越大。農村勞動力向城市轉移極大地促進了城市經濟的發展，於是便想方設法吸引農民遷入城市，將各種資源向城市傾斜，城鄉差距不但沒有縮小反而變大；城市新區有利於拉動城市經濟發展，於是各地出現新區建設的攀比，農業用地不可恢復地被擠占，城市空間盲目擴大，「大」取代「宜居」成為城市發展的目標；對於大型資源項目，直接增加大額投資進而為 GDP 的增長做出巨大貢獻。因為其稅收額大，所以各地比拼項目和投資，搞 GDP 競賽⋯⋯諸如此類，在過分看重速度觀念的指導下發展，市場配置資源的基礎性作用大幅減弱，各種問題便不可避免地出現。

第二，特定的發展基礎。導致中國人口城市化發展存在各種問題的另一個原因是薄弱的發展基礎。其一，人均資源稀缺。儘管中國地域廣闊，但是因人口規模過於龐大，故多數資源的人均擁有量落后於世界平均水平。以水資源為例，中國的淡水資源總量達到 28,000 億立方米，占全球水資源的 6%，名列世界第四位，但中國的人均水資源量只有 2,300 立方米，僅為世界平均水平的

1/4。其二，發展起點低。從新中國成立到改革開放這一階段，中國的各項發展並未取得實質進展，人口城市化也是一樣。從改革開放起中國各項發展才真正步入前進軌道。即便如此，直到 21 世紀初期，由於市場經濟體制的不斷完善，中國的人口城市化才開始快速推進。在較低發展起點的基礎上快速發展，難免要走一些彎路，於是發展中也就難以避免出現各種問題。其三，發展差異大。中國人口城市化發展面臨巨大城鄉差異和區域差異的現實問題。一般而言城市和發達地區因具有發展優勢而發展更快，且城市和發達地區又應承擔帶動農村和落後地區發展的責任。於是，如何協調人口城市化進程中的城鄉關係以及發達地區和落後地區之間的關係也顯得棘手。

第三，難以逾越的制度障礙。中國人口城市化發展存在的問題與制度上存在的障礙密切相關。以人口城市化的人口變遷過程為例，土地制度和戶籍制度成為阻礙農村人口永久居住在城市並成為真正意義上的城市居民的影響因素。部分鄉城遷移人口因此希望或已經返鄉，這顯然不利於人口城市化進程。再如依賴賣地取得豐厚財政收入的土地財政。地方政府以土地換財政收入，意圖在增加政府收入的同時推進城市建設，卻客觀上助長了城市空間的無序和過度擴張，並且造成城市住房價格畸高。此外，中國生態環境保護的制度也不夠健全，有關環保的若干法律、法規、規章制度等對政府的環保責任約束不夠，對環保違法行為的懲罰力度太輕，生態補償相關制度建設滯後。總之，制度因素也是影響中國人口城市化健康發展的原因之一。

造成中國當前人口城市化發展存在問題的上述各因素，不僅在人口城市化的各子過程中表現出來，而且可能從整體上導致中國人口城市化發展呈不可持續態勢。由本書的實證研究結果可以看出，如果中國保持當前發展模式不變，那麼即使採取集約措施，也無法從根本上扭轉自然系統不可持續發展的趨勢性。人口城市化進程中人與自然發展也會不可避免地出現失調，人口城市化發展最終與生態文明理念背道而馳。總之，中國未來的人口城市化發展要走出符合生態文明要求的道路，首先需要對上述三大因素予以充分重視。

9.3　基於生態文明視角推進人口城市化

以中國為例進行分析，在當前社會經濟發展和人口城市化特定發展階段的大背景下將中國未來人口城市化置於生態文明視野下推進，對於中國而言既是挑戰也是機遇。中國人口城市化起步較晚，可以說自改革開放以來人口城市化

才正式步入發展軌道。在三十多年經濟高速增長的背景下，人口城市化水平快速提升，使得當前過半數中國人居住在城市能夠享受城市文明。然而也正是由於對快速發展的片面追求，資源和環境等問題已經實實在在擺在眼前，成為人口城市化健康發展的制約因素。在人口眾多且經濟總量如此龐大的國家，要實現人類社會內部、人與自然協調的長期可持續的人口城市化發展，成為中國面臨的一個巨大的現實挑戰。生態文明為中國未來人口城市化的發展帶來機遇。用生態文明作為指導，將生態文明理念貫穿於未來人口城市化進程的方方面面，有助於克服當前人口城市化發展進程中的主要困難，有助於根本化解一些矛盾如人類發展與資源、環境之間的矛盾等。可以說，用生態文明指導人口城市化發展，不僅是中國發展的機遇，更是世界人口城市化發展的機遇。

　　基於生態文明視角推進人口城市化，要以生態文明的價值判斷準則來衡量和評價未來人口城市化發展，要將生態文明理念貫穿到未來人口城市化進程的各個方面，要實現人類社會內部、人與自然之間的協調和可持續發展。基於生態文明視角的人口城市化發展與城鄉統籌的人口城市化、以建設田園或生態城市為基礎的人口城市化不同。城鄉統籌的人口城市化要求城鄉一體化發展，強調城鄉協同發展，即主要關注點仍局限於人類社會內部，却未將自然資源消耗以及生態環境變化納入考慮，無法考量人口城市化進程中人與自然變動之間的關係。以建設田園或生態城市為基礎的人口城市化提升了生態環境在人口城市化進程中的地位，將人口城市化發展的落腳點放在人與自然協調上，但未能給予人口城市化進程中人類社會內部各系統間的協調發展足夠的關注。也就是說，這些關於未來人口城市化發展模式的有益探討都具有一定的局限性。生態文明同時注重人類社會內部、人與自然的協調發展。從這個意義上說，基於生態文明視角的人口城市化發展模式是統籌城鄉的人口城市化、建設生態和田園城市的人口城市化等人口城市化發展模式的發展和昇華。

　　本書的實證分析表明，在當前以非農經濟持續高速增長為主要特徵的發展模式下，中國未來人口城市化進程中資源消耗和環境惡化問題將更加嚴重，人與自然協調和可持續發展無法實現。這樣的發展不符合生態文明的要求。若中國採取提高資源使用效率和減少生產生活中資源消耗的集約式發展模式，雖然能在一定程度上緩解人口城市化進程中人類社會發展與自然之間的矛盾，但是無助於從根本上解決人類與自然發展失調的問題。只有徹底轉變發展觀念，通過採取主動減緩非農生產增速的新型發展模式，對生產和消費進行合理控制，才有可能從根本上解決人口城市化進程中的資源和環境問題，使中國人口城市化走出一條符合生態文明要求的人類社會內部、人與自然協調發展並且有利於

人類長期可持續發展的道路。

儘管集約發展模式無助於扭轉未來人口城市化進程中人與自然發展失調的趨勢，但是它有弱化人與自然矛盾的作用，可有效延緩自然資源過度消耗和生態環境惡化的發展態勢。集約即提高效益，就生產而言，是指單位產出耗費更少的資源以及產生更少的排放；就生活而言是指更少的居民生活人均資源消耗和生活排放。由此，無論在經濟生產中提高生產效率或節能減排，還是在居民生活中提倡低碳消費和資源節約，對基於生態文明視角的人口城市化發展都是有積極作用的。

由本書的實證分析同樣可以看出，在不同發展模式的場景下，中國人口城市化率都將以與發達國家已經經歷過的人口城市化率變動相似的趨勢而變動，同時人均經濟產出不斷增加，產業結構升級並最終趨於穩定。也就是說，中國未來人口城市化進程中人類社會內部各系統自身及各系統之間關係的變動總體而言是樂觀的，而最需要引起警覺的是自然系統的變動以及由此導致的人與自然發展的失調。在新型發展模式下，非農生產的增長受到主動控制，這雖然減緩了物質累積速度，但有效扭轉了環境持續惡化的趨勢。同時，人均經濟產出並未減少而是保持升勢並最終趨於穩定。新型發展模式能夠使人口城市化進程中的自然變化過程以及人與自然之間的關係發生趨勢性變化，與非農生產特別是工業生產的本質具有直接聯繫。只要非農經濟生產模式不發生變化並且非農經濟增長趨勢不變，人口城市化進程中人與自然協調發展就無法實現。基於生態文明視角進行觀察，中國未來人口城市化新型發展模式的關鍵在於觀念層面而非技術層面。放棄對非農生產無限增長以及人均經濟產出無限增加的追求，對中國實現基於生態文明視角的人口城市化發展具有決定性作用。需要說明的是，新型發展模式以合理減緩非農生產增長為代價換取自然的可控發展以及人口城市化進程中人與自然的協調發展，而發展基礎薄弱這一中國未來發展仍要面對的重要現實為經濟發展帶來巨大壓力。由此，如何平衡快速促進經濟發展以及基於生態文明視角推進人口城市化這兩者之間的關係，成為一個需要謹慎思考的問題。

總之，要將中國未來人口城市化發展置於生態文明視角之下，在觀念層面上要改變以往認為物質生產和消費越多越好的認識，在技術層面上要著力提高生產的效益並提倡節約消費，在制度層面上要推進和完善能夠真正促進市場在配置各項資源過程中發揮決定性作用的機制建設。只有如此，中國未來的人口城市化才可能呈現城市人口規模適度擴張、城市人口比重逐步提高並最終趨於穩定、城市類型空間適度增加和合理佈局、人均經濟產出適度增加並趨於穩

定、產業結構升級並最終趨於穩定、自然資源的無限制消耗以及生產生活對生態環境的消極影響得到有效控制的人類社會內部、人與自然協調的發展態勢，未來的人口城市化進程也才會與生態文明的要求相符。

附錄 人口城市化系統動力學模型文檔

(01) Agr Output Per Unit Space = INTEG (inc,

Agr output per unit space 2000)

Units：YiYuan/KM^2

單位面積農業產出（億元/平方千米，1952年價）

(02) Agr output per unit space 2000 = 0.002,864,88

Units：YiYuan/KM^2

2000年單位農業用地面積農業產出（億元/平方千米）

(03) Agr output per unit space rate Table = WITH LOOKUP (TIME INPUT, ([(2, 0) (2.08, 0.1)], (2, 0.049), (2.001, 0.049), (2.002, 0.056), (2.003, 0.047), (2.004, 0.042), (2.005, 0.064), (2.006, 0.061), (2.007, 0.046), (2.008, 0.064), (2.01, 0.05), (2.040,12, 0.039,473,7), (2.073,88, 0.017,982,5), (2.08, 0.006,578,95)))

Units：1/Year

單位農業用地面積農業產出增長率變動

(04) Agr Production = Arable Space * Agr Output Per Unit Space

Units：YiYuan

農業產出（億元，1952年價）

(05) Agr Energy Use Agr Production Ratio Table = WITH LOOKUP (TIME INPUT, ([(2, 0) (2.08, 2)], (2, 1.051,1), (2.001, 1.060,1), (2.002, 1.063,2), (2.003, 1.169,7), (2.004, 1.251,1), (2.005, 1.261,3), (2.006, 1.247,7), (2.007, 1.181,8), (2.008, 1.079,2), (2.009, 1.101,9), (2.01, 1.089,3), (2.02, 1.141,5), (2.05, 1.141,5), (2.08, 1.141,5)))

Units：WDBZM/YiYuan

農業能源消費與農業產出比率變化（萬噸標準煤/億元，1952年價）

(06) Arable Space=Total Space * Fraction of Arable Space Table

Units：KM²

農業用地面積（平方千米）

(07) Birth Rate=BIRTH RATE 2000 * Birth Rate Table

Units：1/Year

人口出生率

(08) BIRTH RATE 2000=0.016

Units：1/Year

2000年人口出生率

(09) Birth Rate Table=WITH LOOKUP (TIME INPUT,

([(2, 0.5) (2.08, 2)], (2, 1), (2.005, 0.85), (2.01, 0.931), (2.015, 0.988), (2.02, 0.994), (2.025, 0.931), (2.03, 0.856), (2.035, 0.8), (2.04, 0.806), (2.045, 0.856), (2.05, 0.888), (2.08, 0.888)))

Units：Dmnl

人口出生率變化

(10) Birth Rural=Pop Rural * Birth Rate

Units：people/Year

農村出生人口（萬人/年）

(11) Birth Urban=Pop Urban * Birth Rate

Units：people/Year

城市出生人口（萬人/年）

(12) Capital Depreciation=Capital Total Level * CAPITAL DEPRECIATION RATE

Units：YiYuan/Year

折舊（億元/年，1952年價）

(13) CAPITAL DEPRECIATION RATE=0.1

Units：1/Year

折舊率

(14) Capital Investment=Total Production * Capital Investment Rate Table

Units：YiYuan/Year

資本形成額（億元/年）

(15) Capital Investment Rate Table = WITH LOOKUP (TIME INPUT, ([(2, 0) (2.08, 1)], (2, 0.341, 1), (2.001, 0.344, 3), (2.002, 0.366, 4),

(2.003,0.393,8),(2.004,0.407,3),(2.005,0.401,4),(2.006, 0.406,6),(2.007,0.391,1),(2.008,0.407,9),(2.009,0.459,6), (2.01,0.454,5),(2.02,0.45),(2.05,0.45),(2.08,0.45)))

Units：1/Year

固定資本形成總額占 GDP 比重

(16) Capital Total Level = INTEG（Capital Investment – Capital Depreciation, CAPITAL TOTAL LEVEL 2000）

Units：YiYuan

固定資本存量（億元，1952 年價）

(17) CAPITAL TOTAL LEVEL 2000 = 74195

Units：YiYuan

2000 年固定資本存量（億元，1952 年價）

(18) Capital Total Level Index = Capital Total Level/Capital Total Level Unit

Units：Dmnl

固定資本存量指數

(19) Capital Total Level Unit = 1

Units：YiYuan

(20) Construction Rate Table = WITH LOOKUP（TIME INPUT,（[（2,0）– (2.08,0.000,5)],(2,9.55e005),(2.001,0.000,165,7),(2.002, 0.000,203,2),(2.003,0.000,243,99),(2.004,0.000,219,25),(2.005, 0.000,221,01),(2.006,0.000,119,07),(2.007,0.000,189,22),(2.008, 8.633e005),(2.009,0.000,189,49),(2.01,0.000,204,05),(2.016,64, 0.000,100,877),(2.031,8,3.728,07e-005),(2.049,91,1.315,79e-005), (2.079,51,3.386e-006)))

Units：1/Year

新建城市建成區面積占非建成區面積比例

(21) Construction Space = Non Urban Space * Construction Rate Table

Units：KM^2/Year

新增建成區面積（平方千米/年）

(22) Death Rate = Death Rate Table * DEATH RATE 2000

Units：1/Year

人口死亡率

(23) DEATH RATE 2000 = 0.006,5

Units: 1/Year

2000年人口死亡率

(24) Death Rate Table = WITH LOOKUP (TIME INPUT, ([(2, 0) (2.08, 10)], (2, 1), (2.005, 1), (2.01, 1.092), (2.015, 1.138), (2.02, 1.185), (2.025, 1.262), (2.03, 1.354), (2.035, 1.462), (2.04, 1.585), (2.045, 1.692), (2.05, 2.308), (2.08, 2.308)))

Units: Dmnl

人口死亡率變化

(25) Death Rural = Pop Rural * Death Rate

Units: people/Year

農村死亡人口（萬人/年）

(26) Death Urban = Pop Urban * Death Rate

Units: people/Year

城市死亡人口（萬人/年）

(27) Economically Active Pop =

Pop Urban * Fraction of Economically Active Pop in Pop Urban Table

Units: people

經濟活動人口（萬人）

(28) Effect of Non Agr Production Agr Production Ratio on Migration = WITH LOOKUP (Non Agr Production Agr Production Ratio, ([(0, 0) - (30, 2)], (0, 0), (1, 0.05), (2.385, 32, 0.245, 614), (4.403, 67, 0.771, 93), (5.53, 1), (8.532, 11, 1.017, 54), (17.431, 2, 1.017, 54), (30, 1.018)))

Units: Dmnl

非農產出與農業產出比率對鄉城人口遷移率的影響

(29) Effect of Urban Pop Space Ratio on Migration = WITH LOOKUP (

Urban Pop Space Ratio Index, ([(0, 0) - (2.5, 3)], (0, 2.578, 95), (0.206, 422, 1.986, 84), (0.603, 976, 1.407, 89), (1, 1), (1.483, 18, 0.894, 737), (2.171, 25, 0.552, 632), (2.515, 29, 0.131, 579)))

Units: Dmnl

城市建成區人口密度對鄉城人口遷移率的影響

(30) Effect of W Gas on Migration = WITH LOOKUP (W Gas from Production Index, ([(1, 0) - (23, 1)], (1, 1), (5.574, 92, 0.964, 912),

（9.813,46,0.938,596），（13.708,8,0.833,333），（20.645,3,0.491,228），（22.596,3,0.328,947），（22.865,4,0.276,316）））

Units：Dmnl

廢氣排放對鄉城人口遷移率的影響

（31） Effect of W Water on Migration = WITH LOOKUP（W Water Index，（［（1,0.8）-（6,1）］,（1,1），（1.146,79,0.991,228），（2.400,61,0.984,211），（3.822,63,0.978,07），（4.709,48,0.970,175），（5.984,71,0.948,246）））

Units：Dmnl

廢水排放對鄉城人口遷移率的影響

（32） Energy Consumption =

Energy Use for Agr Production + Energy Use for Living + Energy Use for Non Agr Production

Units：WDBZM

能源消費總量（萬噸標準煤）

（33） Energy Use Pop Rural Ratio Table = WITH LOOKUP（TIME INPUT，

（［（2,0）（2.08,1）］,（2,0.055,2），（2.001,0.059,8），（2.002,0.066,5），（2.003,0.080,4），（2.004,0.097），（2.005,0.113,2），（2.006,0.130,9），（2.007,0.153,9），（2.008,0.167,8），（2.009,0.188,8），（2.01,0.206），（2.02,0.356,8），（2.05,0.576,1），（2.08,0.776）））

Units：WDBZM/people

農村生活能源消耗與農村人口比率變化（萬噸標準煤/萬人）

（34） Energy Use Pop Urban Ratio Table = WITH LOOKUP（TIME INPUT，

（［（2,0）（2.08,1）］,（2,0.242,9），（2.001,0.237,7），（2.002,0.238,2），（2.003,0.259,4），（2.004,0.284,1），（2.005,0.300,1），（2.006,0.312,1），（2.007,0.326,7），（2.008,0.321,8），（2.009,0.322,8），（2.01,0.309,6），（2.02,0.376,2），（2.05,0.576,1），（2.08,0.776）））

Units：WDBZM/people

城市生活能源消耗與城市人口比率變化（萬噸標準煤/萬人）

（35） Energy Use for Agr Production =

Agr Production * Agr Energy Use Agr Production Ratio Table

Units：WDBZM

農業生產能源消耗（萬噸標準煤）

（36）Energy Use for Living＝Rural Energy Use＋Urban Energy Use

Units：WDBZM

生活能源消耗（萬噸標準煤）

（37）Energy Use for Non Agr Production＝

Non Agr Production * Non Agr Energy Use Non Agr Production Ratio Table

Units：WDBZM

非農生產能源消耗（萬噸標準煤）

（38）FINAL TIME＝2,080

Units：Year

The final time for the simulation.

（39）Fraction of Arable Space Table＝WITH LOOKUP（TIME INPUT,（[（2, 0.06）-（2.08, 1）],（2, 0.135,4）,（2.01, 0.126,8）,（2.03, 0.111,2）,（2.05, 0.097,5）,（2.06, 0.094）,（2.08, 0.09）））

Units：Dmnl

農業用地占國土面積比重變化

（40）Fraction of Economically Active Pop in Pop Urban Table ＝ WITH LOOKUP（TIME INPUT,

（[（2, 0）-（2.08, 1）],（2, 0.805,9）,（2.001, 0.768,6）,（2.002, 0.741,8）,（2.003, 0.728）,（2.004, 0.736,5）,（2.005, 0.747,5）,（2.006, 0.751,5）,（2.007, 0.747,2）,（2.008, 0.745,7）,（2.009, 0.743,7）,（2.01, 0.740,8）,（2.02, 0.71）,（2.05, 0.62）,（2.08, 0.6）））

Units：Dmnl

非農經濟活動人口占城市人口比重

（41）Fraction of Non Agr Production in Total Production＝

Non Agr Production/Total Production

Units：Dmnl

非農產業比重

（42）Inc＝Agr Output Per Unit Space * Agr output per unit space rate Table

Units：YiYuan/KM2/Year

單位農業用地面積農業產出增長

(43) INITIAL TIME = 2000

Units: Year

The initial time for the simulation.

(44) Labor Force of Pop urban = Economically Active Pop * (1 - Unemployment Rate Table)

Units: people

非農勞動力數量（萬人）

(45) Labor Force of Pop Urban Index = Labor Force of Pop urban/LaborForce-Unit

Units: Dmnl

非農勞動力數量指數

(46) Labor Force Unit = 1

Units: people

(47) Migration into Urban from Rural = Pop Rural * Migration Rate

Units: people/Year

鄉城遷移人口（萬人/年）

(48) Migration Rate =

Migration Rate 2000 * Effect of W Gas on Migration * Effect of W Water on Migration * Effect of Urban Pop Space Ratio on Migration

* Effect of Non Agr Production Agr Production Ratio on Migration

Units: 1/Year

鄉城人口遷移率

(49) Migration Rate 2000 = 0.022,4

Units: 1/Year

2000年鄉城人口遷移率

(50) Non Agr Production =

EXP (0.954 * LN (Capital Total Level Index) + 0.973 * LN (Labor Force of Pop Urban Index) - 10.879)

Units: YiYuan

非農產出（億元，1952年價）

(51) Non Urban Space = Total Space - Urban Space

Units: KM^2

非城市建成區面積（平方千米）

(52) Non Agr Energy Use Non Agr Production Ratio Table = WITH LOOKUP (TIME INPUT, ([(2, 0) (2.08, 8)], (2, 6.116, 8), (2.001, 5.792, 7), (2.002, 5.593, 3), (2.003, 5.809, 9), (2.004, 6.115, 4), (2.005, 6.086), (2.006, 5.935, 4), (2.007, 5.631), (2.008, 5.362, 9), (2.009, 5.533, 9), (2.01, 5.225, 9), (2.02, 5.745, 8), (2.05, 5.746), (2.08, 5.746)))

Units：WDBZM/YiYuan

非農產業能源消費與非農產出比率變化（萬噸標準煤/億元，1952年價）

(53) Non Agr Production Agr Production Ratio = Non Agr Production/Agr Production

Units：Dmnl

非農產出與農業產出比率

(54) Pop Rural = INTEG (Birth Rural−Death Rural−Migration into Urban from Rural,

POP RURAL 2000)

Units：people

農村人口（萬人）

(55) POP RURAL 2000 = 80,837

Units：people

2000年農村人口（萬人）

(56) Pop Total = Pop Rural+Pop Urban

Units：people

總人口（萬人）

(57) Pop Urban = INTEG (Birth Urban+Migration into Urban from Rural−Death Urban, POP URBAN 2000)

Units：people

城市人口（萬人）

(58) POP URBAN 2000 = 45,906

Units：people

2000年城市人口（萬人）

(59) Rural Energy Use = Pop Rural * EnergyUse PopRural Ratio Table

Units：WDBZM

農村生活能源消耗（萬噸標準煤）

（60）SAVEPER＝TIME STEP

Units：Year［0,？］

The frequency with which output is stored.

（61）TIME CONS＝1,000

Units：Year

（62）TIME INPUT＝Time/TIME CONS

Units：Dmnl

時間參數

（63）TIME STEP＝0.125

Units：Year［0,？］

The time step for the simulation.

（64）Total Production＝Agr Production+Non Agr Production

Units：YiYuan

總產出（億元，1952年價）

（65）Total Production 2000＝24,323.4

Units：YiYuan

2000年總產出（億元，1952年價）

（66）Total Production Index＝Total Production/Total Production 2,000

Units：Dmnl

總產出指數

（67）Total Production Pop Ratio＝Total Production/Pop Total

Units：YiYuan/people

每萬人總產出（億元/萬人，1952年價）

（68）Total Space＝9.6e+006

Units：KM^2

國土總面積（9,600,000平方千米）

（69）Unemployment Rate Table＝WITH LOOKUP（TIME INPUT,（［(2, 0)-(2.08, 0.1)］,(2, 0.025, 8),(2.001, 0.014, 7),(2.002, 0.016, 3),(2.003, 0.015, 7),(2.004, 0.013, 6),(2.005, 0.019, 4),(2.006, 0.017, 5),(2.007, 0.015, 8),(2.008, 0.019, 2),(2.009, 0.021, 7),(2.01, 0.029, 1),(2.02, 0.022),(2.05, 0.022),(2.08, 0.022)））

Units：Dmnl

失業率

（70）Urban Energy Use = Pop Urban * Energy Use Pop Urban Ratio Table

Units：WDBZM

城市生活能源消耗（萬噸標準煤）

（71）Urban Pop Space Ratio = Pop Urban/Urban Space

Units：people/KM^2

城市建成區人口密度（萬人/平方千米）

（72）Urban Pop Space Ratio 2000 = POP URBAN 2000/Urban Space 2000

Units：people/KM^2

2000年城市建成區人口密度（萬人/平方千米）

（73）Urban Pop Space Ratio Index = Urban Pop Space Ratio/Urban Pop Space Ratio 2000

Units：Dmnl

城市建成區人口密度指數

（74）Urban Space = INTEG（Construction Space，Urban Space 2000）

Units：KM^2

城市建成區面積（平方千米）

（75）Urban Space 2000 = 22,439.3

Units：KM^2

2000年城市建成區面積（平方千米）

（76）Urbanization Level = Pop Urban/Pop Total

Units：fraction

人口城市化率

（77）W Gas from Production = Non Agr Production * W Gas Non Agr Production Ratio Table

Units：YBLFM

非農產業廢氣排放（億標立方米）

（78）W Gas from Production 2000 = 138,145

Units：YBLFM

2000年非農產業廢氣排放（億標立方米）

（79）W Gas from Production Index = W Gas from Production/W Gas from Production 2000

Units：Dmnl

非農產業廢氣排放指數

（80）W Gas Non Agr Production Ratio Table＝WITH LOOKUP（TIME INPUT，（［（2，0）－（2.08，3）］，（2，1.639），（2.001，1.713,6），（2.002，1.688,5），（2.003，1.679,4），（2.004，1.717），（2.005，1.655），（2.006，1.721），（2.007，1.637），（2.008，1.441），（2.009，1.427），（2.01，1.439），（2.02，1.5），（2.05，1.5），（2.08，1.5）））

Units：YBLFM

非農產出與廢氣排放比率（億標立方米/億元，1952年價）

（81）W Water＝W Water from Production＋W Water from Urban Pop

Units：YiTon

廢水排放量（億噸）

（82）WWater2000＝415.2

Units：YiTon

2000年廢水排放（億噸）

（83）W Water from Production＝Non Agr Production * W Water Non Agr Production Ratio Table

Units：YiTon

非農產業廢水排放（億噸）

（84）W Water from Urban Pop＝Pop Urban * W Water Pop Urban Ratio Table

Units：YiTon

生活廢水排放（億噸）

（85）W Water Index＝W Water/W Water 2000

Units：Dmnl

廢水排放指數

（86）W Water Non Agr Production Ratio Table＝WITH LOOKUP（TIME INPUT，（［（2，0）－（2.08，0.02）］，（2，0.002,306），（2.001，0.002,159），（2.002，0.001,996），（2.003，0.001,792），（2.004，0.001,597），（2.005，0.001,496），（2.006，0.001,249），（2.007，0.001,039），（2.008，0.000,862），（2.009，0.000,766,8），（2.01，0.000,658,4），（2.02，0.000,658,4），（2.05，0.000,658,4），（2.08，0.000,658,4）））

Units：YiTon/YiYuan

非農產出與廢水排放比率（億噸/億元，1952年價）

（87）W Water Pop Urban Ratio Table＝WITH LOOKUP（TIME INPUT，

([(2, 0) - (2.08, 0.02)], (2, 0.004,812), (2.001, 0.004,789), (2.002, 0.004,626), (2.003, 0.004,716), (2.004, 0.004,814), (2.005, 0.005,006), (2.006, 0.005,089), (2.007, 0.005,116), (2.008, 0.005,288), (2.009, 0.005,498), (2.01, 0.005,67), (2.02, 0.007,91), (2.05, 0.011), (2.08, 0.018,2)))

Units: YiTon/WanPeople

城市人口與生活廢水排放比率（億噸/萬人）

國家圖書館出版品預行編目(CIP)資料

基於生態文明視角的人口城市化過程研究 / 楊帆 著. -- 第一版.
-- 臺北市：崧博出版：崧燁文化發行, 2018.09
　面；　公分
ISBN 978-957-735-476-1(平裝)
1.人口 2.都市化 3.中國
542.132　　　107015219

書　名：基於生態文明視角的人口城市化過程研究
作　者：楊帆 著
發行人：黃振庭
出版者：崧博出版事業有限公司
發行者：崧燁文化事業有限公司
E-mail：sonbookservice@gmail.com
粉絲頁　　　　　網　址：
地　址：台北市中正區重慶南路一段六十一號八樓815室
8F.-815, No.61, Sec. 1, Chongqing S. Rd., Zhongzheng Dist., Taipei City 100, Taiwan (R.O.C.)
電　話：(02)2370-3310　傳　真：(02) 2370-3210
總經銷：紅螞蟻圖書有限公司
地　址：台北市內湖區舊宗路二段 121 巷 19 號
電　話:02-2795-3656　傳真:02-2795-4100　網址：
印　刷：京峯彩色印刷有限公司（京峰數位）

　　本書版權為西南財經大學出版社所有授權崧博出版事業有限公司獨家發行電子書及繁體書繁體版。若有其他相關權利及授權需求請與本公司聯繫。

定價：350 元
發行日期：2018 年 9 月第一版
◎ 本書以POD印製發行